土地价值支持以公共交通为导向的开发

城市发展系列探讨的是城市化的挑战及其接下来几十年对发展中国家的影响。该系列旨在深入挖掘世界银行在《2009城市发展策略》中所提出的核心问题——城市体系：对城市发展和城市减贫的治理。在城市策略的五个领域，该系列都提出了可供出版的关注点，寻求更好地理解城市体系、惠民的政策、城市经济、城市土地和房地产市场、可持续城市环境以及其他同城市发展议程密切相关的核心要素。

城市和环境变化——回应紧急议程
气候变化、灾害风险和城市贫困——城市适应世界变化的能力建设
独特经济学——为可持续发展投资历史城市中心区和文化遗产
土地价值支持以公共交通为导向的开发——在发展中国家应用土地价值捕获
公交引导城市转型——公交与土地利用整合促进城市可持续发展
城市风险评估——理解城市中的灾害和气候风险的方法

城市发展系列的所有数据都可在以下网站免费获得：https://openknowledge.worldbank.org/handle/10986/2174

土地价值支持以公共交通为导向的开发
——在发展中国家应用土地价值捕获

[日]铃木博明 [日]村上迅 [美]康宇雄 [美]贝丝·玉代势 著

孙明正 周 凌 鹿 璐 译

郭继孚 译审

中国建筑工业出版社

著作权合同登记图字：01-2015-8315号

图书在版编目（CIP）数据

土地价值支持以公共交通为导向的开发——在发展中国家应用土地价值捕获 /（日）铃木博明等著；孙明正，周凌，鹿璐译. —北京：中国建筑工业出版社，2016.2
 ISBN 978-7-112-18814-7

Ⅰ.①土… Ⅱ.①铃…②孙…③周…④鹿… Ⅲ.①城市—土地利用—公共运输—研究 Ⅳ.①F293.2

中国版本图书馆CIP数据核字（2015）第285127号

Financing Transit-Oriented Development with Land Values: Adapting Land Value Capture in Developing Countries
Copyright © 2015 by International Bank for Reconstruction and Development / The World Bank

This work was originally published by The World Bank in English as Financing Transit-Oriented Development with Land Values: Adapting Land Value Capture in Developing Countries in 2015. This Chinese translation was arranged by China Architecture and Building Press. China Architecture and Building Press is responsible the quality of the translation. In case of any discrepancies, the original language will govern.

土地价值支持以公共交通为导向的开发——在发展中国家应用土地价值捕获
版权 © 2015国际复兴开发银行/世界银行

本书原版由世界银行于2015年以英文出版，书名为《Financing Transit-Oriented Development with Land Values: Adapting Land Value Capture in Developing Countries》。中文版作品翻译由中国建筑工业出版社出版，中国建筑工业出版社负责翻译的质量。中文版与原版在内容上如有任何差异，以原版为准。

本书所阐述的任何研究成果、诠释和结论未必反映世界银行、其执行董事会或其代表的政府的观点。世界银行不保证本书所包含的数据准确无误。本书所附地图的疆界、颜色、名称及其他信息，并不意味着世界银行方面对任何疆土的法律地位的判断，也不意味着对这些疆界的认可或接受。

责任编辑：李玲洁　田启铭
责任校对：李美娜　刘梦然

土地价值支持以公共交通为导向的开发
——在发展中国家应用土地价值捕获

[日]铃木博明　　[日]村上迅　　[美]康宇雄　　[美]贝丝·玉代势　著
孙明正　周凌　鹿璐　译
郭继孚　译审

*

中国建筑工业出版社出版、发行（北京西郊百万庄）
各地新华书店、建筑书店经销
北京京点图文设计有限公司制版
北京中科印刷有限公司印刷

*

开本：787×1092毫米　1/16　印张：16¼　字数：322千字
2016年2月第一版　2016年2月第一次印刷
定价：**58.00元**
ISBN 978-7-112-18814-7
　　（28092）

版权所有　翻印必究
如有印装质量问题，可寄本社退换
（邮政编码 100037）

序 言

在快速城市化和机动化的共同作用下，中国城市纷纷出现了严重的交通拥堵，并且呈现进一步恶化的趋势。交通拥堵不但成为制约经济发展的瓶颈，同时还产生了严重的环境污染。2012年，国务院《关于城市优先发展公共交通的指导意见》提出"优先发展公共交通是缓解交通拥堵、转变城市交通发展方式、提升人民群众生活品质、提高政府基本公共服务水平的必然要求，是构建资源节约型、环境友好型社会的战略选择"。

然而，如何为公共交通基础设施建设与运营所需要的巨额资金提供稳定可靠的保障，成为各国地方政府共同面临的一大难题。世界银行编著的《土地开发支持以公共交通为导向的开发——在发展中国家应用土地价值捕获》为破解这一个世界级难题，提供了可供借鉴的经验。

《土地开发支持以公共交通为导向的开发——在发展中国家应用土地价值捕获》作者以专业的视角、发展的眼光从全球撷取土地价值捕获的成功案例，全面介绍了不同发展阶段的国家和地区利用公共交通站点周边开发权出售来获取土地升值并资助基础设施投资的实践经验。本书不仅从理论的高度系统地分析了使用土地价值捕获机制反哺公共交通基础设施建设的可行性，并通过透彻的实践案例分析给出令人信服并可借鉴的成功经验。国际和国内多有文献就单一城市的交通基础设施投融资进行介绍，但是本书是本领域第一本使用统一的分析框架，对于不同发展阶段、不同经济基础、不同土地制度的案例进行纵深分析的著作。在这样的总体框架设计下，作者还就发达的城市（如伦敦、纽约、东京和香港）与发展中城市（如南昌、海德拉巴、新德里和圣保罗）所处不同发展阶段与环境特点，给出颇有针对性的对策。

我要感谢本书作者及世界银行将这样一部理论与实践相结合的著作贡献给世界，还要感谢北京交通发展研究中心的学者们和中国建筑工业出版社将这一著作介绍给中国的读者。

希望这本书能够成为国内城市和交通规划研究者手中的一本实用指导手册，为创造具有中国特色的城市 TOD 发展模式，推进新型城镇化健康发展做出贡献，使我们的城市更美好。

2016 年 2 月

目 录

序　言	v
致　谢	xvii
作者简介	xx
缩　写	xxii
术　语	xxiv
致城市领导者	xxvii
概　述	**1**
0.1　发展中国家过度依赖汽车的城市发展	2
0.2　以开发为基础的土地价值捕获成为交通融资和城市规划的战略性工具	2
0.3　以开发为基础的土地价值捕获国际范例	4
0.4　发展中国家成功的关键原因	12
0.5　挑战和风险	22
0.6　以开发为基础的土地价值捕获方案渐进实施路线图	23
0.7　国际发展金融机构的可行作为	24

0.8 结论 24

0.9 参考文献 25

第1篇 引言 27

第1章 以开发为基础的土地价值捕获支持以公共交通为导向的开发 28

1.1 发展中国家依赖小汽车的城市发展模式 28

1.2 以开发为基础的土地价值捕获作为战略性融资和规划工具资助公共交通和以公共交通为导向的发展投资 29

1.3 目标、方法和读者群 32

1.4 发展融资背景 33

1.5 本书结构 34

1.6 注释 34

1.7 参考文献 35

第2章 土地价值捕获理论及工具 37

2.1 土地价值捕获基本原理 37

2.2 公共交通引导的土地资本化 38

2.3 城市交通融资中的土地价值捕获 44

2.4 土地价值捕获工具类型 46

2.5 结论 52

2.6 注释 53

2.7 参考文献 53

第2篇 全球以开发为基础的土地价值捕获实践经验 59

第3章 "轨道+物业"项目：中国香港 60

3.1 城市发展背景 60

3.2 管理和制度框架 62

3.3 土地价值捕获（LVC） 66

3.4	开发案例	70
3.5	土地价值捕获和住房可支付性争论	76
3.6	结论	77
3.7	注释	78
3.8	参考文献	78

第 4 章　包容的土地价值捕获机制，世界最大都市区的整合与更新：日本东京　　81

4.1	城市发展背景	81
4.2	管理与制度框架	83
4.3	土地价值捕获	88
4.4	四个开发案例	92
4.5	结论	102
4.6	注释	103
4.7	参考文献	103

第 5 章　以开发为基础的土地价值捕获在北美和欧洲的实践：美国纽约市和华盛顿特区；英国伦敦　　106

5.1	发展背景：美国	106
5.2	纽约：曼哈顿开发权转让的变革	107
5.3	华盛顿特区：华盛顿都会区运输局的联合开发项目	114
5.4	发展背景：欧洲	120
5.5	伦敦：国王十字土地的更新	121
5.6	结论	126
5.7	注释	128
5.8	参考文献	128

第3篇 发展中国家以开发为基础的土地价值捕获　　**133**

第6章 国有土地开发权补贴地铁：中国南昌　　**134**

- 6.1 城市发展背景　　134
- 6.2 地铁项目　　136
- 6.3 监管和制度框架　　139
- 6.4 南昌市级财政　　140
- 6.5 开发案例　　144
- 6.6 结论　　145
- 6.7 注释　　147
- 6.8 参考文献　　147

第7章 地铁双城记：新德里和海德拉巴　　**149**

- 7.1 新德里的城市开发背景　　149
- 7.2 新德里的监管和制度框架　　151
- 7.3 新德里的土地价值捕获　　159
- 7.4 新德里开发案例　　161
- 7.5 海德拉巴的城市开发背景　　164
- 7.6 海德拉巴的监管和制度框架　　165
- 7.7 海德拉巴土地价值捕获　　168
- 7.8 结论　　170
- 7.9 参考文献　　172

第8章 空间权销售：巴西圣保罗　　**173**

- 8.1 城市开发背景：人口和城市化趋势　　173
- 8.2 监管和制度框架　　175
- 8.3 土地价值捕获　　179
- 8.4 结论　　187
- 8.5 参考文献　　189

索 引　　　　　　　　　　　　　　　　　　　　191

专　栏

专栏 0.1　筑波快线的综合土地再划　　　　　　　　　　　　　9
专栏 0.2　日本的包容性城市再开发方案　　　　　　　　　　　10
专栏 0.3　圣保罗的空间权出售　　　　　　　　　　　　　　　13
专栏 0.4　中国南昌的开发权租赁　　　　　　　　　　　　　　14
专栏 0.5　由政府引导的以开发为基础的土地价值捕获
　　　　　在印度新德里第一个地铁系统的应用　　　　　　　17
专栏 0.6　世界上最大的公共-私营地铁项目在海德拉巴　　　　19
专栏 1.1　以公共交通为导向的开发是什么　　　　　　　　　　30
专栏 4.1　私有化的日本国家铁路公司　　　　　　　　　　　　87
专栏 5.1　市中心东部再区划和可转让开发权的方案　　　　　112

图

图 0.1　　土地价值及其属性（见彩图）　　　　　　　　　　　3
图 0.2　　中国香港特别行政区：地铁的运营网络和未来的物业开发线路
　　　　　（见彩图）　　　　　　　　　　　　　　　　　　5
图 0.3　　中国香港特别行政区的土地价值捕获机制：香港特别行政区政
　　　　　府与港铁公司及开发商之间的关系　　　　　　　　6
图 0.4　　东京城市地区　　　　　　　　　　　　　　　　　　7
图 B0.1.1　综合土地再划　　　　　　　　　　　　　　　　　9
图 B0.2.1　日本的包容性城市再开发方案（假设）　　　　　　10
图 0.5　　以开发为基础的土地价值捕获方案实施路线图　　　23
图 B1.1.1　生态街区概念的主要特征　　　　　　　　　　　　31
图 2.1　　土地价值及其属性　　　　　　　　　　　　　　　38
图 3.1　　1950～2025 年香港的人口趋势和预测　　　　　　61
图 3.2　　2011 年香港的地下铁路线附近的城市人口密度　　63

图 3.3	地铁网络和物业开发（见彩图）	65
图 3.4	R+P 机制：香港政府和港铁公司及开发商之间的关系	68
图 3.5	2000～2012 年港铁公司净收入比例	69
图 3.6	自 20 世纪 80 年代以来 R+P 建设模式的类别和演化（见彩图）	70
图 3.7	天后站 R+P 住宅楼	71
图 3.8	东涌站的总平面图：融合地铁站、物业、行人网络和便利设施的综合开发区	72
图 3.9	东涌站的舒适公共空间	73
图 3.10	九龙 R+P 开发层次（见彩图）	74
图 3.11	港铁公司火炭站住宅楼	75
图 3.12	规划部门的黄竹坑站分区规划概览：综合开发区和政府、机构或社区分区	76
图 4.1	1950～2025 年东京的人口趋势和预测	82
图 4.2	1999 年人口密度和多中心开发结构	83
图 4.3	东京铁路枢纽城市再生的平面面积和最大容积率（见彩图）	84
图 4.4	日本的综合城市再开发方案（假设）	85
图 4.5	多家公共和私营的机构建设和运营的东京大都会区铁路网络	86
图 4.6	东京大都市区 2011 年财年七家主要铁路公司的年收益	91
图 4.7	2003～2012 年财政年度东京急行铁路公司净收入比	91
图 4.8	东日本铁路公司 2001～2012 年的净收入比例	92
图 4.9	二子玉川站的再开发图（见彩图）	94
图 4.10	二子玉川再开发建筑面积再分配，Ⅰ期	95
图 4.11	筑波快线的综合土地再划/整理	96
图 4.12	二子玉川站附近"智能城市"概念下的上场和住宅塔楼	97

图 4.13	新地铁线路路权的土地重划/整理项目		99
图 4.14	品川站 1981 和 2008 年开发前和开发后的照片		100
图 4.15	超级街区内私有物业所有人为获得容积率优惠设立的通道、行人设施和绿色空间		101
图 5.1	2003 ~ 2011 年纽约市地块转让开发权（见彩图）		109
图 5.2	长岛铁路的东侧入口——直接通向中央车站的通勤连接口		110
图 5.3	东侧入口节省的时间和中央车站附近就业岗位的聚集（见彩图）		111
图 B5.1.1	市中心东部的再区划：中央车站附近的通过利用公有资本进行改善的容积率分配机制		112
图 5.4	华盛顿都会区运输局网络覆盖整个华盛顿大都会区		116
图 5.5	多个辖区内华盛顿地铁站 0.5 英里和 0.25 英里范围内的物业税，2010 年		116
图 5.6	华盛顿都会区运输局年营运收入和联合开发项目的贡献，2004 ~ 2012 年财政年		117
图 5.7	低密度区域所围绕的高密度通道		119
图 5.8	国王十字站的位置和大伦敦铁路网的高铁 1 号线，2011 年		122
图 5.9	国王的十字的机会区域的再开发方案		123
图 5.10	土地价值捕获方案中的利益攸关方和国王的十字的 106 协议		125
图 6.1	南昌的位置		135
图 6.2	南昌的人口 1950 ~ 2025 年		136
图 6.3	南昌的城市开发策略（见彩图）		137
图 6.4	南昌 1 ~ 5 号线的地铁体系		139
图 6.5	南昌市政府收益，2011 年		140
图 6.6	南昌的土地价格		141

图 6.7	南昌 1 号线车站开发的顺序和规模	143
图 6.8	地铁大厦站	144
图 6.9	时代广场站的建筑设计和规划	145
图 7.1	新德里大都市区（见彩图）	150
图 7.2	1950～2025 年新德里的人口趋势和预测	151
图 7.3	2021 年新德里总体规划（草案）的土地利用计划（见彩图）	153
图 7.4	快速公交车站的 300m、800m 和 2000m 服务区案例	155
图 7.5	2021 年新德里总体规划和以公共交通为导向的开发区域之间的不一致	156
图 7.6	新德里的多层管理和不同区域界线	157
图 7.7	新德里地铁公司的网络 I 期（1995～2006 年），II 期（2006～2011 年）和 III 期（2011～2016 年）	158
图 7.8	新德里地铁公司的净收入比例 2004～2005 年到 2011～2012 年	161
图 7.9	卡尔卡尔杜马地铁站附近的住宅群和快速公交系统	162
图 7.10	开伯尔山口地铁站附近的住宅群开发平面图	163
图 7.11	海德拉巴 1950～2025 年的人口趋势和预测	165
图 7.12	海德拉巴"2031 年大都会区开发规划"	166
图 7.13	海德拉巴合并后的管辖界限	167
图 7.14	在建地铁：穿过海德拉巴建成区	168
图 7.15	海德拉巴地铁公司的一期工程	169
图 8.1	圣保罗的大都市区	174
图 8.2	1950～2025 年圣保罗的人口趋势和预测	174
图 8.3	《城市交通综合规划 2025》的交通网络（见彩图）	176
图 8.4	圣保罗 2002 年规划中的 15 个城市行动	177
图 8.5	基于虚拟的土地方法估计的 CEPAC 价格	182

图 8.6	CEPAC 在城市行动中的使用	183
图 8.7	法里亚利马城市行动中车站附近的建成环境充斥着停车位	184
图 8.8	阿瓜布兰卡的区域地图（见彩图）	185
图 8.9	圣保罗的低收入或中低收入住宅区	186

表

表 0.1	备选的土地价值捕获方案	3
表 B0.2.1	利益相关方的贡献和利益	11
表 2.1	公共交通引导的土地价值资本化实践证明总结	40
表 2.2	城市交通融资中"受益者支付"原则的应用	44
表 2.3	投资的受益人和融资工具的主要特征	45
表 3.1	城市规划区和新城区的最大容积率	62
表 3.2	香港五条新铁路线项目的筹资安排	67
表 3.3	天后站的 R+P 参数	71
表 3.4	东涌站的 R+P 参数	72
表 3.5	九龙站的 R+P 车站参数	73
表 3.6	黄竹坑站的 R+P 参数（2013 年 2 月城市规划委员会批准）	76
表 4.1	日本铁路部门分类	87
表 4.2	东京大都会区主要土地价值捕获类型总结	90
表 4.3	二子玉川站再开发项目	93
表 4.4	筑波快线二子玉川站的土地再划/整理项目	96
表 4.5	港区未来线滨水区开发项目	98
表 4.6	品川站的再开发项目	100
表 5.1	106 法令条款中有关国王十字的不同用途的最大建筑面积	125
表 5A.1	发达国家案例研究城市的数据	126
表 6.1	南昌土地价格变化百分比（2008～2012 年）	141
表 7.1	快速公交车站附近的三个以公共交通为导向的开发区域	154

表 7.2	以公共交通为导向的开发所提议的可允许容积率和密度	155
表 7.3	快速公交体系筹资	159
表 7.4	快速公交体系中物业开发的资本贡献	160
表 7.5	卡尔卡尔杜马地铁站的以公共交通为导向开发项目	162
表 7.6	开伯尔山口地铁附近的住宅区	165
表 8.1	近期总体规划中的公共交通项目总结	178
表 8.2	综合城市交通规划 2025 的筹资方案（单位：百万里尔）	179
表 8.3	巴西的土地价值捕获工具	180
表 8.4	2002 年前后圣保罗基本容积率的变化	180
表 8.5	CEPAC 系数举例	184
表 8A.1	发展中国家案例研究城市数据	188

致　谢

本书作者为世界银行的铃木博明香港城市大学的村上迅、麻省理工学院的康宇雄和加利福尼亚大学的贝丝·玉代势。

本书引用的案例研究对象为中国香港、日本东京、美国纽约和华盛顿、英国伦敦、中国南昌、印度新德里和海德拉巴、巴西圣保罗。

港铁公司的 Steve Yiu、Rebecca Wong、Lam Chan 为中国香港案例的准备工作提供了帮助。

日本东京的案例得到了许多个人和组织的帮助：Takeshi Nakawake、Wataru Tanaka、Kiyoyoshi Okumori、Shigeru Yokoo、Takashi Uchiyama 和 Taro Minato（日建公司）；Hironori Kato（东京大学）；Hisao Uchiyama（东京理工大学）；Masafumi Ota、Munehiko Shibuya 和 Toshiyuki Tanaka(东急电铁股份有限公司)；Katsunori Uchida 和 Tamotsu Kamei（东急不动产）；Hideaki Oohashi、Hiroshi Namekata、Tokunori Tachiki、Takashi Goto、Yoshio Nemoto、Kichiro Watanabe、Hiroshi Ii 和 Kimio Higaki（千叶县政府）；Seiji Nakata（三井不动产）；Kimihiro Kuromizu（横滨市）；Hiroyuki Sugata、Mitsutoshi Haniahara，和 Hideyuki Kudo（日本铁路建设、交通和技术局）；Hiroya Masuda（野村总合研究所）；Kiyoshi Yamasaki（价值管理研究所）；Takashi Nakamura 和 Katsuya Amano（东京城市大学）；Seiichiro Akiumura（日本交通规划协会研究所）；Ryosuke Fukae（日本土地、基础设施、交通和旅游部）；和 Keiichi Tamaki（亚洲开发银行）。

Stan Wall（华盛顿大都会区交通局）为华盛顿案例做出了贡献；Mamoru Sakai（日本国际协力机构）为华盛顿和伦敦案例提供了研究支持。

中国南昌的案例研究得到了南昌市副市长刘建洋和南昌轨道交通集团有限公司的毛顺茂的支持。此外，南昌轨道交通集团的 Jie Lin 和 Xuan Yang 也提供了帮助。

Berenice Bon（南亚研究中心）和 Shirley Ballaney（环境规划协作）合

作准备了新德里和海德拉巴的案例研究，并且支持世界银行小组的实地调研。新德里案例得到了 Romi Roy（UTTIPEC）、Rakhi Metra、Marco Ferrario 和 Swati Janu（微观家庭解决方案）、Gaurav Wahi（仲量联行）、Sanjeev Jain、Er R.K Ganjoo、Bijendra K. Jain 和 Deepak Mowar（帕斯纳斯开发有限责任公司）、Naini Jayaseelan 和 Syed Aqeel Ahmad（国家首都地区规划委员会）、K. Jayakishan 和 Ashvini Parashar（DIMTS）、Mangu Singh、Anuj Dayal、U.C. Mishara、Ashok Kumar Gupta、P.S Chauhan、Kaushal Kumar Sahu 和 R.M. Raina（新德里地铁有限责任公司）、Pritam Kumar 和 Dheeraj Kumar（IL & FS 铁路有限公司）以及 Kuldip Singh（库尔迪普公司）的支持。

海德拉巴的案例得到了以下人的支持：N. V. S. Reddy、Vishnu Reddy、D. Surya Prakasam 和 Y. Murali Mohan（海德拉巴地铁有限责任公司）；Sri M. T. Krishna Babu、Dhanajay Reddy 和 Navin Mittal（大海德拉巴市政公司）；Purshottam Reddy、Neerabh Kumar Prasad 和 Madhava Raja（海德拉巴大都会发展局）；Devender Reddy、Mallikarjun Setty、T. S. Reddy、Vivek Gadgil 和 P. Ravishankar（拿丁地铁[海德拉巴]有限公司）、Sunil Srivastava（巴拉吉铁路有限公司）；Sista Viswanath（瓦朗加尔城市发展局）；Srinivas Chary Vedala（能源、环境、城市治理和基础设施发展中心）；S.P. Shorey（城市减贫/SNPUPR）；C. Ramachandraiah（经济和社会研究中心）；Utpal Sharma（CEPT，艾哈迈达巴德）。

Domingos Pires de Oliveira Dias Neto、Camila Maleronka 和 Mariana Yamamoto Martins 共同准备了圣保罗的案例研究，并且支持世界银行小组的实地调研。圣保罗的案例还得到了以下人的支持：Celso Petrucci 和 Flavio Prando（SECOVI）；Alberto Epifani（圣保罗大都会地铁公司）；Ciro Biderman（圣保罗交通公司）；Alexandre Rodrigues Seixas 和 Marcelo Fonseca Ignatius（圣保罗城市化）；Paulo Henrique Sandroni（瓦格斯基金会）；Vitor Hugo dos Santos Pinto（巴西国有企业联邦储蓄银行）；João Teixeira 和 Joshua Pristaw（GTIS 合作伙伴）；Carlos Henrique Malburg 和 André Luiz Teixeira dos Santos（BNDES）；Julio Lopes（里约热内卢运输部长）；Vicente de Paula Loureiro（里约热内卢公共工程秘书处）；Waldir Peres（AMTU-RJ）。

东京发展学习中心（TDLC）支持了"土地价值补贴公共交通"论坛的组织工作和东京的采访工作。

参与本书同行评议的专家包括：Valerie Joy Eunice Santos（世界银行）、Francesca Medda（量化与应用空间经济学研究实验室，英国伦敦大学学院）、Robert Cervero（加利福尼亚大学，伯克利分校）、P. Christopher Zegras（麻省理工学院）。此外，Om Prakash Agarwal（世界银行）、Joshua Gallo 和 Lauren Wilson（公私基础设施咨询机构，PPIAF）也进行了评论。

本书也得到了以下世界银行执行人员的支持：Bernardo Guatimosim Alvim, Georges Bianco Darido, Nupur Gupta, Fabio Hirschhorn, Holly Krambeck, Paul Kriss, Augustin Maria, Barjor E. Mehta, Satoshi Ogita, Gerald Paul Ollivier, Xuan

Peng、Shigeyuki Sakaki、Yi Yang、Ruifeng Yuan、Jingyi Zhang。

Adelaide Barra、Fernando Armendaris 和 Vivian Cherian（世界银行）提供了后勤和行政援助。本书在 Zoubiba Allaoua、Sameh Wahba 和 Ellen Hamilton 的指导下，还得到了世界银行城市和灾害风险管理部门的支持。

本书筹备过程中得到了公私基础设施咨询机构（PPIAF）和城市联盟在资金上的支持。前者是一个多捐款方的技术援助机构，旨在帮助发展中国家通过私营领域的参与改善本国的基础设施质量。欲了解此机构的更多信息，请访问 http：//www.ppiaf.org。城市联盟是致力于城市减贫和促进城市在可持续发展中的作用的全球合作伙伴。城市联盟的总战略目标是支持城市发展高效的地方政府、积极的市民参与和公私投资并驾齐驱的经济。欲知更多信息，请访问 http：//www.citiesalliance.org。

世界银行出版和知识署负责本书的出版，Patricia Katayama 和 Mark Ingebretsen 负责监管工作。Michael Alwan 提供布局和图标支持。在 Bruce Ross-Larson、Jonathan Aspin 和 Jack Harlow 的领导下，本书由沟通发展股份有限公司编辑。

作者简介

主要作者

铃木博明曾担任世界银行城市和灾害风险管理部门、城市和适应力管理部门的城市问题专家。现任东京大学工程研究生院、东京国家政策研究和日本法政大学政治研究生院的讲师。在世界银行和海外经济合作基金（现称为"日本国际协力机构"）的工作中，他拥有超过30年的基础设施和公共领域相关的实战经验。其专业领域包括可持续城市发展、交通和土地利用整合、城市财政、创新型城市基础设施融资。他是《Eco^2城市：生态经济城市》（2010）及其实施指南《Eco^2城市指南：生态经济城市》（2012）的第一作者，也是《公交引导城市转型——公交与土地利用整合促进城市可持续发展》（2013）的第一作者。这几本书都是世界银行出版。他获得了麻省理工斯隆管理学院管理学的硕士学位。

村上迅是香港城市大学建筑和土木工程学院的助理教授。其专业领域为交通和经济发展、城市化过程中的发展策略和空间规划、公共财政和土地政策。其研究重点主要是提高城市-区域的全球竞争力，地方宜居性的空间和财政因素。他获得了加利福尼亚大学城市和区域规划专业的博士学位。他是政府间气候变化委员会第三工作组，第五评估报告中第12章"人类居所、基础设施和空间规划"的第一作者。

特约作者

康宇雄是麻省理工学院城市规划和财政学院的讲师，也是林肯土地政策研究所的客座研究员。他是土地治理实验室的创立者和执行理事，在此实验室中，他主要研究如何利用土地促进发展中国家土地资源分配的决策制定过程的公开性和综合性。他获得了麻省理工学院城市研究和规划学院城市发展专业的博士学位。

贝丝·玉代势是加利福尼亚大学城市规划学院的客座研究员。其研究领域包括土地利用规划、治理结构、土地和资源获取及其在太平洋的分布情况。她获得了加利福尼亚大学城市规划的博士学位。

本书是各位作者携手努力的成果,主要章节的作者如下:

概述:铃木博明和村上迅

第1章:铃木博明

第2章:铃木博明,康宇雄和村上迅

第3章:村上迅

第4章:村上迅

第5章:村上迅和贝丝·玉代势

第6章:康宇雄和铃木博明

第7章:村上迅和铃木博明

第8章:村上迅和铃木博明

缩 写

BRT	快速公交系统
CEPAC	额外建设潜力证明
CDA	综合开发区
DBLVC	以开发为基础的土地价值捕获
DDA	新德里发展局
DfT	英国交通部
DFI	发展金融机构
DIF	区域基金
DMRC	新德里地铁公司
EWS	经济贫弱区
FAR	容积率
GHMC	大海德拉巴市政委员会
GLUP	阿灵顿土地利用总体规划
GoAP	安得拉邦政府
HKSAR	香港特别行政区
HMDA	海德拉巴大都市开发区
HS1	高速1
HSR	高速铁路
JD	联合开发
JnNURM	贾瓦哈拉尔·尼赫鲁国家城市更新任务
JNR	日本国家铁路公司
KCRC	九广铁路公司
LCR	伦敦和欧陆铁路公司
LVC	土地价值捕获

MPD-2021	新德里2021总体规划
MRTS	新德里捷运系统
MTA	纽约大都市交通局
MTR	香港港铁公司
NCTD	新德里国家首都区域
NMG	南昌市政府
NMT	非机动交通
NRTG	南昌轨道交通集团
OODC	额外建设收费
O&M	运营和维护
ORR	外环路
PFI	私有融资倡议
PDE	战略发展规划
PITU 2025	圣保罗2025综合城市交通规划
PPP	公私合营
R+P	轨道+物业（港铁公司实施的项目）
SAR	特别行政区
TAD	公共交通邻近区域的开发
TDR	开发权转让或可转让的开发权
TOD	以公共交通为导向的开发
UMTA	城市公共交通法案
UO	城市行动
UTTIPEC	交通基础设施规划和工程统管中心
VGF	可行性缺口补贴
WMATA	华盛顿大都会区交通局

备注：除特殊标注，文中的货币为美元

术　语

空间所有权出售：以发展为基础的土地价值捕获工具之一。政府出售超出土地利用规定（容积率）的部分或者是由于管理规定变化而带来的多余开发权，从而为公共基础设施和服务筹集资金。

快速公交系统：高质量的公交服务，具备高容量地铁系统的许多特征，但是成本却只是其一小部分。尤其是公交车在指定车道或专用车道上运营时最类似于地铁服务。公交车道在主要交叉路口的立体交叉设计中也能够加速流动。快速公交体系中的公交车站通常能够为乘客提供遮风挡雨的设施，并且可以在上车前先付费。

中心商务区：城市的主要商业聚集地（金融机构、商场、大型会议和体育设施、酒店）。中心商务区能够产生集聚效应。

土地征用权：政府或公共机构所有的管理权，可以将私有财产用于公共项目或公共利益，同时给予一定的补偿。

容积率：建筑物的综合建筑面积和用地面积的比率。容积率越高，密度越大。英文缩写也可叫作建筑面积比（FSR）或建筑面积指数（FSI）。

绿地开发：在未被开发为城市用地的土地上进行的新开发活动，包括农业、农村和未使用的土地。

土地再划方案：土地所有人整合所有土地，用于再配置。其中一部分土地出售，用来筹集资金抵消一部分的公共基础设施建设成本。此方法可用作交通和以公共交通为导向开发的一种土地价值捕获工具。

土地价值捕获：又称土地溢价回收一种公共筹资方法。政府通过行政管理决定(如改变土地用途或容积率)和/或基础设施投资(如交通)来提高土地价值；通过捕获一部分或所有的变化来分享土地价值增加部分；利用土地价值捕获的收益来资助基础设施投资（如投资交通和以公共交通为导向的开发）和其他需要用来抵消变化的影响的改善措施（如密度化）和/或实施公共政策来提高公平性（如提供保障性住房来缓解居屋短缺和潜在的中产阶级化）。土地价值捕获主要有两种类型：以开发为基础的土地价值捕获和税费型土地价值捕获。前者可以通过直接的物业交易来推进，而公共管理决定或基础设施投资能够增加物业的价值；后者通过间接的方法来推进，如以税费的方式提取业主的多余收益部分（如房产税、改良费和特别捐税等）。

土地私有制：一种土地所有制，土地所有人对土地有绝对的所有权，包括转让权、遗赠权、抵押权、使用权（除非受到法律的限制），而且没有时间限制。

混合使用：一种开发方式，典型特征是土地用途多样化，通常包括住房、零售、私营商业，它们或者位于同一个建筑空间内（如垂直混合），或者相距位置较近（如水平混合）。

非机动化交通：任意一种非机动车的交通方式，如步行或自行车。非机动化交通目前非常受欢迎，因为它不仅是一种清洁、零碳排放的出行方式，对环境影响非常小，而且还能够通过增加人们的运动量来提高人们的身体健康水平。

公私合营：公有部门和私营企业之间的一种正式合作方式，通常用以建设和运营基础设施或者开发特定的城市区域。

再开发/更新：寻求对已有的开发区再投资的一种开发方式，较为典型的目标是那些未充分使用的地块（如闲置地产或废弃地产）；通常被视为经济发展方案中的一部分。

蔓延：一种发展模式，典型特征是均匀的低密度、缺少显著中心、可及性差、依赖机动车、土地的无节制和非连续扩张。

土地国有制：一种土地所有制，土地所有人为国家，由国家租赁给个人或公司，期限固定，收取租金或要求其他条件。承租人所享有的权利随着具体的租赁条件而变化，但是一般都包括转租给另一方或租赁的剩余价值再分配。国家很可能会限制开发权和使用权。

开发权转让：能够在容积率的限制内有效购买和出售空间权（即最大化垂直开发的权利），或者当某栋建筑尚未用完其容积率时出售未使用的开发权；通常只适用于某些特定地块，且权利只能转让给某些特定接收地块。

公共交通邻近区域的开发：和以公共交通为导向的开发相似的一种开发，在交通站点的邻近区域，但是并不和交通站点直接连接，交通站点附近缺乏行人友好型的开发和设施。

以公共交通为导向的开发：交通车站附近的紧致、混合、行人友好型的开发。以公共交通为导向的开发理念是将便利设施、就业、零售店和住房聚集于交通热点位置，这样有利于提高交通利用率，促进非机动化出行。

城市再开发方案：主要用于日本的一种以开发为基础的土地价值捕获方式。土地所有人和开发商共同建立一个合作实体，集合零散的地块，整合成单一的场地。然后开发配有新的道路和公共开发空间（如高层建筑和/或混合用途建筑）的建筑。地方政府改变区划规则，提高目标再开发区域的最大容积率（尤其是铁路车站附近）。

致城市领导者

您是否希望缓解交通拥堵，促进商业发展，改善公共服务，提高收益？如何让您的城市更宜居，经济竞争力更强，更环保，更具备社会可持续性？

可以使城市实现以上各点的一种方式，就是创造和捕获城市公共交通车站和沿线的土地价值增加的收益。无需赘言，土地有自己的内在价值。私人投资者支付价格来获取物业权并开发土地，从而推高价值。这些开发商理所当然地从其投资中获利，您的城市难道不该同样如此吗？税费当然发挥了一定作用，但是本书探讨了其他的一些方法，也能够帮助城市从公共政策和行动中获取土地价值增值——如变化土地用途规定和投资基础设施，尤其是以公共交通为导向的开发。

您的城市如何实施这些手段？可供选择的方法包括土地出售或出租、联合开发项目和空间所有权交易。例如，联合开发项目可以确保公共交通车站和邻近私有地产的开发是紧密结合的，开发商能够从经济上或操作上为车站的建设做出贡献，因为地产的价值会因为新的交通设施而增加。在空间所有权交易中，政府可以提高密度，增强建筑结构，从而出售超出土地利用法规的开发权，然后提高收益，用于公共基础设施和服务。

这种交易有许多优势，显然，它们将管理变化和相关投资带来的价值增值同公共交通基础设施的融资联系起来。除了获取土地价值增值的直接收益，还可以获得长期的可持续收入——不仅来自于更高的载客量，还来自于新的零售店、停车场、休闲设施和住宅。

这些措施不仅作为融资工具，而且能够作为规划和公共政策，对地方经济和环境都有益处，鼓励兼容并包的城市增长。通过利用一部分收益来投资公园、人行道、路灯和自行车道，您可以和交通机构、开发商和社区合作，共同开发高效、安全、时尚的公共场所，进一步提高地产价值。提供容积率优惠和其他的激励机制，您可以要求开发商建设保障性住房和日托中心。

这些捕获土地价值的措施并不排斥其他城市公共政策。这些方法可以单独采纳，也可以同时运用，只要适合本市和本国的特殊条件即可。所以，在选择措施方面，您应当考虑项目的目标、管理和监管的可行性以及政治的接受度。

公共到私营部门的土地转让在一些缺乏透明度的国家不被看好。因此，政府或交通部门通常很难获得公众支持，尤其是那些居住在目标地产开发区域的人们。为了获得支持，您的市政府可以建立透明的监管和登记制度。所有的利益相关方都能够获取有关私营部门合作伙伴的选取过程、公共收益预期、收益使用等信息。也许，最重要的一点是交易要根据独立评估以市场价进行，利用已有的中立的土地价值准则和实践进行。同样重要的是，要鼓励民间社会组织参与前期的规划和后期的开发活动。

我们邀请您参考本书所列的城市案例，通过战略机制和管理变化创造和捕获更高的土地价值，寻求可持续的融资和发展。香港、东京、纽约、华盛顿和伦敦已经创立了公共交通体系基金，用于促进可持续的城市发展。南昌、新德里和海德拉巴正在运用这项措施支持地铁建设。

绝大多数城市，尤其是发展中国家，还没有完全挖掘土地价值捕获的可能性。这些城市需要建立法律和制度框架，提高专业技术能力，积累经验，制定一致的愿景、政策和策略。我们希望，本书能够帮助您寻求一个战略的方法，推动符合城市背景特点的融资和规划。通过创建和捕获城市公共交通车站和沿线更高的土地价值，城市可以弥补建设、运营和维护公共交通体系的成本，同时支持以公共交通为导向的开发，从而使这些地方更适合居住、工作和从商。

Ede Jorge Ijjasz-Vasquez	Pierre Guislain
高级局长	高级局长
社会、城市、农村和灾害风险管理全球实践局	交通和信息通讯技术全球实践局
世界银行	世界银行

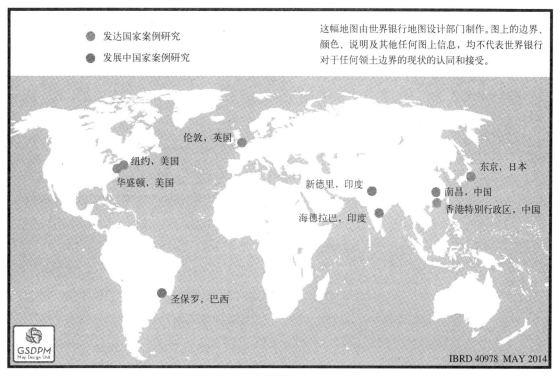

（见彩图）

概　述

发展中国家的城市正经历着前所未有的增长。但是，在此过程中，也伴随着以过度依赖汽车为特征的城市化的负面影响，如交通拥堵、空气污染、温室气体排放、能源和时间浪费以及可达性的社会不公。世界银行的《公交引导城市转型——公交与土地利用整合促进城市可持续发展》（Suzuki，Cervero 和 Iuchi，2013）指出，应对机动化的负面影响的最有效策略之一便是在公交车站附近鼓励行人友好式的集约型混合利用模式。

虽然此类以公共交通为导向的开发模式已日益被公认为是实现城市可持续发展的有效策略，但绝大多数城市，尤其是发展中国家城市依旧缺乏实用的专业技术来落实以公共交通为导向这一发展策略。由于这些城市通常都面临着严峻的财政约束，在建立资金集约型的公交体系时面临着极大的挑战，很难扭转过度依赖汽车的城市化进程。在香港特别行政区、东京、纽约、华盛顿和伦敦，以开发为基础的土地价值捕获帮助这些城市为交通领域的投资、运行和维护创造了资金，也促进了城市的可持续发展。如果能够将其应用于有条件的各个地方，这些方案极有望成为发展中国家城市的有效融资和规划手段。

发展中国家的许多快速发展的城市，尤其是那些位于中等收入水平的崛起中国家的城市宏观形势良好，有利于实施开发为基础的土地价值捕获方案。经济的快速增长、实际收入的上涨、机动化的加剧以及交通堵塞都造成了公交车站或道路附近土地价值升值。而中等收入国家的一些具有前瞻性的城市，如南昌、新德里和海德拉巴，正在将土地价值捕获应用于城市地铁系统。但是发展中国家的绝大多数城市还未充分挖掘有助于当地的土地价值捕获方案实施的有利条件。为什么呢？因为它们缺少连贯的愿景、策略和政策，缺少法律和制度框架，也缺少专业技术、能力和经验。本书致力于帮助这些城市弥补不足，使得以开发为基础的土地价值捕获方案成为城市融资和规划的战略性工具。

0.1 发展中国家过度依赖汽车的城市发展

21世纪是城市发展的世纪。世界上超过一半的人口（约54%的世界人口）（联合国经济和社会事务部，2014）居住在城市地区。预计至2050年，将有70%的人口居住在城市，其中，90%的新增人口位于发展中国家（联合国人居署，2013）。全球范围内，城市对GDP的贡献率达75%。但是，城市化也推高了社会、经济和环境成本。城市消耗了67%的能源，排放了70%的温室气体。而过度依赖汽车的城市发展问题，如交通拥堵、空气污染、温室气体排放、长时间通勤及可达性的社会不公等，在发展中国家的快速发展城市里愈加严峻。波哥大前市长Enrique Peñalosa表示，"交通问题和发展中社会所面临的其他问题有所不同，因为它会随着经济的发展而恶化，而不是好转。"随着财富的积累，人们逐渐放弃步行，选择骑车，接着又从自行车转向摩托车，最后到汽车。到2050年，预计中国的汽车保有量将达到9亿辆，比当前的世界总量还要多（Fulton和Cazzola，2008）。

发展中国家的许多城市都意识到了，城市化中过度依赖汽车带来的问题的严重性，因此开始投资于城市轨道、轻轨、快速公交体系、市郊铁路和重型轨道交通。但是这些都属于资金集约型。除了预付的建筑成本外，运行和维护也需要其他收入来源的大幅交叉补贴，因为绝大多数城市的车票收入不足以支付运营（Murakami，2012）。运营赤字主要是因为交通基础设施与城市发展之间的融合不足。而有效的发展规划往往并不适用于发展中国家的交通和规划部门（Suzuki, Cervero和Iuchi，2013）。

这些约束激发了人们对以开发为基础的土地价值捕获的兴趣，它有助于为公共交通发展融资、并促进城市可持续发展。实际上，中国香港特别行政区、东京、大阪和新加坡已经开始利用这一方法来减轻公共交通成本、促进城市可持续发展了。

0.2 以开发为基础的土地价值捕获成为交通融资和城市规划的战略性工具

土地价值捕获这一概念指的是"为了公众的利益，最大限度地调动非土地所有者所带来的部分或全部土地价值的增值（非劳动收入），如基础设施投资或者土地利用准则或法规的管理变动"（Smolka，2013）（图0.1）。

以开发为基础的土地价值增值捕获不同于税收和费用，它通过出售或出租土地、开发权和空间权来实现。在这一背景下，政府、交通部门、开发商和土地所有者通过发掘公交车站区域的发展机会和共享土地价值增量来共同增加土地价值。

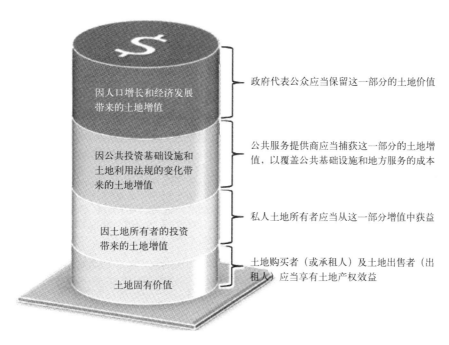

图 0.1　土地价值及其属性（见彩图）

相对于以税收或费用为基础的土地价值捕获，以开发为基础的土地价值捕获在资助公共交通和以公共交通为导向的发展相关的投资方面有着如下的优势（表 0.1）：

- 它更有望资助资金集约型的公共交通和以公共交通为导向发展的相关投资，且不会造成明显的财务扭曲或公众对税费增加的反对。
- 它不仅能通过公共交通投资创造土地增值的直接收益，而且能通过公共交通客流量的增加和车站附近的零售店、休闲设施、停车场、居民楼创造可持续的长期收益。
- 它涉及土地的交易、开发权、空间权，由于公共投资或者管理变化，它们的价值也上升了。它在创造价值和捕获价值之间建立了清晰的纽带。同时，土地增值的计算使用的是利益相关方一致同意的方法。相反，纳税人通常质疑税收或费用的覆盖面和数量，因为公共干预所创造的收益其定义通常很模糊，预估的价值增量的准确性也受到挑战，计算的方法也并不明确。
- 它更有望在物业税体系不完善（土地清册过时、价值评估能力弱）的地方发挥有效管理作用，在发展中国家的多数城市就是如此。

备选的土地价值捕获方案　　　　　　　　　　表0.1

	方案	描述
税收或费用为基础	物业税和土地税	基于土地价值或土地与房屋价值总和的预估而征收的税，收益通常纳入一般用途的预算

续表

	方案	描述
税收或费用为基础	增值征费和特殊评估	由政府针对公共投资所创造的预计收益而征收的附加税，要求从公共投资中直接获益的财产所有人支付成本
	税收增额融资	对将由市政债券融资而再开发的区域内财产的财产税预计增值部分征收附加税，主要用于美国
以开发为基础	土地出售或出租	政府向开发商出售土地或其开发权，由于公共投资或法规变化土地带来增值，而开发商在租期内预付资金、出租费用或年度土地租金
	共同开发	交通部门和私人开发商协调开发公交车站设施和临近私有物业，私人开发商通常对车站设施的建设做出实物和资金方面的贡献，因为他们的财产价值会因为交通投资而增加。用于日本、美国和其他国家
	空间权出售	政府在土地利用法规的范围（如建筑容积率）之外出售开发权，或者出售因法规变化而产生的开发权，从而补贴公共基础设施和服务
	土地重划	土地所有人集中其土地，将其中一部分土地出售，从而募集资金，支付公共基础设施开发的部分成本
	城市再开发方案	土地所有人和开发商达成合作协议，将零碎地块整合成一个单一地块，有助于开发（如多用途的高楼）、建立新的道路和公共开放空间。地方政府针对再开发的区域（尤其是在火车站附近）修改区划法则，增加最大的建筑容积率，资助基础设施建设。主要用于日本

资料来源：作者。

政府可对以开发为基础的土地价值捕获进行深入探讨，不仅将其作为融资工具，也作为城市规划和公共政策选择，提高经济的竞争力、环境的可持续性和社会公平：

- 通过改变土地使用法规，诸如设置更高的建筑容积率、将土地的单一使用转变为混合使用，政府可以增加公交车站区域的密度，实现多重利用，同时增加了收益。
- 通过利用公交车站地区的投资收益（如公园、路灯、自行车道和人行道），政府、交通部门、开发商和社区可以共同建立高效、安全和时尚的公共空间，进一步提高财产价值。
- 通过提供容积率或其他法规方面的激励措施，政府可以要求开发商建立一些社会设施，如经济适用房和日托中心。

这并没有否认税收或费用相关方案的实用性，它们也有自己的优势。比如，物业税收入具有可持续性，因为物业税的征收不会枯竭有限的土地资源。采纳一种土地价值捕获方案并不影响另一种方案的使用。考虑到不同的目的、监管和管理的可行性以及对公共基础设施融资的政治接受度，这些不同的方案可以单独或联合使用，但必须符合各国和各城市的条件。

0.3 以开发为基础的土地价值捕获国际范例

亚洲有两大国际化城市——中国香港特别行政区和日本东京，它们提供了大规模的以开发为基础的土地价值捕获成功经验,使其成为城市可持续融资和发展的战略性工具。这两大城市一直致力于实施此类方案,不仅收回了公共交通建设、运行和维护的成本,还支撑了以公共交通为导向的城市可持续发展。

1. 中国香港特别行政区"轨道+物业"(R+P)项目

中国香港特别行政区是世界城市中少有的,以轨道交通有活力地支撑了世界人口最密集的城市形态的城市。218km 长的香港铁路(MTR)系统有 10 条铁路线、84 个站点,覆盖香港岛、九龙和新界,每日载客量达 400 万。由于高乘客量,地铁创造的净营业利润达 66.94 亿港币(8.69 亿美元),2012 年票价覆盖了 185.5% 的成本。而这一成功就归功于港铁公司实施的"轨道+物业"(R+P)项目(图 0.2)。

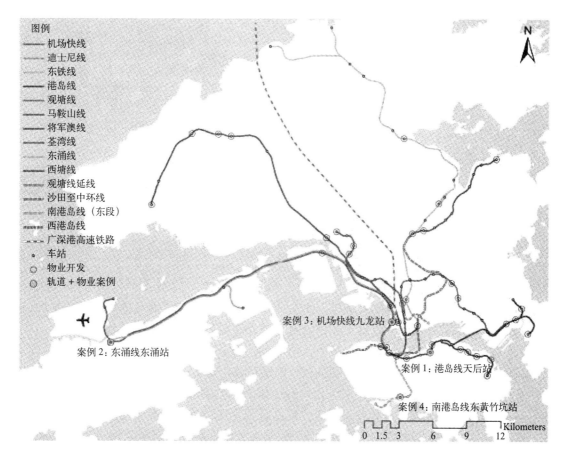

图 0.2　中国香港特别行政区:地铁的运营网络和未来的物业开发线路(见彩图)

图片来源:基于中国香港特别行政区港铁路线图及其他地图。

注:R+P=轨道+物业。

根据 R+P 项目,香港特别行政区政府给予港铁公司具有独家物产开发权的政府土地,并且以"轨道建设前"的价值出售。然后港铁公司捕获此项目带来的土地增值,这些增值来源于公共交通和以公共交通为导向的发展相关投资所带来的可达性和集聚效应。港铁公司通过与私人开发商合作开发土地，然后以"轨道建成后"的市场价格出售开发项目来回收增值。此项目通过共享利润收回了轨道建设资本、运营和维护成本（图0.3）。R+P也促使港铁公司融合了不同期的轨道和物业开发项目，确保了项目的顺利实施，降低了交易成本。

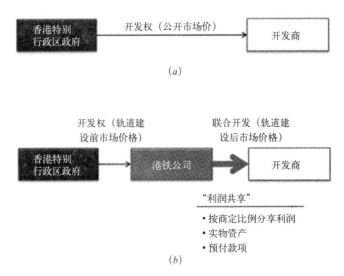

图0.3　中国香港特别行政区的土地价值捕获机制：香港特别行政区政府与港铁公司及开发商之间的关系

(a) 常规政府土地租赁项目；(b) R+P项目

资料来源：Cervero 和 Murakami，2009。
注：MTR= 港铁。

自2000～2012年，物业开发贡献了港铁公司38%的收益、28%的相关业务收益（如商业和物业租赁及管理业务）和34%的交通营业收益。从1980～2005年，政府得到180亿美元的净财务汇报，收益来自土地溢价、市值、股东现金分红和首次公开发行等共计222亿美元收益扣除42亿美元的权益资本。尽管港铁公司有权捕获土地增值，但其经济利润通过分红和持股升值的方式分给政府。港铁公司也通过提供高效的交通服务和高质量的物业开发促进了城市可持续发展和经济发展。

以下原则确保了项目的有效性：
• 总体规划和政策文件一致表明了港铁的公共轨道网络对城市和区域发展起到骨架支撑作用，尤其是在快速增长期。
• 土地国有制度控制城市土地供应，吸引私有资源，确保新轨道沿线的公共利益。
• 在主要站点设置综合开发区，享受特殊的建筑容积率，以吸引私有资本的战略性投资，同时为私人开发商提供了协商和设计的灵活性。

- 物业开发权以建设轨道前市场价格独家授予以市场为导向的铁路公司，有助于覆盖轨道项目的建设和运营成本，以更低的交易价格管理多重功能和不同期的轨道和物业开发项目。
- 授予开发权的尝试起始于车站内或周边停车场小地块，主要是为了创造项目收益，之后涉及大规模、高质量的新城、标志性商业中心和地方社区中心。
- 为了获得更高的经济回报，私人开发商承担土地溢价和项目风险，而政府和铁路公司（在某种程度上）避免了市场和开发风险的危害。
- 公共部门与铁路公司和私人开发商共担成本、共享利润的规则清晰完善，缓解了项目的不确定性和公众的反对声音。
- 地铁站点的开发参数基于不同位置的市场需求和社会经济情况而有所区分。
- 项目完工后，铁路公司依旧是资产管理者，不仅捕获物业开发的前期利润，而且从长期的业务组合角度，实现了管理相关的经常性收入最大化。

2. 东京的多样化、包容性土地价值捕获方案

东京，作为拥有3700万居民的世界最大城市（图0.4），有48家交通部门运营着2000个站点、3500km长的轨道网络。东京在应用以开发为基础的土地价值捕获，利用房地产开发收益资助轨道投资方面，有着最佳经验。与中国香港特别行政区的土地国有制不同，东京的方案是在土地私有体制的条件下展开的。

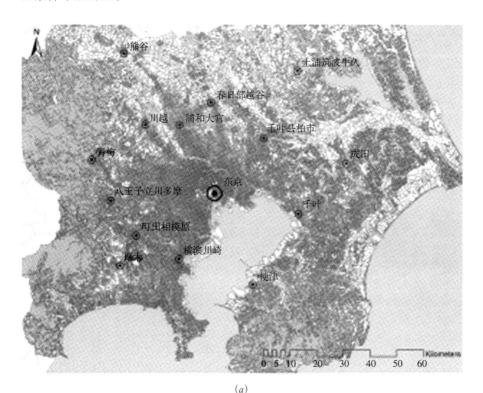

(a)

图 0.4 东京城市地区

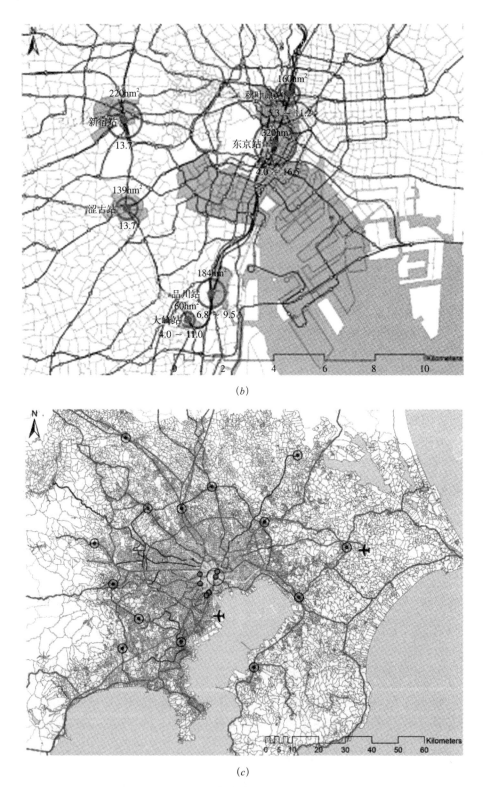

图 0.4 东京城市地区（续）

(a) 多中心地区结构；(b) 城市再生特区；(c) 多个公共和私营机构所修建、运营和所有的轨道网络
资料来源：基于来自日本国家土地信息，日本基础设施、国土交通省（MILT）的数据

土地再划主要用于城市边缘地区,而城市再开发方案用于建成区,这里的物业权通常呈现碎片化(专栏0.1和专栏0.2)。但是,两大方案都需要强有力的社区联系或者有效的经济激励措施。尤其需要所有土地所有人的同意,尽管法律许可项目机构在获取超过三分之二土地所有人的同意后就实施方案。

专栏0.1　筑波快线的综合土地再划

根据《住房铁路整合法》,市政府和住房部门可在未来轨道沿线指定某些土地再划区域。在此机制下,指定区域的几位土地所有人放弃他们所有一定比例的土地用于公共用途,包括公共交通设施或者进行土地出售为公共投资创造资金(图B0.1.1)。这一做法的经济思路是:尽管最初的土地所有人土地面积会缩小,这些地块将会因为建立新车站和其他基础设施及服务提供而有更高的土地价值。铁路公司可顺利地为其公共交通投资获取路权,通过土地再划行动也推动了有公共交通支撑的房屋开发。

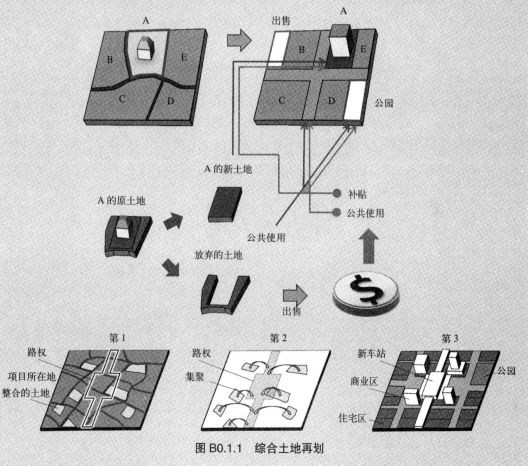

图 B0.1.1　综合土地再划

资料来源:改编自2009年千叶县政府报告。

专栏0.2　日本的包容性城市再开发方案

根据《城市再开发法》，土地拥有者、租户和开发商可在建成区创造开发机会，尤其是在已有的或新开的公共交通站点。为了获取公交站点所提供的潜在可达性益处，地方政府首先将区划法则从单一用途转变为混合用途，提高了建筑容积率（图B0.2.1）

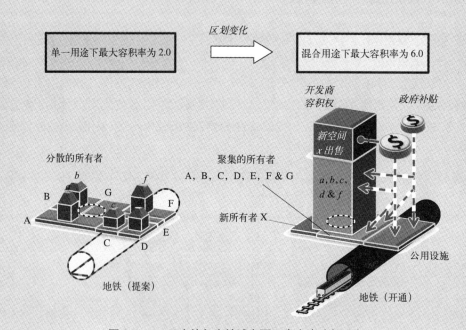

图 B0.2.1　日本的包容性城市再开发方案（假设）

资料来源：国土与基础设施、交通和旅游部，2013。
注：FAR=容积率。

在城市再开发项目之前，场地由几个独立土地所有人持有的地块组成，并由不同的租户所使用。大多数的房屋都为一层或两层结构，因为地块太小了，难以用一座高楼代替旧楼；而且，土地所有者也缺乏相应的资本或专业技术。这一城市再开发项目包括整合小地块，建立一座楼层更高、质量更好的大楼，建立一个地铁车站，建立公用基础设施（如更宽敞的公路、车站广场和便利设施）。国家政府为场地调查、土地整合及公共空间的基础造价支付了三分之一，主要是通过国家一般性预算；此外，利用道路特殊基金支付了一半的公共基础设施成本。通过这一过程，原来的土地拥有者和建筑所有者有权保有新建筑占地面积的产权，据估计，其资产价值与原来的产权相当（尽管有时一位开发商会从原来的所有者手里购买下所有的产权以加快再开发）。经市政府批准，这"多余的"占地面积被出售给新的财产所有者，有助于显著地覆盖区域内土地集合、新建筑开发和公共设施的成本。

表B0.2.1表明各利益相关方对土地价值的贡献以及他们通过城市再开发所获得的利益。

利益相关方的贡献和利益			表B0.2.1
利益相关方	贡献	利益	
土地拥有者（A, B, C, D, E, F&G）	为新建筑提供地块	获得新建筑土地的联合所有权（区域A, B, C, D, E, F&G），同时获得更高的可达性、更好的地方基础设施和服务供给	
建筑所有人（a, b, c, d&f）	提供老建筑和房屋单元	获得新建筑的所有权（区域a, b, c, d, f），同时获得更高的可达性、更好的地方基础设施和服务供给	
开发商	提供资本和开发专业技术	从区域X和多余的建筑容积率中获益	
公共交通部门	建设公共交通站点	创造了有益于公共交通的环境，增加了客运量	
国家政府	为土地集合和道路建设提供补贴	节约了道路和其他公共基础设施建设的成本	
地方政府	改变了区划规则（从单一用途变为更高容积率的混合用途）	创造了更高的物业税收入，促进了地方经济发展，建设了能够防御自然灾害的城镇	

注：FAR= 容积率

世界上最大的都市区使用价值捕获方案，考虑了利益相关方、位置、时间和规模等多种因素，建立了世界上覆盖最广的轨道网络。东京具备了丰富的以公共交通为导向的发展经验，列举如下：

- 国家政府总体规划带来了多中心的区域发展和轨道延伸策略，尽管多个公共、私营和半私营的单位在同一城市区域内使用不同的开发方法和土地价值捕获技术。所有的利益相关方都需要共享一个清晰的愿景，联合行动。
- 土地再划方案和城市再开发方案需要达成共识，这通常需要耗费时间和努力。有效的实施取决于传统的社会联系和有效的经济激励措施。土地征用权可帮助实际工作者加速土地集合过程，但是稍不谨慎就可能造成持续的社会紧张局势及缺乏信任感。
- 铁路企业也应当具备一定专业技术，不仅涉及常规的系统工程，还涉及房地产投资、城镇规划及营销，有助于确立适当的开发参数、分析市场概况、提供多样服务，从而实现公共交通站点物业及更广泛的服务区的增值最大化。最重要的是，铁路部门需要有权持有物业的长期所有权和管理权，以基于公交站点附近的开发和服务活动获取经常性收入。
- 铁路部门和地方政府可通过土地再划项目以低成本获得新铁路线的路权，尤其是在地方居民期待建立新的轨道站点的地区。这一方法可促进新线路附近的物业开发，以实现乘客量和车票收入的目标。
- 指定区域的主要土地拥有者或开发商可促进土地再划项目。他们具备房地产相关的知识和资源,更有可能投资地方基础设施,采取强有力的规划措施,实现新公交站点附近土地价值的最大化。

• 为了在公交站点附近创造高质量的建成环境,应当提供较高的密度奖励。私营的交通机构和开发商在容积率的鼓舞下更愿意提供社会基础设施和服务,实现协同效应的最大化。而再分配的负面影响可以通过综合的城市再开发予以解决。这些开发可以在许多发展中国家已经建成的超级巨大的街区中,塑造适合行人尺度的建成环境。

东京的多种技术皆为发展中国家快速扩张的城市提供了有益的经验。

0.4 发展中国家成功的关键原因

发达国家和发展中国家一些城市创造性地采纳了以开发为基础的土地价值捕获方案,以资助公共交通和以公共交通为导向的发展。这些案例研究、强调了为资助公共交通和以公共交通为导向的发展而创造和共享土地价值的独特背景和挑战。这些经验都说明政策建议和实施措施需要各个层面的战略决定者进行审慎的考量。同时,也强调了发展中国家在推广土地价值捕获这一方案时的政策制定、规划执行和项目开发的重要性。

1. 关键的发现

(1) 全面的价值创造

以开发为基础的土地价值捕获背后的理念是在政府、交通部门、开发商、企业和居民之间创造并分享增加收益。这显然不同于北美和世界其他地区所实施的以税收或费用为基础的对私有财产所有人"意外之财"的捕获。在日本,这一概念指的是"返还开发所创造的利润",而不是让政府或交通企业单方面地从土地拥有者或开发商手里捕获土地增值。它的设计和实施都需要不同利益相关方的激励措施。土地获取、授权土地用途变更和区划准则变更等激励措施创造的共同利益促进了多处物业群的开发进程。与多数以税收或费用为基础的土地价值捕获方法不同,这一方案中的评估增值不是管理机构单方面的决定,是各方事先基于市场趋势就土地价格达成一致意见,而利润的分配也是通过协商的方式基于各个利益相关方的贡献程度确认的。

(2) 公共土地所有权很重要,但不是绝对必要

以开发为基础的土地价值捕获是一项价值创造活动,而不是简单的公用土地的出售或土地使用权的出租行为。即便是在土地私有制度下,不拥有土地的市政府和交通部门可以效仿东京,通过以激励措施为基础的方式获取土地,如进行土地再划或城市再开发。这些措施可以通过增加密度、发展公共交通和其他有益于公共交通的投资,发掘经济机遇,创造出超出土地购买价格的土地价值。纽约和圣保罗也在利用高密度建成区私人土地所有者的土地空间权来探索纵向的发展机遇。

专栏0.3　圣保罗的空间权出售

在出售空间权方面，巴西是先驱。但是空间权出售几乎并未能用于资助圣保罗的公共交通发展或者以公共交通为导向的发展投资。

在巴西，私人土地所有者只能在一定的容积率（圣保罗通常在1.0～2.0之间）之内进行开发，如果要额外的空间开发权，则需要支付空间权使用所带来的影响的成本。出售空间权背后的逻辑是：所有者应当依据他们空间权使用的程度支付一定比例的基础设施的建设成本，因为高密度开发需要更多的基础设施投资。额外建设潜力证明（CEPACs）作为可交易的财产担保，可以拍卖的形式出售，并且它们只适用于一些指定的城市地区，其收益用于支持事先确定的城市基础设施建设。通过颁发CEPACs，各城市可以通过出售额外的建设权利来筹集基础设施投资资金。使用如提高容积率和可能的土地使用变更等措施，引导私有投资适应城市发展政策所需要的变革。

圣保罗城市负债率十分高，迫使市政府当局需要在不增加债务的前提下筹集基础设施建设资金。与发展中国家的许多城市不同，圣保罗无法通过出售土地来提高收益，因为它所拥有的可开发土地非常少。所以，出售空间权就成为圣保罗筹集资金兴建基础设施的可选措施。通过拍卖CEPACs，该市可以根据市场需求定价分配有限的空间权。

除了少数几次小规模投资，额外建设潜力证明出售的收益还没有用于地铁建设领域。证明的分配也和地铁站区域不相关。所以，该证明并没有捕获因地铁建设而产生的土地价值的增量。而且，州政府和市政府不受同一政党的领导，使得公共交通部门和城市规划部门之间的协调尤为困难。即使是在同样的公共交通领域，圣保罗州政府所持有的轨道交通公司与市政府所持有的公交公司似乎是在互相竞争，而非充分合作。由于公共交通部门和城市规划局之间缺少协作，再加上各部门采取的是以轨道为中心的工程措施，公共交通部门通常会错失许多绝好的机会，未能利用空间权的出售创造收益。考虑到预算紧张，地铁公司的工程师更倾向于依据最小的结构规格来设计地铁站，从而实现投资成本最小化。但是，这些举措也不足以支持建设能够带来大规模租赁收入、增加载客量的多功能枢纽站点。

尽管圣保罗当前面临着规划和制度的挑战，在引入以开发为基础的土地价值捕获、支持公共交通投资、改变城市形态和提高适合未来以公共交通为导向的开发密度方面，它极具潜力。这一举措已经在库里蒂巴"Linha Verde"城市行动中彰显，那里有一条国道干线被转变为城市道路，快速公交线得以延长，土地使用强度也提高了。额外建设潜力证明收益覆盖了以公共交通为导向这一发展项目的部分成本（Smolka，2013）。圣保罗已经开始研究利用空间权出售来资助维拉索尼娅城市联盟的新轨道建设的可能性（Froes and Rebelo，2006）。

此外，圣保罗的城市规划者现在正在考虑降低郊区与市中心过度拥挤的通勤状况，主要方法是建立发展次中心以平衡城市地区的商业和住宅密度（Jacu-Pêssego地区将成为新的商业中心，Cupecê地区兼具商业和住宅用途），这是基于以公共交通为导向的理念开发的。也就是说，可开发的土地依旧存在。由于巴西的家庭收入快速上升，中间市场对高质量住宅的需求旺盛，公共交通站点周边的土地价格可能会因为较好的可达性和连通性而进一步上涨。如果市政府和交通部门与投资者和开发商相互合作，正如中国香港和日本东京那样，他们就能够提高收益，从而收回一部分公共交通发展和其他以公共交通发展为导向的开发类投资成本。

对于实施土地国有制的城市来说，成功实施以开发为基础的土地价值捕获措施就需要有战略性的公共土地利用。公共土地在城市里是有限的资源，尤其是在发展中的城市里，如果城市为了短期的现金流而变卖土地的话，很快就会耗尽。因此，作为土地所有者，城市必须站在战略高度管理有限的公共土地资源，考虑到长期的发展利益。香港的R+P经验并不是靠出售开发权来捕获土地价值增值，而是通过和私人开发商合作、销售完整的物业单元并最终共享利益。就这一点而言，尽管有不同的土地所有制，香港和东京都在实行以开发为基础的土地价值捕获，基本理念是创造并分享价值。

（3）良好的规划原则

鉴于在快速开发的城市中可开发的土地资源有限，实现利润最大化是很重要的。但是以开发为基础的土地价值捕获应当基于良好的规划原则，能够为整个社会增加利益。如果这些方案强行由城市用于增加利润，而忽视了可持续的城市规划，他们就"只关注从开发商身上获取利润，而未满足新居民和企业的实际需求，从而扭曲了规划的宗旨"（Rahenkamp，2013）。在此背景下，决策制定者和实际工作者对这一方案的设计应当考虑到交易所产生的土地增值要最大限度地惠及整个社会（专栏0.4）。在其他案例中，圣保罗规划中的自由容积率（1.0～2.0之间）与出售空间权的搭配对于城市的空间格局产生的消极的影响（如城市蔓延和市中心经济适用房存量短缺）。这些意料之外的案例也值得深究。同样需要探讨的还有，中国香港的土地租赁政策对地方经济型房屋供应带来的影响。

专栏0.4　中国南昌的开发权租赁

中国的城市长期以来都在将农业用地转变为城市用地，在配有基础设施建设后，将开发权出租以获取溢价。与其他中国城市一样，南昌市也将租赁开发权获取收益作为基础设施投资的主要公共资金来源。但是，南昌是少数的几个前瞻性城市，通过在主要的地铁站点周边增加开发密度，然后捕获土地价值来支持以公共交通为导向的发展。南昌的思路是要通过改变区划，提高容积率，鼓励混合利用土地，促进地铁站点附近土地的高效利用，从而实现开发权租赁收益最大化，收回新地铁投资成本并通过鼓励以公共交通为导向的开发促进城市可持续发展。

南昌的案例要比典型的城乡土地转换更具可持续性，因为后者面临着城市范围大幅蔓延的风险。由于这一方案还未充分实施，现在很难断定它是否会带来预期的经济和城市发展结果。但是如果取得了成功，南昌的方案就可以给中国其他城市提供一个参考。

---

2. 有利因素

（1）宏观基本面

在实施土地价值捕获方案时，人口和经济等基本数据至关重要。一般来说，当城市人口和经济快速增长时，对土地的需求会上涨，房价也上涨，这时这一方案会很奏效。但是，即使经济增长缓慢，市政府和公共交通部门也可以采纳这一方案，由于土地利用不足和过时的区划规划，提升经济潜力一直没得到开发站点的可达性，并实现站点区域集聚效应最大化。

中等收入家庭的出现，带来了旺盛的住房需求，使得大规模投资轨道延长线至市郊区域成为可能，并且在新建交通走廊区域产生了早期的收益增值。正如日本的私营铁路在20世纪60年代、中国香港的港铁公司在20世纪80年代实施以开发为基础的土地价值捕获一样，南昌和海德拉巴的地铁公司利用城市的增长来进行前期的基础设施投资。

东京和香港都创造了稳定的经常性收入，即便是在经济增长缓慢时期也是如此。这是由于它们着眼于长期的发展利益，而不是短期的经济所得。东京的开发模式还在继续实践，利用市场需求集聚的地块促进战略建成区的再开发和增值，从而挖掘其巨大的经济潜力。

从低成本的制造业到知识和服务密集型行业的经济转型，为南昌和海德拉巴提供了更大的机遇。在公共站点周边的公司可以利用可达性和集聚效应，捕获商机，增加产业附加值。实际上，东京、纽约和伦敦的国际公司和区域公司的竞争优势已经变为它们的核心位置了。这些公司充分利用了近期的城市再生项目，包括强有力的基础设施再投资、土地利用放松管制和税收激励等，转移回了城市中心。

（2）总体规划的先见之明

总体规划需要有城市所有人共享发展成果这一长期愿景。政策制定者必须强调公共交通基础设施是空间发展战略的核心，能够引导规划、融资、建设和运营，促进公共交通发展。这一长期的发展愿景应当一致体现在其他规划中，如多行业规划和地区总体规划。

过去几十年里，全球典范城市的总体规划都清晰表明了轨道交通体系是城市发展的支柱。20世纪80年代和90年代的中国香港发展战略就瞄准了轨道沿线的区域增长。东京近期的国家首都圈总体规划也强调需要建立商业中心和大卫星城，铺设多条铁路线贯穿其中。南昌的总体发展规划利用轨道系统引导工业和住宅从旧中心大规模转移到新规划城市区域。基于这些愿景，未来的发展蓝图应当明确主要的线路和节点位置，充分考虑公共交通投资的可行性、市场需求和可开发土地的供给。

为了切实制定和修改总体规划，国家政府、市级机构和市政府当局需要鼓励各级利益相关方和跨领域专家齐聚一堂，共享关键信息，考虑各方利益。《日本国家首都圈规划》长期发挥潜在开发区域和指定交通项目在各级地方政府和铁路公司的协调作用，谋求共同发展。相反，新德里的首都发展总体规划未能处理各方官僚主义利益和不适用的土地利用法规的问题，严重阻碍了以开发为基础的土地价值捕获方案的实施，新的地铁体系也未能建成。

总体规划也不应过分约定俗成。尽管一般来说以公共交通为导向的开发都有自己的一套设计理念，发展参数却取决于不同的场地条件和多边的市场需求。新德里总体规划中的过严和不切实际的标准（地铁站的容积率最高为1.0）减少甚至完全扼杀了开发商进行合理布局，最大化房产可达性的机会。

除了城市总体规划，还有政府部门和机构的各种地方或部门总体规划。这些次级规划必须在国家、城市和地方政府之间形成纵向的一致性。横向上，城市规划、土地管理、交通、经济发展和住房等各部门需要共享一个愿景。例如，如果次级规划鼓励对大规模的道路体系的公共开支以及依赖汽车的住房开发，新的公共交通投资就不能创造足够的载客量和相关的土地价值。在中国香港和东京，有益于公共交通发展的政策和投资已经获得了一系列部门规划或地方总体规划的支持。

（3）灵活区划

以开发为基础的土地价值捕获促进规划部门、交通部门、开发商、土地所有者和地方利益相关方之间的协商，寻求共同利益。所以公交站点附近的区划准则和场地设计参数应当足够灵活，以满足变幻莫测的市场需求和多样化的地方需求。

区划体系具备灵活变通的准则，针对指定的公交站点区设定最低标准，使得交通部门和开发商能够调整场地设计参数。根据港铁公司的《总纲发展蓝图》，中国香港已经在主要轨道站点附近划定全面发展区，以灵活实施R+P项目。东京也划定了城市再生区域，以吸引私有房产投资，并针对之前的铁路站场地制定了最宽松的开发准则（最高容积率超过10.0，解除高度管制，加速审批）。

在许多发展中国家，规划和法律部门所执行的土地利用规划过时、法规缺乏连贯性，妨碍了交通部门和房地产公司探索站点及其附近的开发潜力。比如，新德里发展局已严格规定建筑占地比例最高为25%，地铁站附近的所有开发活动的容积率为1.0。但是，根据新的总体规划草案（MPD-2021），地铁站之外的影响区域的容积率可以更高。新德里对其严格的开发规定的官方解释是，提高车站附近的容积率会增加出行数量、加剧交通堵塞。但是，出发地和目的地在站点附近的新增旅客更可能会选择公交和非机动化的出行方式。实际上，阻碍土地灵活利用的最典型问题是车站区域内和区域外的发展利益冲突。

单单放开车站附近的开发管制不能确保以公共交通为导向的土地利用。为了实现这一点，市政府和交通部门需要协调轨道站点设施、私有的房产开发及附近街区的一体化。这种一体化能加强公共交通的可达性，通过车票和以开发为基础的土地价值捕获方案创造更大的收益。但是在新德里，私人开发商在地铁停车场附近开展的公寓住宅项目有3~5间豪华卧室，每个家庭约有4个停车位。这是一种公共交通邻近式的开发，而不是以公共交通为导向的开发（专栏0.5）。

专栏0.5　由政府引导的以开发为基础的土地价值捕获在印度新德里第一个地铁系统的应用

新德里地铁公司（DMRC）是印度第一个地铁系统，总长超过190km，有144个站点。它受到了国家政府强有力的政治和经济帮助。国家政府将不同部委和公共机构所有的土地出租给地铁公司，地铁公司土地租约长达99年，并且以政府间转移利率计算费用，低于市场利率。政府提供土地来资助物业开发，覆盖了前两期建设项目11%的成本。此外，国家政府和市政府一道还负责了其余的建设资金，包括预算，同时提供主权担保，得到了日本国际协力机构所提供的日元贷款。新德里地铁公司只负责向城市发展部汇报，并负责所有地铁建设和运营相关的决策制定，同时城市发展部负责与其他相关部门和机构的协作。

新德里复杂的治理和管理框架的产生，是国家政府、新德里政府以及三个市政府和新德里发展局（DDA，城市发展部下设的一家负责土地管理和政策的国企）为代表的，多层政府利益相关方互相作用的直接结果。这对执行以开发为基础的土地价值捕获产生了负面作用。内阁委托新德里地铁公司执行物业开发项目来支付建设成本，但是新德里地铁公司在获取不同当局审批容积率变化、物业开发土地用途变化和建设许可等方面却困难重重，比如新德里发展局和市政府。下级政府和规划及土地管理部门对许可土地用途更改或建设方面有法定批准权，阻碍了国家政府决定的执行。比如新德里发展局对于批准用于路权的土地，通常不会允许地铁公司将其改为物业开发。

（4）多方资金来源

以开发为基础的土地价值捕获不应当被视为单一的资金来源。理论上，公共交通系统的主要资金来源必须是车票收入，可以通过执行以公共交通为导向的开发原则来增加收入。但是世界上没有公共交通部门能够完全依靠车票收入来覆盖运营和维护费用。公共交通投资的资本强度进一步加大了市政府和交通部门的融资难度。考虑到公共交通系统的经济、环境和社会作用，包括一系列外部效应和社会利益，政府应当帮助交通部门调动多方资金来源，缩小融资鸿沟。

以开发为基础的土地价值捕获为香港和东京的公共交通融资做出了很大贡献。但是，不应当将它视为支付昂贵的公共交通建设运营成本的唯一来源。正如交通经济学家一直声称的那样，公共交通系统的首要资金来源应当是车票收入，在理想状态下，车票收入应当随着以公共交通为导向的有效开发活动而增加。香港、东京、南昌、新德里和海德拉巴的轨道融资模型下，车票收入会全部覆盖运营和维护成本，并覆盖一部分的建设成本，这主要归功于高密度的车站服务产生了足够的乘客需求。但是即使是香港这样的高密度地区，港铁公司有时还是需要依赖政府的现金补助，因为R+P项目不能满足所有的资金需求，尤其是当新线路沿线可开发的地块还比较稀缺时。

本质上，土地价格会随着经济和政治环境的变化而波动，但这些不是地方政府或交通部门能够控制的。所以，可替代的融资渠道可以实现融资渠道多样化，有助于缓解土地价格变动的风险，在土地价值捕获收效甚微的时候备有紧急的其他融资渠道。多样化的资金安排可以保障交通基础设施和服务的长期供应。

所有的指定用途基金都有可能被特殊利益群体吞噬，有时是为了那些经济上不合道理的投资，或者是用道路资金来资助经济上不可行的高速公路建设。但是，如果设计良好，指定用途基金能够支持政府的规划目标，应对负外部性。比如，政府可以实施汽油税或者汽车收费这种战略性的融资安排，来补充公共交通和以公共交通为导向的开发投资活动，同时鼓励减少汽车使用。东京的道路特殊基金是由汽油费和小汽车注册费构成的，再加上土地再划和城市再开发措施，为公共交通相关的桥梁和地下通道建设提供了三分之一的投资，升级了车站设施，改善了当地的支线可达线、行人流通及街道便利设施，缓解了交通拥堵。

就几大资金来源而言，物业税对于市政府、交通部门、开发商、土地所有者、车站附近的商业团体都尤为重要。此类税收不仅能保障基础设施和服务的供应，还能决定开发利润在站点设施及其附近的分配。实际上，为轨道建设和轨道相关的企业免除物业税在东京和新德里饱受争议，因为轨道企业在免除税收时，没有考虑到轨道站点及其附近物业开发再分配所产生的影响。

（5）政府间合作

以开发为基础的土地价值捕获需要各大政府机构通力合作，以完成创新的交通项目和工程，当然，这也是许多发展中国家的城市所面临的最大挑战之一。其中一个建议就是地方政府部门（包括交通部门）协调规划、设计、土地整合、建设、运营和资产管理各个环节，以维持合作关系与统一行动。

交通部门的传统惯例是以工程为导向，重点关注定义狭窄的绩效标准，而土地价值捕获除了需要交通设施以外，还需要其他专业技术和政府部门间的合作。所以，交通官员需要意识到公共交通站点附近的土地和物业开发的经济潜力和社会意义。在新德里和圣保罗，国家或州交通局对实施以发展为导向的土地价值捕获的参与度减少了，部分原因是他们的技术关注点不同以及多层政府机构（有时受到不同的政党领导，圣保罗就是如此）和复杂的部门之间的土地和开发权转让。

实施以开发为导向的土地价值方案通常涉及一系列的政府机构才能创造发展机遇，但也造成了政府在公共交通站点附近的土地和物业方面的利益冲突。在许多首都城市，如新德里和圣保罗，多级政府长期以来都仅采用自己的立法政策和设计参数。新德里的规划局和法律部门也利用它们的监管工具来拦截国家政府批准的物业开发项目，阻碍了新轨道投资可能带来的开发机会。

可信的政治领袖可能通过集所有利益相关方之力，消除政府间的障碍和监管限制。但是，这种自上而下的方式在民主化的城市里可能不适用。除了政治手段，很重要的一点是，政府机构作为协调方，承担了涉及各个机构的与土地相关的立法工作。在海德拉巴，交通部门就是这一角色，与多家市政府、交通、警察局和公共事业机构合作，取得法律许可，确保私人合作伙伴可以顺利地获得土地，用于地铁建设和物业开发（专栏0.6）。

> **专栏0.6　世界上最大的公共–私营地铁项目在海德拉巴**
>
> 　　海德拉巴是印度南部最大的历史名城，拥有700万公民和繁荣的信息技术工业。目前，它正在实施一个世界上最大的公私合营地铁项目，总长77km，共66个车站。这一公私合营项目的执行流程是：设计—建设—融资—运营—转让。海德拉巴地铁公司（HMR）和拿丁集团（L&T是印度最大的承包商和开发商之一）签订了35年的租让合同。海德拉巴地铁公司是由安得拉邦政府所建立的特殊政策工具，负责协调和管理此项目。通过地铁公司，州政府和市政府为拿丁集团提供了地铁建设的路权和地铁站附近可供物业开发的土地（109hm^2）。
>
> 　　拿丁集团将负责绝大部分的地铁建设成本（27亿美元），并有望在35年的租让期内收回成本，此期限可延长25年。资金来源包括车票收入（全额的50%）、物业开发（109hm^{2}出租土地总收入的45%）及可行性缺口补贴（VGF）。其中，可行性缺口补贴来自于国家政府，弥补了公私合营项目及其他项目的资金缺口。投标人所要求的可行性缺口补贴的数额是选择受让人的标准。拿丁集团所需要的补贴额最少（3.2亿美元），因此中标。海德拉巴地铁项目是公私合营项目采用土地价值捕获作为资金来源方案的一个特例。
>
> 　　海德拉巴的制度和监管框架相比较于新德里来说比较直观，不那么复杂。从政府的角度说，各利益相关方，如安得拉邦各政府部门领导，包括首席部长、海德拉巴市政公司总裁和海德拉巴地铁公司的总经理，都是海德拉巴地铁公司的董事会成员。地铁公司承担的是代表政府面向公私合营项目的受让人——拿丁集团的一站式服务者的角色。这一协调有度的制度框架确保了一致的愿景、策略和政策，推动了项目各阶段的推进，比如州土地供应、土地整合和土地用途变更许可。安得拉邦的首席部长也发挥了强大的领导力和政治支持作用。

（6）企业家精神

在管理以开发为基础的土地价值捕获方案的过程中，它从一个简单的企业或项目短期融资工具变为城市长期融资和发展的战略模型，交通部门需要具备企业家精神，将车站区域的物业开发和资产管理主流化，使之成为工作的一部分。为了保障这些物业相关业务的可持续性，交通企业需要和其他利益相关方就土地和物业管理的所有权及责任问题达成共识。

土地价值捕获在19世纪中期的英美是一个创业项目。在20世纪之交，日本的几位企业家开始应用经典的私铁和土地开发的私营商业模式。自此之后,更多的铁路企业将土地价值捕获从一个短期的项目融资工具转变为日本首都圈城市长期融资和发展的战略模型。

交通部门通常都是作为公共机构实体创立的,不论在发达国家还是发展中国家都是如此,因为城市公共交通本身不能实现盈利。部分是由于土地整合成本高昂以及与其他交通方式之间的竞争关系,尤其是和小汽车。即便如此,鼓励公共交通基础设施与服务供给一定程度上的私有化,鼓励私营领域的企业家精神有助于发展这类公共领域的事业。在中国香港,港铁公司在实施R+P项目时就高度企业化。当然,政府作为受益人持有了港铁公司76.7%的股份。而港铁公司的股票发行受到了财政司司长的控制,以确保广泛的大众利益。1987年,日本国家铁路实现私有化,迎来了更加商业化的企业文化和创业商业模式,典型表现就是对战略终点站附近的轨道场地大规模的私有化再开发。

过去十多年里,企业化的交通部门或私营铁路公司的房地产和其他相关业务活动赢得了超过三分之一的经常性收入。在香港铁路公司,2000~2012年间的这一比例为38%;东急电铁株式会社2003~2013年间的这一比例为34%。企业投资组合的多样化也反映出铁路公司在全城范围内实施以开发为基础的土地价值捕获,可以成为乘客的服务提供商、房地产开发商、城镇规划者。实际上,在香港、东京、华盛顿、南昌和海德拉巴这样的先进城市里,备受瞩目的铁路部门聘请了交通工程师、房地产专家、城市规划者和设计师,已经在这一方面积累了经验。

港铁公司就是交通部门企业化的一个例子,它具备充分的专业技术,提出了站点与其附近的站点区域发展蓝图,掌握了开发参数和设计标准,能够针对个案将交通站点所带来的可达性利益最大化。为了保障公共利益,如果对于基础设施与服务供应实行私有化,发展中国家城市所执行的创新性公私合营模式需要明确私营合作伙伴在项目不同阶段所承担的义务。在香港和东京,不仅对私营企业提出了市场激励机制,也设立了公共要求,即在实施以开发为基础的土地价值捕获时需要符合地方社区的需要。

(7) 清晰、公正、透明的规则

香港和东京所实施的土地价值捕获的基本原理是共同创造和分享土地价值增值。公共和私营方自愿共同创造开发机遇,带来附加值,产生更大的协同效应。因此,关键的是要建立清晰和公正的准则,利益相关方分担成本和风险、分享收益,确保公共和私营部门履行承诺,实施公共交通项目,促进支持公共交通发展的活动,实现站点及其附近效益的最大化。

以开发为基础的土地价值捕获背后的基本原理是创造增加值,并且在政府、交通机构、开发商、企业和居民之间共享。这显然和税收或费用式的土地价值捕获有所不同,后者是从私人业主那里捕获"意外之财",北美和世界其他地方就采用的是后者。东京的案例展示了有时需要一些自发的努力来为公共和私营部门创造更大的发展机遇。所以,对于实施以开发为基础的土地价值捕获的发展中国家而言,共担成本与风险和共享利益的规则必须得到利益相关方的联合响应。

规则应当清晰。比如在香港,港铁公司的R+P模式提供了三个跟私营开发商分享利益的选择:销售或出租房产的利益分成、实物资产开发和开发商的预付款。根据开发位置和市场情况,可针对不同案例做出安排。同时经验法则使得开发商和港铁公司在开展更复杂、风险更高的混合用途开发的项目时更容易,通常这类项目可以获得更大的投资回报。政府也通过将开发权转让给港铁公司获得了高额收益,然后同多个部门和机构分享,用于其他的社会福利项目。

规则必须是公平的、透明的。在新德里,除非其他机构也能够根据其资源贡献程度获得一些发展利益,否则,独家授予交通部门用于实施以开发为基础的土地价值捕获的土地可能会造成城市政府间的利益冲突,因为在城市里有复杂的多层治理结构。为了在利益相关方之间建立双赢的关系,海德拉巴的公私合营方案试图确保政府机构和私营合作伙伴所签订的租让协议能清晰表明各方义务,从而严格遵守共担成本与风险、共享利润的规则。

3. 关键工具

政策制定者和实际从业者需要理解不同工具的基本特征,并在采取开发为基础的土地价值捕获的各种方法时,考虑到土地所有权、利益相关方、期限、规模和不同地区。在各种工具中,土地再划和城市再开发融资方案——通过土地资源分配和城市规划,对于实行土地私有制的城市尤其重要。

一般情况下,国有土地制度下的各城市可以同时利用附带公共要求的开发权租赁和开发激励措施来实现规划目标。发展中国家的城市,如中国在物业开发和交通投资方面经验有限。因此,在车站服务区划内有时规划的尺度会过大。为了确立实际的场地参数、获取预想的空间结果,香港港铁公司保证其员工在物业开发和城镇规划方面的专业知识,并且自20世纪80年代起就随时跟进物业市场的发展情况。这些能力建设措施可以被视为在发展中国家实施以开发为基础的土地价值捕获方案的重要步骤。

土地私有制下的城市可通过拍卖掉具备开发条件的公共土地,满足公共利益,同时为开发商提供开发激励措施。这样,政府机构能够为基础设施建设筹集先期资本,但是却不能为运营和维护公共交通创造经常性收入。东京和伦敦的轨道站点运营表明,当地的发展局或私营铁路企业应当保持其利益相关方的角色,直接参与公共领域管理,稳定车站设施及其附近的物业管理收入。

在所有土地所有人同意的情况下,土地再划可以有效地为公共交通延长项目收集路权。同时,促进新车站附近支持公共交通的物业开发(主要在郊区)。同样地,包容性的城市再开发方案也应该被采纳,采取适当的市场激励机制,来整合目标城市建成区的私人地块,在现有的未充分利用的车站及其附近创造开发机会。在发展中国家采取包容性工具需要具备企业家精神的交通机构参与漫长的商谈过程,获取选择方案相关信息,和当地的利益相关方建立紧密的合作关系。东京的多次开发经历表明，获得主要土地所有者的积极参与和承诺——他们通常也是大房产开发商，有助于创造更多的开发机遇并通过公共交通投资将土地增加值最大化。

容积率也需要特殊关注，因为它和开发权的出售、土地再划项目和包容性再开发方案直接相关。容积率可以作为市场激励机制实现多重政策目标。这些包括提供基础设施和服务、公共空间和便利设施和经济适用房，促进私人开发土地的混合利用或者目标车站附近的城市区域再开发。

出售可交易的空间权能够为发展中国家的城市筹集先期现金，这里的地方政府面临着日益高涨的公共债务和严峻的土地稀缺。但是，纽约和圣保罗的例子表明，空间权的价值很难评估土地使用的参数也难以控制。通过基于市场的空间权转让，并不一定能够演化成支持公共交通发展的城市形态。

0.5 挑战和风险

以开发为基础的土地价值捕获是强有力的融资和规划工具，可以释放未挖掘的土地价值，资助交通发展，促进以公共交通为导向的开发，但是也应当慎重处理过度依赖、腐败和中产阶级化等风险。

1. 过度依赖

过度依赖以开发为基础的土地价值捕获会将市政府和交通公司暴露在房地产市场的高风险下。上行的房地产市场和土地价格上涨对于实施以开发为基础的土地价值捕获是个利好。政府和交通机构应当实行良好的融资策略和财务管理，尤其是当房市投机过度时。考虑到房地产市场的不可预见性，市政府和交通公司应当基于谨慎的、现实的测算估计出方案所产生的收益，并考虑市场趋势。但是面对快速的城市化，公共交通投资不能等待市场利好的情形，政府应当备好应急方案，以防收益低于预期，如准备好替代的资金来源，或者基于技术和经济的考虑调整投资的顺序。

2. 腐败

通常情况下，在许多发展中国家，由于缺乏透明度，公民对土地从公共领域流转到私营领域持负面态度。因此，政府或者交通公司通常很难得到公众对这一方案的支持，尤其是那些居住在物业开发区域的人。为了得到公众支持，政府应当提高公众对所选方案、目标、原则、规则和法规的认识。更重要的一点，政府也需要鼓励民间社会组织参与前期规划和后期项目开发活动。

同时，政府应当建立透明的监管和记录体系。利益相关方和公民应当有权获取信息，了解私营开发商的选择过程、预期的实际收益以及收益的使用情况。可以避免潜在腐败最重要的方法是确保交易是基于独立的评估并以市场价格进行土地转让。比如，中国香港的土地价格评估是由政府进行的，不是随意推断，而是基于独立的、高度复杂的土地估值原则和实践所确定的市场价格。透明的信息体系为政府、交通部门和开发商提供相关的市场数据，帮助他们确立未来以开发为基础的土地价值捕获方案。

3. 中产阶级化

公共交通站点附近的土地价格上涨，通常会挤出低收入的家庭。但是，以公共交通为导向的开发不应当只是创造经济效率和环境友好型城市空间，也应当解决城市贫困和匮乏问题。如果可能的话，政府当局应当发展经济适用房，为开发商提供激励措施，以确保在交通站附近建设经济适用房。提供容积率密度方面的有利条件就可以作为建设的社会福利住房的激励措施之一，并纳入土地价值捕获协议中。

0.6 以开发为基础的土地价值捕获方案渐进实施路线图

这一方案的操作过程非常复杂，公共和私营利益相关方都希望公共交通站点区域的土地价值增值最大化并相互分享，并实现交通投资的可达性和集聚效应。这需要有利的宏观条件、战略性目标、支持性监管和制度框架及充足的专业知识。方案的制定和实施取决于每个城市的独特条件和需求。它的实施路线图彰显了市政府及交通部门在设计和实施方案时的关键决策和步骤——包括与决策及行动相关的要素（图0.5）。

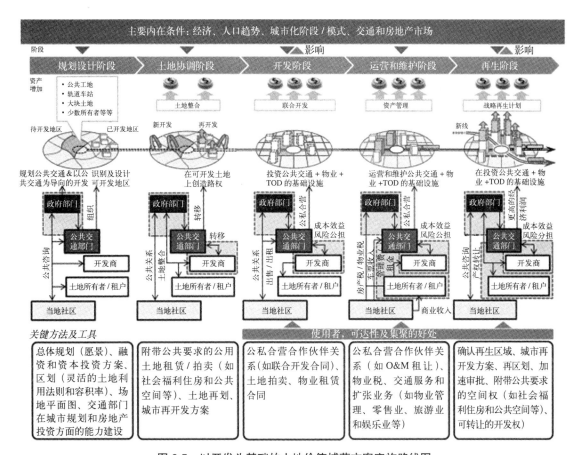

图 0.5　以开发为基础的土地价值捕获方案实施路线图

实施以开发为基础的土地价值捕获方案需要政策的连贯性、有力的制度框架、清晰透明的监管框架、有效的规划、金融管理、建筑设计、工程建设和定期的物业管理。许多政策制定者和从业者认为，中国香港的港铁公司和日本的铁路公司的所作所为在发展中国家很难管理。但是，两大机构通过数年的反复实践积累了大量经验。其他的决策制定者和从业者可能犹豫是否实施这一方案，主要是因为缺乏土地供应或者土地整合面临困难。但是，即便在这种情况下，交通部门也可以探求所辖土地的开发可能性，如地下或车站上盖区域或停车场等，南昌地铁和海德拉巴地铁就是这么做的。对于可控的土地，市政府或交通部门可以从简单的物业开发开始实践以开发为基础的土地价值捕获，如在交通站点建立独幢办公大楼。然后开发混合用途的综合设施，可能是与私人开发商合作。最后，将土地再划或城市再开发方案落实到车站附近私人所有者的开发区域。为了实现这一点，国家政府或上级政府可能需要调整铁路物业相关法规，促进商业开发。关键是要针对每个城市采取循序渐进的适当措施，充分利用内部和地方资产。

0.7 国际发展金融机构的可行作为

在 2012 年的里约 20 国峰会上，包括世界银行在内的国际发展金融机构公布了一份联合承诺，在接下来的十几年内，将向发展中国家提供价值 1750 亿美元的贷款和拨款，用于发展可持续的交通体系。虽然这一举措令人鼓舞，它只能覆盖城市交通投资需求总额的很小一部分。比如，拉美地区接下来 20 多年的全部经济需求（用于投资、运营和维护）估计将达到 3080 亿美元（Ardila-Gomez，Ortegón 和 Rubiano）。考虑到财政缺口，国际发展金融机构可以帮助国家政府和地方政府制定政策、提升制度能力，通过非常规的金融和项目开发方案来利用公共资源以外的金融资源。这些机构还可以帮助各国建立自己的制度框架和监管框架，提高执行能力；还可以开展示范项目，充分展示以开发为基础的土地价值捕获的有效性。就实施这一方案所需的专业技能而言，国际机构可以同经验丰富的交通企业合作，如中国的港铁公司和日本的几家铁路公司。这种制度支持也需要"过渡融资"，方便交通部门和开发商在土地价值捕获方案实现营利前就开工。

0.8 结论

高质量的交通状况对于城市的可持续发展必不可少。四通八达的交通和高效的土地利用促进城市的经济竞争力、环境的可持续性和社会公正。具体而言，以公共交通为导向的发展促进在交通枢纽区域投资便利设施、零售和住房，增加就业创造开发密度，这是实现城市可持续发展最有效的方式之一。由于可达性和集聚效益，精心规划的物业设施可以获得价格溢价。市政府、交通部门、开发商、土地所有人和社区的共同努力能够最大化这一溢价。通过这种联合，市政府和交通部门可以通过区划变动（容积率和土地用途）或交通投资的方式实现。而且，在各地方实行不同的土地价值捕获方案可以收回一部分公共交通投资、运营和维护成本。

发展中国家，尤其是在中等收入国家，快速发展城市的人口和经济大幅增长对实施这一方式非常有利。无论政治形态、制度和监管框架、经济发展阶段和经济状况及土地所有制度，所有的城市都享有宝贵的土地资源，也正因为如此，城市才能取得今天的成就。政策制定者、政府官员、交通从业者、开发商、土地所有者和公民可以共同决定城市的未来——或者继续让汽车在城市横行，或者打破现状造福社会。以公共交通为导向的开发能够使城市释放未开发的土地价值，资助公共交通投资、打破快速机动化带来的不可持续的发展模式，造福今日民众，创造可持续的未来。

0.9 参考文献

Ardila-Gomez, Arturo, Adriana Ortegón, and Leonardo Canon Rubiano. "Comprehensive Urban Transport Finance: Financing Capital, Operation, and Maintenance for the Sidewalk to the Subway." Washington, DC: World Bank, forthcoming.

Cervero, Robert, and Jin Murakami. "Rail and Property Development in Hong Kong: Experiences and Extensions." *Urban Studies* 46 (2009): 2019–43.

Chiba Prefectural Government. "Human- and Environment-friendly Town Planning: Kashiwa North Central District." Chiba City, 2009.

Fróes, Marilda, and Jorge M. Rebelo. "Urban Operations and São Paulo Metro Line 4." Working Paper, World Bank, Washington, DC, 2006.

Fulton, Lew, and Pierpaulo Cazzola. "Transport, Energy, and CO_2 in Asia: Where Are We Going and How Do We Change It?" Presented at "The Better Air Quality 2008 Workshop" Bangkok, Thailand, November 12, 2008.

Hong, Yu-Hung, and Diana Brubaker. "Integrating the Proposed Property Tax with the Public Leasehold System." In *China's Local Public Finance in Transition*, edited by Joyce Y. Man and Yu-Hung Hong, 165–90. Cambridge, MA: Lincoln Institute of Land Policy, 2010.

Ministry of Land, Infrastructure, Transport, and Tourism, "Urban Redevelopment Project." Tokyo, 2013. www.mlit.go.jp/crd/city/sigaiti/shuhou/saikaihatsu/saikaihatsu.htm.

Murakami, Jin. "Transit Value Capture: New Town Codevelopment Models and Land Market Updates in Tokyo and Hong Kong." In *Value Capture and Land Policies*, edited by Gregory K. Ingram and Yu-Hung Hong, 285–320. Cambridge, MA: Lincoln Institute of Land Policy, 2012.

Rahenkamp, J. Creigh. "Letters to the Editor: LVR? Think again."

Planning Magazine 79, no. 6 (July 2013): 46.

Smolka, Martim O. *Implementing Value Capture in Latin America, Policy Focus Report*. Cambridge, MA: Lincoln Institute of Land Policy, 2013.

Suzuki, Hiroaki, Robert Cervero, and Kanako Iuchi. *Transforming Cities with Transit, Transit and Land-Use Integration for Sustainable Urban Development*. Washington, DC: World Bank, 2013.

UN-Habitat (United Nations Human Settlements Program), *The State of the World's Cities 2012/2013: Prosperity of Cities*. New York: Routledge, 2013.

UN Department of Economic and Social Affairs, *World Urbanization Prospects, the 2014 Revision Highlights*.

第1篇　引言

第1章 以开发为基础的土地价值捕获支持以公共交通为导向的开发

发展中国家城市快速扩张带来了各种问题，包括交通拥堵、空气污染、温室气体排放、能源效率低下、时间浪费和可达性方面的社会不公。因此，许多城市转而关注公共交通体系，但是由于公共交通的投资、运营和维护的成本都很高，通常超出城市的财政支付能力。即便公共交通的人均经济成本要低于私家车的成本，城市也难以承受。财政方面的束缚激发了政府对新的收入来源的兴趣，包括捕获公共交通体系投资所创造的土地价值增值，这也就是以开发为基础的土地价值捕获。这一方法不仅具备为公共交通投资筹措资金的潜力，同时利用以公共交通为导向开发的协同效应，引导城市可持续发展。

本书旨在为发展中国家城市提供应用此方法的策略和途径，以支持公共交通投资和以公共交通为导向的开发投资。本书将着眼于中国香港、日本东京和其他发达及发展中国家城市的世界级公共交通系统，从中汲取经验。

1.1 发展中国家依赖小汽车的城市发展模式

21世纪是城市发展的世纪。世界上超过一半的人口（33亿人口）居住在城市地区（联合国人居署，2013）。到2050年，世界将有70%的人口为城市人口，其中90%的新增人口位于发展中国家。2000～2030年间发展中国家的新建城市区域相当于2000年世界所有城市地区建成区的总量（Angel, Sheppard, Civco, 2005）。

全球范围内，城市地区对GDP的贡献率达到75%（世界银行，2009），城市化虽然是发展的发动机，但是它也带来了社会经济和环境成本。比如，城市地区消耗了全球67%的能源，排放了70%的温室气体[1]。由于城市人口的快速增长，三分之一的城市人口居住在贫民窟（联合国人居署，

2010); 2025年这一人口数预计将达到20亿（联合国人居署，2003）。

在城市化造成的诸多问题中，过度依赖小汽车或"城市扩张"所造成的诸如交通堵塞、空气污染、温室气体排放、通勤时间过长、城市服务获得不公等问题在发展中国家的城市中日益严峻。哥伦比亚首都波哥大的前市长Enrique Peñalosa曾说过："交通问题与发展中国家所面临的其他问题不同，因为随着经济的发展，它会日益加剧，而不是改善"（Peñalosa，2002）。本质上，发展中国家的机动化会随着经济发展而加速，随着财富的累积，人们逐渐放弃步行，选择自行车、摩托车和小汽车。到2050年，中国有望拥有9亿辆机动车，比几年前全世界的汽车总量还要多（Fulton, Cazzola, 2008）。

发展中国家的许多城市已经意识到过度依赖小汽车的问题，开始发展公共交通体系，如快速公交体系（BRT）、轻轨和地铁。尤其是在首个采用快速公交体系的巴西库里提巴，这一公共交通体系因其成本相对低廉，建设周期比轨道交通短，正在发展中国家的二线城市迅速普及。尽管快速公交体系的资金成本只是轨道交通成本的一小部分，但对于许多城市来说这仍旧是经济负担。比如，波哥大的千禧快速公交取得成功后，哥伦比亚政府支持在许多二线城市建设快速公交，如巴兰基亚、卡利和卡塔赫纳，并提供了70%的资本金。但是，绝大多数城市无法单依靠车票收入支付快速公交的运营和维护成本。在绝大多数城市人口深陷贫困时，政策制定者缺少收回成本的空间。2013年巴西圣保罗和里约热内卢的社会动乱就是因为政府决定提高公交计价费引起的，足可以作为佐证。同时，政府因为还有其他资金需求，所以对于公共交通的资助能力是有限的。

随着城市持续发展，新建的公共交通体系如地铁和市郊铁路，都是资本密集型的项目，它们需要满足日益增长的交通需求[2]。虽然世界地铁建设成本的数据稀少，地铁建设的成本从每公里4300万美元（首尔9号线）到每公里6亿美元（新加坡地铁汤申线[3]）不等。除了建设成本，还有高昂的运营和维护成本，都超出了一般城市的财政能力。公共交通投资需要长期的资金投入，但是发展中国家却缺乏相关的融资方案。

这些限制因素刺激了政府对新收入来源的关注，包括捕获公共交通投资所带来的土地价值增值。实际上，包括中国香港特区、日本东京大都会区、阪神大都会区和新加坡在内的亚洲少数特大型和大型城市，都已通过长期投资公交走廊区域或车站周边（或两者皆有）的公共交通来捕获土地价值增值，并全部或部分用于资助公共交通投资的成本（有时还包括运营和维护成本）（Murakami, 2012; Cervero, Murakami, 2009; Cervero, 1998）。

1.2 以开发为基础的土地价值捕获作为战略性融资和规划工具资助公共交通和以公共交通为导向的发展投资

本书中的土地价值捕获是作为公共融资手段以方便政府[4]：

- 通过管理决策来增加土地价值，如改变土地用途、容积率或基础设施投资，诸如公共交通。
- 建立土地价值分享制度捕获全部或部分土地增值。
- 利用土地价值捕获收入资助基础设施投资，如公共交通和以公共交通为导向的发展投资（专栏1.1）；资助其他的改善举措，以抵消如开发强度等改变所带来的影响；实施公共政策以提高社会公平，如提供经济适用房来缓解供应不足和潜在的住宅居民中产阶级化。

土地价值捕获已经被世界各地的地方政府和相关机构所实施，但是方法不一。大致可将其分为两类：以税收或费用为基础；以非税收或非费用为基础——我们将其称之为"以开发为基础的土地价值捕获"。

以税收或费用为基础的方法是通过物业税、增值征费、特殊评估和租税增额融资等来捕获土地价值。相反，以开发为基础的土地价值捕获方法是过土地交易来捕获增值，如出售或出租土地、开发权或空间权；土地重划；城区再开发。（第2章涵盖更多对土地价值捕获不同方法的完整介绍。）

专栏1.1 以公共交通为导向的开发是什么

以公共交通为导向的开发有两大主要特征：
- 与公共交通站点和枢纽距离近并存在功能关系，有高质量的公共交通服务（如地铁和快速公交系统）。
- 紧凑、密集、混合用途的建筑和街区用以鼓励居民、工作者、企业家和游客步行、骑行和使用公共交通。
- 以公共交通为导向的开发成功要素包括战略政策（宏观）和建筑设计（微观）元素，如有利的开发环境和进行多种用地开发的总体规划、支持高强度开发的实施方案。

同时，也包括对以下设施的投资：
- 方便的人行道、自行车和公共交通出入口（图B1.1.1）。
- 醒目的标牌和愉悦的环境，以吸引大量的客流量。
- 主要就业点和活动中心的区域可达性。
- 不同交通方式和交通设施之间的短距离便捷连接。
- 伺辅车站的自行车和停车设施。
- 与周边环境融为一体的便利设施（如公共空间和街道设施）。
- 安全设施，如照明。
- 车站附近的有效停车管理。
- 环境友好型技术，如街区共享替代型（电动）车辆。

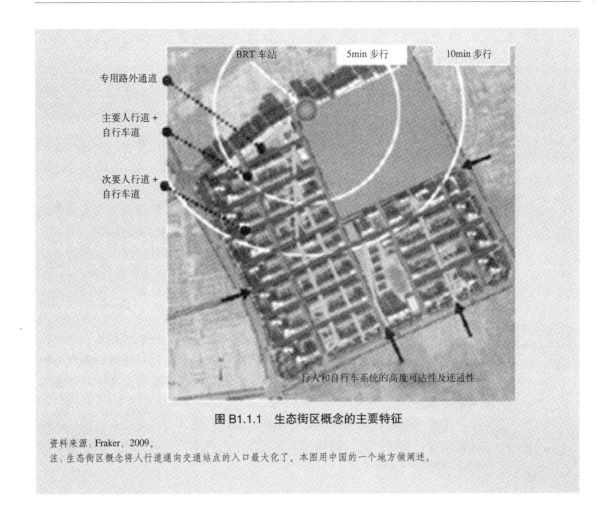

图 B1.1.1　生态街区概念的主要特征

资料来源：Fraker，2009。

注：生态街区概念将人行道通向交通站点的入口最大化了。本图用中国的一个地方做阐述。

以开发为基础的土地价值捕获相较于以税收或费用为基础的土地价值捕获有以下优势：

• 对于资本密集型的公共交通或以公共交通为导向的开发投资融资更具潜力，同时不会带来重大的财务扭曲或因为额外税收或费用而引起市民反对。

• 不仅能通过投资公共交通带来土地价值增值的直接收益，同时带来更具可持续性的长期物业收益（如车站附近将要开发的零售商店、休闲设施、停车场和居民楼），同时以公共交通为导向的开发还会增加公共交通的乘客人数。

• 纳税人通常反对以税收或费用为基础的土地价值捕获，因为公共干预所带来的收益定义模糊，预计的增值准确性可疑，测算的方法定义不明。而以开发为基础的土地价值捕获涉及土地交易、开发权或空间权，土地价值因公共投资或管理变动而上涨，在价值创造和价值捕获间建立了清晰的联系。此外，在以开发为基础的土地价值捕获中，土地价值增值的测算方法得到了利益相关方的一致同意。

- 更适用于物业税收入不足的地方（如过时的土地清册或薄弱的价值评估能力），也适用于发展中国家的多数城市。

政府不仅可以从基础设施融资的角度实践以开发为基础的土地价值捕获，还可以从宏观的城市规划和公共政策方面探索。理想状态下，它应当能够提高城市的经济竞争力、环境可持续性和社会公正：

- 通过改变土地利用规则（如批准更高的容积率，将单一土地用途转变为混合用途），政府可在车站区域实现立体式高强度开发，同时提高土地价值捕获收益（高容积率和混合土地利用通常会提高物业的价值）。
- 以开发为基础的土地价值捕获收益用于站点区域以公共交通为导向的开发投资（如公园、路灯、自行车道和人行道），政府、交通部门、开发商、土地所有者和社区可共同开发高效、实用、安全的公共区域。这些公共空间的开发又能反过来增加以公共交通为导向的开发区域的物业价值。
- 作为容积率和其他管理激励措施的补偿，政府可要求开发商提供社会设施，如经济适用房、日托中心和绿地。

作者并非否认以税收或费用为基础的土地价值捕获的实用性，这些措施也确有自身优势。比如，物业税所产生的收益具有可持续性，而且这种税收不会耗费有限的土地资源。采用一种土地价值捕获方案并不需要排斥其他方案。

考虑到一系列的目标、监管和管理的可行性、公共基础设施融资的政治接受度，这些土地价值捕获工具可以单独应用，也可并用，以满足不同国家和城市的特殊情况。

1.3 目标、方法和读者群

本书是《公交引导城市转型：公交与土地利用整合促进城市可持续发展》(Suzuki, Cervero 和 Iuchi, 2013) 一书的延伸。上书作者总结到，整合公共交通与土地利用是实现城市可持续发展的最重要战略倡议之一，可以通过一系列的土地价值捕获及以公共交通为导向的开发来实现。因此，本书回顾了土地价值捕获作为有力的融资和规划工具是如何实现这一发展，并如何发挥公共交通与以公共交通为导向的开发投资之间的协同效应。

本书的另一目标是基于中国香港、日本东京大都市区以及其他发达和发展中国家城市的经验，为发展中国家的城市提供此类投资的策略和实用方法。虽然书中作者主要分析了地铁，然而以开发为基础的土地价值捕获可用于不同类型的固定轨道交通（快速公交、轻轨、单轨铁路、地铁和城市铁路），但是不同项目带来的经济和金融影响不同：更大规模且不可逆转的公共交通投资通常会带来更大影响[5]。考虑到发展中国家城市的不同情况，本书并不提供单一的模式，而是确认了影响土地价值捕获应用的几大关键因素，介绍给政策制定者和实践者，进而鼓励他们制定适合自己城市的、以开发为基础的土地价值捕获方案。

本研究将第二手的数据和信息来源与案例城市和项目的深入调研结合起来。首先回顾了中国香港特区、日本东京大都市区所进行的公共交通投资过程中，以开发为基础的土地价值捕获机制的经验，这两大案例是发展中国家的典范。两个地区长期以来都利用这一土地价值捕获方案为大规模公共交通和以公共交通为导向的开发投资提供战略性财政和规划支持。香港的案例代表了土地国有条件下，以开发为基础的土地价值捕获机制；而东京的案例是土地私有制城市的代表。本书也回顾了其他一些发达国家城市——美国纽约、华盛顿及英国伦敦。通过着眼于不同的公共交通投资项目（包括在以开发为基础的土地价值捕获方案下对站点区域的融资），本研究还分析了历史和社会经济背景、城市背景、法律和监管体系（包括规划体系、制度框架和能力）、金融机制、不同的土地价值捕获方法和项目案例。

其次，为了使得建议与发展中国家的现实对接，本研究调查了三大发展中国家公共交通项目案例——中国南昌、印度新德里和海德拉巴，利用发达国家城市所采纳的同样研究框架（尽可能）。国家级咨询专家提供了这些案例城市的背景文件，但是由于世界银行放款业务所需的数据和信息的可获取性不足，中国南昌的案例并没有相应文件。

中国和印度是快速发展的中等收入国家，有相当大的公共交通投资。中国实行的是土地国有体制，印度为土地私有体制。南昌将以开发为基础的土地价值捕获方案用于新的地铁体系建设，获得了世界银行的财政和技术支持。印度的两大城市也采用了这一土地价值捕获方案，遵从了中国香港和日本东京的有利经验。首都新德里也通过这一方案部分补贴了其地铁体系，然而虽然地铁公司在实施时获得了国家政府的有力支持，但还是面临着监管和制度方面的约束。海德拉巴正在建设公私合营的新轨道线，其中以开发为基础的土地价值捕获发挥了重要作用。

巴西圣保罗也在研究范围内，因为它非常可能实施空间权出售这一创新方案，称之为额外建设潜力证书（CEPACs）。但目前这一证书还没有应用到这些投资中。

在选择案例研究时，作者也考虑到世界银行区域部门的需求，因为他们希望此书有助于在他们的客户国家实施这一土地价值捕获方案。

各章节的结论部分是他们的强调重点——为政策制定者、规划师和从业人员提炼出主要发现成果和经验教训。

本书能够吸引多样的读者群，包括市长、城市议会成员、国家和地方的政策制定者、城市和交通规划师、交通部门官员、开发商、地方投资家和金融家、发展金融机构和其他交通及以公共交通为导向的开发项目相关人员，尤其是在发展中国家快速发展和机动化的城市。

1.4 发展融资背景

以税收或费用为基础的土地价值捕获工具已经在诸多学术论文和政府

报告中有所阐述⁶。少数的研究人员也记录了以开发为基础的土地价值捕获方案，但是这些信息分散且没有在统一框架内进行评估。研究人员尚未关注如何将其应用到公共交通相关的投资行为中，更别提应用到快速发展的发展中国家城市了。而且，诸如世界银行之类的国际发展金融机构尚未充分探讨这一土地价值捕获技巧在发展中国家不同城市间进行国际转移的可能性，而发展中国家正在进行大规模的公共交通投资。国际发展金融机构对公共交通投资正面临着需求上涨，为发展中国家各城市和公交公司应用以开发为基础的土地价值捕获工具到公共交通和以公共交通为导向开发的相关项目，提供了绝好的机遇。同时，使用以开发为基础的土地价值捕获有助于充分利用发展金融机构的经济支持。

1.5 本书结构

本书共有4个部分：概述；第1篇——引言（第1章和第2章）；第2篇——全球以开发为基础的土地价值捕获实践经验（第3、4、5章）；第3篇——发展中国家以开发为基础的土地价值捕获（第6、7、8章）。

主要的成果和建议已整合进概述中。它呈现了研究的主要成果以及发展中国家城市实施自己的以开发为基础的土地价值捕获方案的有利因素。本章后，第2章将展示交通引导型土地资本化理论和许多世界不同地方所采用的土地价值捕获工具。

第2篇中的第3章描述了港铁公司的"轨道＋物业"（R＋P）项目，并将其作为土地制度中土地国有制度下以开发为基础的土地价值捕获的成功实践案例。第4章介绍了日本东京大都市区涉及各利益相关方的全面多样的方案，将其作为土地私有制度下的成功案例进行分析。第5章介绍了美国纽约、华盛顿以及英国伦敦的实践经验。

第3篇中的第6章回顾了在南昌轨道应用以开发为基础的土地价值捕获建设新轨道线路的实践经验。第7章分析了印度新德里和海德拉巴的铁路项目中影响土地价值捕获方案实施的制度和监管框架。第8章探讨了巴西圣保罗的空间权出售的应用情况，强调了创新性、挑战性及空间权出售为公共交通和以公共交通为导向开发相关项目的融资潜力。

1.6 注释

1. 数据的变化取决于来源和方法。这些来自于国际能源署。
2. 升级交通体系（如快速公交系统升级为地铁）并不容易，因为存在一些"锁定"问题——一旦技术被采用，由于制度阻碍和政治惯性便很难改变这种技术选择，而且财政能力也不足。
3. 根据2013年6月3日行人观察网站上有关特定的铁路项目的报告（http://pedestrianobservations.wordpress.com/2013/06/03/comparative-subway-construction-costs-revised/）

4. 但是，政府以及他们的交通部门都实施土地价值捕获。按照宽泛的土地价值捕获定义，公共和私营的交通部门可以收回因公共交通投资而带来的土地价值增值，不论其所有权归谁。

5. 一般情况下，地铁投资的经济和金融影响要高于快速公交的影响，因为快速公交线路是可逆转的。

6. 比如，请参考"租税增额融资：地方经济发展工具"（Dye, Merriman，2006）；"以公共交通为导向的开发的基础设施融资选项"（美国环保局，2013）；"释放土地价值以融资城市基础设施"（Peterson，2009）

1.7　参考文献

Angel, Shlomo, Stephen C. Sheppard, and Daniel L. Civco. *The Dynamics of Global Urban Expansion*. Washington, DC：World Bank, 2005.

Cervero, R. *The Transit Metropolis: A Global Inquiry*. Washington, DC：Island Press, 1998.

Cervero, Robert, and Jin Murakami. "Rail and Property Development in Hong Kong：Experiences and Extensions." *Urban Studies* 46 (2009)：2019–43.

Dye, Richard F., and David F. Merriman. "Tax Increment Financing：A Tool for Local Economic Development." *Lincoln Institute of Land Policy Land Lines* 18 (January 2006)：2–7.

Fraker, Harrison. "Sustainable Neighborhood 'Eco-Blocs' in China：Qingdao Sustainable Neighborhood." 2009. http：//www.slideshare.net/geoff848/harrison-fraker-ecoblocks

Fulton, Lew, and Pierpaulo Cazzola. "Transport, Energy, and CO_2 in Asia：Where Are We Going and How Do We Change It?" Presented at "The Better Air Quality 2008 Workshop" Bangkok, Thailand, November 12, 2008.

Murakami, Jin. "Transit Value Capture：New Town Codevelopment Models and Land Market Updates in Tokyo and Hong Kong." In *Value Capture and Land Policies*, edited by Gregory K. Ingram and Yu-Hung Hong, 285–320. Cambridge, MA：Lincoln Institute of Land Policy, 2012.

Peñalosa, Enrique. "The Role of Transport in Urban Development Policy." In *Sustainable transport: A Sourcebook for Policy-Makers in Development Cities*. Eschborn, Germany：Deutsche Gesellschaft für Internationale Zusammenarbeit (GIZ), 2002.

Peterson, George E. *Unlocking Land Values to Finance Urban Infrastructure*. Washington, DC：World Bank, 2009. www.ppiaf.org/sites/ppiaf.org/files/publication/Trends%20Policy%20Options-7-Unlocking%20Land%20Values%20-GPeterson.pdf.

Suzuki, Hiroaki, Robert Cervero, and Kanako Iuchi. *Transforming*

Cities with Transit: Transit and Land-Use Integration for Sustainable Urban Development. Washington, DC：World Bank, 2013.

UN-Habitat (United Nations Human Settlements Program). *The Challenge of the Slums: Global Report on Human Settlements 2003.* London：Earthscan Publication, 2003.

_____. *The State of the World's Cities 2010/2011: Bridging the Urban Divide.* London：Earthscan Publications Ltd., 2010.

_____. *The State of the World's Cities 2012/2013: Prosperity of Cities.* New York：Routledge, 2013.

U.S. Environmental Protection Agency. *Infrastructure Financing Options for Transit-Oriented Development.* Washington, DC：U.S. Environmental Protection Agency, 2013. www.epa.gov/dced/infra_financing.htm.

World Bank. *The World Bank Urban and Local Government Strategy.* Washington, DC：World Bank, 2009.

第 2 章　土地价值捕获理论及工具

世界上许多城市都面临着财政压力。其中一个长期的争论是政府和公民针对公民是否应当为公共服务支付税收和费用的问题意见不一。政府尝试通过提高税费来补贴公共基础设施和地方服务的成本时，通常会遭遇公众的反对，2013 年巴西就是如此。财政的挑战引起了政府对非税费收入来源的兴趣，如捕获公共基础设施投资所创造的土地价值增值，以支付公共服务的成本。公共创造的土地价值增值来自于投资的正外部性，是一种"意料之外"的收获，可以作为一种有效的资料分配方式。这一方法的合理性也在于土地所有者从这些意外收获中获得资本收益，便应该遵循"受益者支付"的原则支付部分公共成本。

本章介绍了土地价值捕获的理论，尤其是公共交通引导的土地资本化和相关的实证研究。土地价值捕获在公共交通融资的框架内，依靠公共交通基础设施投资和以公共交通为导向的开发所带来的可达性和集聚效益，实现土地价格的资本化。由于以公共交通为导向的开发能够带来这些收益，政府和公共交通部门可以利用土地价值捕获所创造的部分收益进行以公共交通为导向的开发相关的投资，这将能够提高与土地价值捕获相关的整体收益。本章也探讨了土地价值捕获工具的主要特征，其中一些会在之后章节的案例研究中深入探讨。

2.1　土地价值捕获基本原理

土地价值捕获的概念可追溯到 David Ricardo（1821）和 Hen George（1879）。它基于的原则是土地价值不仅取决于固有价值和私人投资，还取决于其他外部因素，包括土地利用规则的变动、基础设施和地方服务的公共投资、总人口和经济发展（图 2.1）。学者和诸如联合国之类的发展机构之间的一大共识是"增加了土地价值的公共投资或公共决定的受益人应当

支付部分公共投资的成本或将收益返还公众"。(联合国，1976)

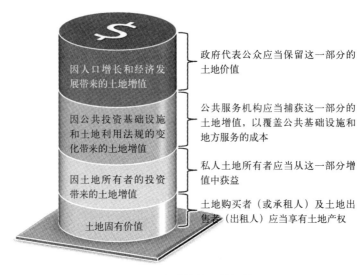

图 2.1　土地价值及其属性

资料来源：Hong 和 Brubaker，2010。

2.2　公共交通引导的土地资本化

土地价值捕获依靠公共交通站点或公共交通线路附近的土地价格上涨。但是，单一依靠公共交通投资未必带来土地价格升值。只有在当前的市场条件有利于公共交通的政策前提下，将公共交通投资的外部经济利益纳入附近土地的资本化中，土地价值捕获方案才可行。因此，本部分介绍了公共交通引导的土地资本化理论、其实证研究和除公共交通投资之外的其他可能会影响到公共交通站点或线路附近土地价值的因素。

1. 公共交通引导的土地资本化理论

公共交通投资对土地价值带来的影响[1]长期受到争论，这主要是由于在不同的城市环境中公共交通引导的土地资本化机制较复杂。理论上，可达性和生产力的提升是公共交通投资的主要外部经济利益，并在公共交通设施附近的土地价值中资本化了。

可达性效应：可达性指的是获取经济资源和社会资源的能力（Hansen，1959；Ingram，1971；Wachs 和 Kumagai，1973）。这意味着可达程度取决于城市和地区间的交通拥堵状况和活动位置。按照这一定义，当前的城市规划旨在协调各活动之间的地理位置，拉近距离。而常规的交通工程和经济学倾向于实现各活动地点之间交通速度即机动性的最大化（Levine 等，2012；Black 等，2002）。活动类型取决于个人、家庭或公司，所以可达性往往关注的是从家到工作场所、学校、购物场所和休闲场所。其他条件不变的情况下，家庭和企业更倾向于将其房屋、商店、办公室和工厂设在城市和区域交通网络中可达性更大、交通流更广的地点。这些的典型代表是城市关键地段的公共交通站点、干道交汇处和机场航站楼（Giuliano，2004）。如果没有公共交通设施所带来的负面外部因素（如公共交通拥堵、噪声、空气污染），可达性越高支付意愿越高，表现为与交通设施的距离越近开发强度／土地价值越高，或开发强度／土地价值的竞价曲线随着与交通设施距离的增加而呈现梯度下降。就这一点来说，可达性可被视为是衡量公共交通投资外部经济效益的替代物（Banister 和 Berechman，2000）。

集聚效应：近年来，集聚效应尽管在概念上不如可达性效应清晰和直接，并且其作用机制尚未被充分理解，但学术界和政策圈对集聚效应的探讨日益热烈（如 Cervero，1995；Cervero, Aschauer, Cambridge Systematic 公司，1998；Chatman 和 Noland，2011；Graham，2007；英国公共交通部，2005）。集聚效应通常表现为工人、公司或城市单一或整体的经济生产力的提高，由于地区在共享生产投入、基础设施、共享消费者服务和便利设施、将劳动力与工作对接、将生产链上的公司对接、通过面对面交流捕获知识溢出效应等方面具有优势，带来了更高密度的经济社会活动。其中的一些因素可能与可达性的变化密切相关，其他因素则不然（Cervero, Aschauer 和 Cambridge Systematic 公司，1998；Chatman 和 Noland，2011）。由于成本收益分析[2]中的重复计算，交通投资带来的净集聚效益常常令人质疑，本书对此不作深入探讨。本书聚焦公共交通投资和以公共交通为导向开发相关的基础设施所带来的协同集聚效益，这些可被视为可达性效应之外的、由公共交通引起的土地资本化。

2. 公共交通引导的土地资本化实践证明

过去几十年来备受关注的是北美（尤其美国）的案例研究（表 2.1）。许多论文都指出在公共站点附近的公共交通投资会带来土地增值（Lari 等，2009；Dunphy 等，2004；Smith 和 Gihring，2006；表 2.1 中的其他作者）。但是，有时研究人员会发现公共交通和土地价值之间联系微弱，甚至负相关（Gatzlaff 和 Smith，1993；Medda，2011）。

这种区别部分是由于所采用的方法和数据质量不同，但是从根本上却代表了当代城市化的不同趋势。其中之一是公共交通投资影响的本地化：美国和欧洲各城市的研究表明，随着城市和公共交通网络的日益完善，公共交通投资对土地价值的影响已经日益本地化了（微观区位）。尤其受影响最大的是市中心（这里的知识密集和服务型商业实体，如金融和保险、房地产、高级商业服务，聚集于可达性高的公共交通设施地区），而不是市郊的住宅区。

但是，也有些人表示，尽管企业迁移的净经济影响对于整个社会来说并不是零和博弈，但是公共交通投资的地方发展影响很可能仅会在城市地区带来再分配效应，而非产生经济效应（Cervero, Aschauer 和 Cambridge

Systematic 公司，1998；Weisbrod 和 Weisbrod，1997；Murakami，2010）。另一大重要结论是，在有利的市场条件下，公共交通投资对土地价值的影响和以公共交通为导向开发的基础设施建设及相应的公共政策具有协同效应（Duncan，2011；Cervero 和 Murakami，2009）。

3. 其他因素

除了公共交通投资以外的其他因素也可能影响公共交通站点区域或沿线区域的土地价值。现将这些因素分为四类加以论述。利用土地价值捕获来为公共交通和以公共交通为导向的开发进行投资的活动也应当考虑这些因素。

（1）宏观因素

- 人口和经济增长：这两方面的增长对于创造具备可达性和集聚效应的土地需求至关重要。在大城市，我们应当密切关注区域趋势（整个城市地区）和当地趋势（具体位置），因为不是所有地区的增长率都相同。这些因素包括经济发展的不同阶段（如去工业化、从制造业转向知识和服务型工业）、新的人口现象（如国际移民和人口老龄化）。
- 城市化的程度和模式：这些对于路径依赖的潜在影响非常重要，它可能会限制土地价值升值。
- 房地产：只有具备一定的市场需求，公共交通才能提高土地价值。与人口及经济发展类似，依据不同的用途（商店、办公室、独栋别墅、公寓/联排别墅等）和不同的位置，房地产也存在次级市场，而且公共交通投资会对每一个次级市场带来不同的影响。
- 发展中国家：许多城市，尤其是中等收入的发展中国家的城市，具备有利的宏观条件（经济增长强劲、人口快速增长），从而对可达性好的黄金地段产生了旺盛的需求。

公共交通引导的土地价值资本化实践证明总结　　表2.1

作者（年份）	位置（未标记的均位于美国）	数据集	成果
Armstrong 和 Rodriguez（2006）	马萨诸塞州东部	1860 个单一家庭住宅	通勤铁路1/2英里内的物业出售溢价达到10%；距离站点多开1min的路程，其价格下降1.6%。
Benjamin 和 Sirmans（1996）	华盛顿	81座公寓大楼250房租观察（1992年7月）	距离地铁站每隔1/10英里，房租下降2.4%~2.6%
Bowes 和 Ihlanfeldt（2001）	亚特兰大	1991~1994年间亚特兰大地区SFR出售	距离站点1/4英里之外：主要对低收入街区带来负面影响；距离站点1/4到3英里时带来直接积极影响

续表

作者（年份）	位置（未标记的均位于美国）	数据集	成果
Cervero和Duncan（2002）	圣克拉拉县	Metroscan* 1998~1999年间的数据；1197个观察结果	在轻轨站附近典型的商业地块资本化达23%；距离通勤铁路站1/4英里内的商业区商业地块资本化120%以上
Cervero（1994）	华盛顿和亚特兰大	1978~1989年间两城市的5个铁路站	站点附近的办公室租金上涨；联合开发使年租金每平方英尺增加3美金以上
Chen和其他人（1998）	波特兰	1992~1994年	轻轨对单一家庭住宅的价值带来积极影响（可达性）和负面影响（干扰）；距离站点100m，每多1m时，平均房屋价格下降32.2美元
Dewees（1976）	加拿大多伦多	住宅房屋的销售价格和描述特征	布罗尔街20min步行距离内所在地每省1h的出行时间溢价为2370美元
Dueker和Bianco（1999）	波特兰	1980和1990年前后（1986年轻轨东段开通）	离车站每隔200英尺，物业价值下降1593美元
Fejarang（1994）	洛杉矶	1980~1990年	距离车站1/4英里内的物业每平方英尺的溢价为31美元
Grass（1992）	华盛顿	1970~1980年控制和影响街区	地铁运营和住宅物业之间存在显著的直接联系；车站附近价格上涨
Gatzlaff和Smith（1993）	迈阿密	1971~1990年（912个观察结果）物业出售	铁轨开发和房屋价值之间存在弱相关；影响不随着房屋距离车站的远近而变化，但是却依据不同的街区类型而变化
Gu和Zheng（2008）	中国北京	No.13 4km以内的新住宅工程；1999年1月~2006年9月	距离1km以内时房屋价格上涨接近20%；鼓励在车站附近提高开发密度
Hess和Almeida（2007）	纽约布法罗	2002年物业的评估价值（布法罗市，1990~2000年）	距离铁路车站每近1英尺，平均住宅房屋价值上涨2.31美元（按照地理支线距离计算）和0.99美元（按照网络距离计算）；距离轻轨站点1/4英里内的房屋溢价达到1300~3000美元
Knaap和其他人（2001）	华盛顿县	1992年1月~1996年8月（1537份观察），城市扩张界限内所有空置住宅地块的出售交易	规划对车站区域的土地价值有积极影响；不鼓励低密度住宅，鼓励高密度的以公共交通为导向开发
Landis和其他人（1995）	圣地亚哥	五城市研究（加利福尼亚）	距离轻轨车站每近100m，房屋销售价格上涨272美元；对于商业物业没有影响

续表

作者（年份）	位置（未标记的均位于美国）	数据集	成果
Landis 和其他人（1995）	旧金山	五城市研究（加利福尼亚）	火车轨道300m内房屋的销售折扣为51000美元
Lewis-Workman和Brod（1997）	波特兰、旧金山和纽约	波特兰：房产税，1995年横截面；旧金山：车站半径1.6km内的房屋出售价格，1984～1996年的销售回归法；纽约：18年的销售数据	波特兰：在离公共交通762～1609m范围内，距离轨道每近1m，价格上涨2.49美元；距离公共交通每近305m时，房屋溢价为760美元；旧金山：非使用者效益占了所观察到溢价的50%，离旧金山湾区快速公共交通线距离每增加1%，房屋价格下降0.22%；纽约：距离地铁站每远1m，房屋价格下降75美元，在地铁站区域内房屋平均溢价为37000美元（与区域外对比）
Lin和Hwang（2004）	中国台湾台北	1993～1995年（地铁建成前）；1997～1999年（地铁建成后）	开通地铁对占地面积、建筑年龄和距离公共设施远近的内涵价格带来显著影响；其次，依据不同的次级市场，地铁体系的建立会对内涵价格带来不同的影响，如地铁建设、城市位置、土地用途、分区和建筑类型
Nelson（1992）	亚特兰大	1980s～1994年（30个销售）研究区域内的办公室商业用房出售情况	在高收入区域对房屋价值带来负面影响，在低收入区域带来积极影响，低收入区域的房屋价值溢价（距离车站每近1英尺，溢价为0.96美元）
Voith（1991）	费城	1970～1988年	离铁轨较近的单一家庭住宅的价格溢价为7.5%～8%
Weinberger（2001）	圣克拉拉县	出租交易，1984～2000年（3701个记录）	距离铁路车站0.8km内，物业的出租率更高
Yankaya（2004）	土耳其伊兹密尔（地铁）	2003年12月～2004年3月（360个观察结果）	同地铁站距离近会提高物业价值，因为它具备可达性，减少了通勤时间

资料来源：Lari 和其他人，2009。
注：LR= 轻轨，SFR= 单一家庭住宅，TOD = 以公共交通为导向的开发。
*Metroscan 数据包含了所有县调研员办公室所记录的房地产交易。

（2）监管和制度因素
- 可开发土地的管理和供给（如土地国有制或土地私有制）。
- 规章：政府规划规则，如容积率限制和土地用途也会影响土地价值。由于不同的房地产次级市场对可达性和集聚效应的反馈不同，政府对土地用途的决定也会影响到公共交通车站附近的土地价值。公共停车的供应和定价规章也会影响公共交通车站地区的可达性。

• 机构：有能力的地方政府、有较强规划能力和房地产知识的公共交通部门同私人开发商一道对土地价值最大化发挥了关键作用。这一要素包括私有化的程度或私人对公共交通、以公共交通为导向的开发和土地价值捕获的投资。

• 发展中国家：很少有政府和公共交通部门具备适当的监管框架或制度能力，而这两方面对于实施公共交通和以公共交通为导向的开发——土地价值捕获相关的投资是极其必要的。

(3) 公共交通技术、网络、替代出行方式和消极影响

• 技术：重轨铁路或地铁相较于轻轨或快速公交对土地价值有更大的影响，因为它速度更快，比轻轨或公交（通常要与小汽车共享道路空间）载客能力更强，所以能创造更高的可达性效应。

• 网络：公共交通网络——包括同其他交通方式的连接性——对于可达性非常重要。因此，网络越大，可达性效应就越大。例如，东京四通八达的地铁系统路线长304km，共285个车站，其可达性效应比巴西愉港市的地铁系统高很多，而后者的铁路线只有44km，共22个车站。但是，公共交通的可达性对土地价值的影响会随着影响力的饱和与网络扩大过程中的再分配而日益减弱。

• 替代出行方式选择：当公共交通服务区有了其他的具有竞争力的出行方式时，公共交通对土地价值的影响会减小。比如，旧金山湾区的快速公共交通体系在郊区的车站区域对土地价值的影响就比预期的低。比预期要少的居民放弃了小汽车而转向公共交通，因为远在快速公交体系建成前，这一地区就已经有了便捷的高速公路。

• 公共交通的消极影响：公共交通一般会降低公共交通车站或沿线附近的住宅价值，因为公共交通带来了一些问题，如空气和噪声污染，这些会抵消可达性效应。商业用房对这些不那么敏感，因此距离车站或公共交通线路较近不构成障碍。

• 发展中国家：发展中国家的公共交通投资可能会比发达国家的投资对土地价值带来更大的影响，后者享有大量的交通基础设施，而前者纵使面临着交通拥堵和机动化，对交通基础设施的投资依旧不足。

(4) 当地社会经济和市场因素

• 社会经济差异：在美国一些城市，富裕的郊区住宅用地的价值随着公共交通的建设而下降。许多高收入的居民或店主并不希望使用公共交通的居民迁入他们的街区，因为这些人的存在可能会提高安全维护的成本，或排挤阔气的购物者。

• 发展中国家：社会经济和当地的市场因素都有路径依赖并且对发展环境敏感。城市和区域内的社会阶层分离和劳动市场的空间分工基本已成为新兴趋势或潜在问题，它们会在某种程度上影响以公共交通为导向或依赖

小汽车的发展轨迹。

4. 未列及因素

可能存在其他因素对公共交通引导的土地资本化影响更深。比如，Knight和Trygg（1977）列出了30个包括公共交通在内的影响土地用途并有复杂相互作用的因素。但是，本书范围不包括类似的分析。

目前发展中国家对以公共交通为导向的土地资本化及其实证研究凤毛麟角。这可能是由于发展中国家的公共交通发展历史较短，缺乏数据。同美国的实证研究类似，以上以公共交通为导向的土地资本化理论并不适用于所有发展中国家。此外，许多国家面临着更艰难的情形，如土地登记不足和非法住宅。因此，需要更深入的研究，这将有助于发展中国家的政策制定者和从业者更好地实施公共交通投资和以公共交通为导向的开发，同时运用土地价值捕获方案。

2.3 城市交通融资中的土地价值捕获

阐释土地价值捕获的相似性和区别可能有助于各方选择最适合自身的融资工具。

受益者支付这一原则适用于城市公共交通融资。交通改善的受益者可分为三类：公众；公共交通使用者；物业所有人和开发商（Lari等，2009）。政府为了收回资本投资和服务成本，依据每个受益者收获的利益特征和时间（表2.2）选择不同的金融工具。土地价值捕获作为一种融资工具可以通过捕获因公共交通基础设施投资（及相关行为）而上涨的土地价值，从物业所有人或开发商手中收回部分成本。随着公共交通基础设施建设结束时土地价值的上涨，土地价值捕获适用于收回资金投资成本。

城市交通融资中"受益者支付"原则的应用　　　　表2.2

受益者类型	交通改善的益处	融资工具	使用原理	回收的成本类型*	
				资本	服务
公众	广泛的经济和社会收益，如经济发展	政府的一般性基金	广义的经济发展为一般性税收提供基础	A	A
公共交通使用者	减少出行时间和成本；改善了出行舒适度，提高了安全性	直接或间接的使用费用	利益分配给公共交通设施的使用者	B	A
物业所有人和开发商（有限的非使用者）	物业价值提高	不同的价值捕获或开发收费	益处为公共交通公共投资带来的土地价值增值	A	B

资料来源：Lari等，2009。
*A指主要的，B指次级的。

为了展现土地价值捕获工具对公共交通及以公共交通为导向开发相关投资的作用，我们应用了上述的公共交通融资框架（表2.3）。

基于受益者支付原则，政府和公共交通部门首先应当将公共交通费用作为使用者支付的费用收回投资、运营和维护成本。但是，公共交通费因其公共性质受到管理。单单依靠车票收入很难使得公共交通部门完全收回资本投资及运营和维护成本。因为为了缓解小汽车使用者所带来的外部效应，及确保公共交通费用在可支付范围内，公共交通票价通常低于完全收回成本的水平。

政府必须填补公共交通财政赤字。基于公共交通能够提供广泛的经济和社会效益这一理论[3]，可采用的措施包括利用一般性预算提供资本或运营补贴。

政府也转移小汽车使用者支付的税费收入或环境费来缓解汽车的外部效应。但是，由于很难填补赤字（财政束缚），政府不得不着眼于替代型来源，包括受益者支付原则下的以开发为基础的土地价值捕获。

投资的受益人和融资工具的主要特征 表2.3

受益人和承担者	工具类型	融资工具	投资		主要由谁负责	案例研究方
			公共交通	以公共交通为导向基础设施		
公众	基于非使用者的一般预算	一般性基金或税收	是	是	政府	
			是	是	政府	
污染方	收费	环境费	是	是	政府	
汽车使用者	使用者付费	燃料税	是	是	政府	
		汽车注册费	是	是	政府	
		停车费	是	是	政府（公共交通部门）	
		通行费	是	是	政府（公共交通部门）	
公共交通使用者		车票费	是	否	公共交通部门	
物业所有人	基于税费的土地价值捕获	物业税	是	是	政府	
物业所有人和开发商		增值征费和特别税捐	是	是	政府	
		增税融资	是	是	政府	
	收费	杂税或开发影响费用	是	是	政府	

续表

受益人和承担者	工具类型	融资工具	投资		主要由谁负责	案例研究方
			公共交通	以公共交通为导向基础设施		
物业所有人和开发商（公共交通部门）	以开发为基础的土地价值捕获	出售空间权	是	是	政府	美国纽约和巴西圣保罗
		出售土地	是	是	政府（公共交通部门）	日本东京和英国伦敦
		租赁开发权	是	是	政府（公共交通部门）	中国香港、英国伦敦、中国南昌、印度新德里和海德拉巴
		联合开发	是	是	政府（公共交通部门）和私营领域	美国华盛顿、中国香港和日本东京
		土地重划	是	是	政府（公共交通部门）和私营领域	日本东京
		城市再开发方案	是	是	政府（公共交通部门）和私营领域	日本东京

资料来源：作者。

注：表格中包括了支持性投资下的以公共交通为导向开发，理念是政府和私营合作伙伴可以通过以公共交通为导向开发投资，增加以开发为基础的土地价值捕获收益，因为车站区域的土地价值升值更高。

2.4 土地价值捕获工具类型

长久以来，许多国家都在实行类似土地价值捕获的方法，其中一些可追溯到罗马时代（Smolka，2013）。土地价值捕获的两大主要工具类型分别是税费型和发展型。

1. 税费型土地价值捕获

土地和房产税：税费型土地价值捕获工具中历史最久、最司空见惯的一种形式是土地税和房产税。绝大多数此类税收都是基于土地预估价值或土地与建筑价值的总和。只对土地征税和对土地与建筑同时征税之间的区别是以效率为支撑的。理论上，土地税鼓励高密度的开发活动，从而提高了土地利用效率。因为城市的土地供应在短期内相对缺乏弹性，土地税无法改变可供开发的土地数量，却提取土地所有人保有的非劳动所得的土地租金。因此，许多从业者和分析师都将土地税视为一种能够创造最小市场扭曲（或无谓损失）的财政工具。有些人提议采用双轨税率，即土地税远远高于建筑税收（England，2003）。除此之外，有关土地税或双轨制物业税的实用性和效力的实证研究也是各式各样（Dye, England, 2011）。

绝大多数的发达国家都实行房产税,但是房产税在市政预算中的比例却大不相同。在一些经济合作组织国家,如美国、英国、日本,地方政府过度依赖房产税来资助公共开支——16%~25%的地方收益都来自于房产税。但是,在一些欧洲大陆国家,营业税或增值税却更为重要。

发展中国家的房产税尚未成熟(Smoke,2008),部分原因是建立用于税收评估和执行的计算机系统和培训体系需要良好的土地清册体系和大量的资金投入。最重要的是,当一些国家的房产税概念尚不清晰时,征收房产税这一想法就构成了很大的挑战(Hong,2013)。原因还包括发展中国家的许多地方政府依旧依赖中央对地方的财政支出,许多官员缺乏意愿来建立地方的财政基础(Bahl,2008)。即便如此,在许多去中心化项目的影响下,地方政府也开始寻求自己的财政来源。

增值征费和特别税捐:20世纪70年代,这一工具作为主要的土地价值捕获方法盛行于美国和英国,增值征费的费用有的是在事后征收,即公共基础设施建成后;有的是在事前征收,如巴西的额外建设潜力证明(详情请见第8章)。增值征费和特别税捐基本是相似的——美国使用"特别税捐"一词,而英国等其他国家使用的是"增值征费"(或哥伦比亚)。通过征收此类附加税,政府意欲使那些从公共投资中直接获益的物业所有人为其成本买单。Misczynski(2012)认为美国的《社区设施法案》是能够为公园、公共空间、健身房、游泳馆、园林绿化、轨道建设和其他设施提供资金的机制。特别税捐赋予政府债券免税权利,从而能为公共服务和基础设施投资融资。洛杉矶地铁系统的初始资金来自于市中心车站周围1英里半径范围内房屋的特别捐税及其他车站半英里半径范围内房屋的特别捐税。由于公共投资能够增加房产税,因此被视为土地价值捕获的一种。

美国最大的捐税区包括几乎整个洛杉矶县和超过200万地块,其税收收入用于资助公园和公共空间。但是,加利福尼亚的特别捐税却引发了问题。特别捐税区的快速扩大导致1996年通过了"218修正案",使得州宪法对特别捐税提出了更多要求。比如,要求严格定义并区分特别捐税所资助的项目带来的一般收益和特别收益。

由于"218修正案"措辞的模糊,现在对特别税捐有多重解读。有时,由于无法准确定义并区分指定项目所带来的特别收益和一般收益,公共官员几乎不可能运用这一工具。但是,当这一界定确切时,特别税捐项目便具备了合法性。Misczynski(2012)预言,加利福尼亚州要想确定合法的特别税捐范围还需要许多时间,经历许多诉讼。

与特别税捐类似的增值征费在其他国家已被使用,以捕获公共投资所带来的土地价值增值部分的30%~60%(Peterson,2009)。公众对这些已有房产税之外的额外征税非常抵触,使得实施起来也困难重重。其中主要的挑战是如何准确评估土地的增值部分。比如,调查报告显示,伦敦地铁朱比利线的延长创造的土地增值预计会达到3亿英镑(4.84亿美元)~27

亿英镑（44亿美元）。

长久以来，哥伦比亚都有对基础设施投资的增值征税。通常，这一税收在投资初期都依据所有资本投资和运营成本按一定比例征收。完工后，税率会重新依据土地价值增值征收。1980～1990年，由于公众反对、长期低估投资成本和高昂的行政管理支出，地方政府预算中增值征税的比例从15%下降到5%（Peterson，2009，62）。但是，近期一项由Borrero和其他学者进行的研究表明，波哥大的增值征税收入占房产税的比例已从2003年的7.7%上升为2008年的60.3%。

租税增额融资（TIF）：这一税收型机制起源于1951年的加利福尼亚，其目的在于鼓励衰落地区的再开发。它针对市政债券资助的、使用公共投资的再开发区域，对目标区的物业征收附加税。某市宣布某一区域为租税增额融资区后，这一区域内所有住房的评估价值会被冻结。未来评估税基的变化取决于当前房产税及额外税收。这一税收旨在利用税收收入来偿还市政债券并支付利息。在伊利诺伊州，自这一税收引入以来，已有超过500个征税区域。

就作者所知，租税增额融资在发展中国家应用得并不广泛，或许是美国之外的其他国家尚未使用同样的名称来称呼类似的土地价值捕获机制。这可能是由于这一税收依附着房产税——由于前述原因这一工具在发展中国家利用效率低下。

总结：从业者和分析师对税费型工具的大致观点是它们的收益和成本之间缺少清晰的联系，这对于房产税来说尤其麻烦，因为房产税的收入并不必然地同某一征税街区的基础设施或社会服务投资相关。这也是税费型工具不受欢迎的一大原因。尽管诸如增值征税和租税增额融资等工具已通过更清晰地界定收入使用的范围，从而在成本与收益间确立更有力的联系，如何准确地评估公共物品的成本依旧是一大问题。更重要的是，在某些场合，由于政府只为有能力支付税费的居民提供公共服务，贫困街区对这些行为疑虑重重。即便如此，税费型土地价值捕获依旧还是可以创造额外收益，资助城市的基础设施和社会服务。

2. 开发型土地价值捕获

开发型土地价值捕获取决于对土地的公共或私人控制及基础设施投资、场地规划和用途管理变更带来的土地价值增值。政府、公共交通部门或私人投资者会通过出售具备公共设施的土地，或出租土地开发权或使用权来捕获土地增值。他们可能直接投资物业开发，或者同其他方合作。作为投资者或联合开发商，政府、公共交通部门或私人投资者可以通过回收未来土地价值上涨的部分来补贴公共基础设施投资。正如第2篇所言，香港和东京已经采纳了这一方法来为城市地铁建设、运营和维护成本提供资金。中国和印度的一些新兴城市也已开始将这一方法应用于新建的地铁系统中，第3篇将会探讨。

土地销售或出租：政府可以通过将公共土地或从私人土地所有者手中获得的土地出售给开发商来捕获公共基础设施投资或管理变化（如容积率和土地用途）所带来的土地价值增值。利用公共土地出租来为基础设施投资提供资金在中国已经广被使用(Peterson, Kaganova, 2010)。Rithmire(2013)表示，鼓励地方政府出售开发权来筹集投资资金是中国政府的一个深思熟虑的政策，同时也是其用以鼓励地方政府自付开支的微妙策略。不幸的是，中国地方政府有时对土地出租收益的使用不加节制，且脱离了改善某些地块的初衷（Anderson, 2012）。此外，政府依赖出租收入来为市政开支提供资金会进一步促使政府将农村土地转变为城市用地，从而加剧了中国的城市扩张。承租人需要预先支付绝大部分的出租费用，有时甚至在租期内支付一年的土地租金（Bourassa, Hong, 2003）。

Peterson（2009）认为，过去15～20年里，出租收入已经成为中国富裕的沿海省份建设高速公路基础设施的主要经济来源。但是，这一收益已经枯竭，各市必须寻求其他途径。因此，对于那些依旧依赖出租收益为地方开支买单的城市来说，政府需要竞卖土地使用权，而不是签订合同便进行转让。这将确保土地出租体系的透明性，并通过竞争拍卖获取尽可能高的出租费用。辅以其他财政改革，授权市级预算中成立土地基金将有助于市政府实现这一目标。

印度拥有大量的公共土地也在实施土地出租。孟买国际展览中心于20世纪90年代由孟买都市发展局兴建，此前它只是一片沼泽地，场地面积553英亩，现已成为非常成功的新兴商业中心。这里是孟买证券交易所和多家银行总部所在地。起初，孟买都市发展局开发这片场地，并以年租金和开发费的形式向开发商征收金额。2003年，应对建设基础设施的任务，它改变了这一情况。2006年和2007年，发展局竞卖了13hm^{2}的土地，租期为80年，价值12亿美元（是孟买市当局基础设施年投资额的5倍）。选择长期土地出租的目的是为其宏大的基础设施项目融资，包括新的地铁体系和横跨孟买港口的长达23km的桥梁（Peterson 和 Kaganova, 2010；Peterson, 2009）。

联合开发：指的是公共部门和开发商对公共交通设施（如地铁车站）和临近私人房产的联合开发。私人开发商通常会建设交通设施（如车站）或承担部分或全部的建设成本。联合开发在美国、日本和其他地方已经是成熟的开发型土地价值捕获工具。在美国，华盛顿都会区公共交通局的联合开发项目是最成功的项目之一，尽管其对公共交通局的年度营业收入贡献比很小（不到2%）。据华盛顿都会区公共交通局所述，"联合开发是一种创新性的项目，它可将交通调研属和/或交通局控制的财产利益通过市场交易到私人开发商手中，来开发以公共交通为导向的项目。[4]"

空间权出售：开发型土地价值捕获也可在土地公有或私有的国家执行。土地私有制的土地通常会受到土地使用管理的约束，如建筑物高度和用途限制。这些法定限制之外的开发权有时指的就是空间权。通过放松土地用途控制,可以提高土地价值,为政府获取经济利益创造机会。从根本上来看,前面论述的收益汲取和规划用途都采取了相似的原则,但基于各地不同的条件。因此,许多国家都采纳这一基本理念。

最知名的空间权出售是巴西圣保罗。市政府利用额外建设收费(OODC)和额外建设潜力证书(CEPACs)作为土地价值捕获工具,为当地的基础设施投资提供资金(请参见第8章)。前者适用于所有的城市区域,且其收入纳入城市发展基金,进而为全市的城市基础设施投资。后者适用于指定的城市区域(称为"城市行动"),且其收入可用于为事先预定的城市基础设施投资。后者兼具开发型和税费型土地价值捕获的特征,因为其出售价格构成包括空间权价格和未来基础设施投资(CEPACs资助的)的收益。

圣保罗进行创新的主要动力来自于其需要避免进一步的债务融资。Blanco(2006)表示,巴西市政债务的70%位于圣保罗,2004年其净债务是收入总额的两倍多。该市已确立了三大"城市行动",这三大区域都被授予立法和管理工具,从而从私人投资获得土地价值捕获(Sandroni,2011;Biderman,Sandroni和Smolka,2006;Smolka,2013)。容积率从1.0上升到2.0,密度提高。新创造的开发权拍卖给了私人开发商,收入用于"城市行动"区域内的公共基础设施投资。

纽约政府也尝试出售空间权来引导高密度开发和再开发,实施处通常都位于主要的公共交通节点附近。这一措施旨在保护该市历史建筑,建立可转让的开发权。历史建筑财产的所有人被禁止进行再开发,为了给予他们补贴,政府允许其转让未使用的开发权给其他地块,用于高密度的开发。可转让开发权的接受方可以市价支付这些权利(请见第5章)。

近期,该市采纳了一个类似的策略,即允许财产所有人转让未使用的空间权给主要地区公共交通枢纽的指定区域。纽约市明确指出,其目的在于激励高密度开发、释放土地开发潜力来提高土地价值,从而允许开发商利用经济收益补贴转让开发权的原所有人,且补贴这一区域公交车站维护成本以及覆盖步行改善的部分投资。

土地再划:土地再划起源于德国,并于1902年通过了有利的法律框架(Hong和Needham,2007;Lozano-Gracia等,2013)。自此,东亚也进行了广泛使用;日本、韩国和中国台湾都曾采取土地再划。一般而言,土地所有人整合土地,进行再配置和改善,然后在街区再开发后重获有基础设施的土地的一定比例(相较于其最初的贡献量)(Sorensen,1999;Home,2007;Hong和Needham,2007;Lozano-Gracia等,2013)。在再配置过程中,一部分土地用于出售给私人开发商,从而筹集资金,覆盖再开发成本的一部分,捕获项目所创造的收益。

中国台湾的土地所有者也根据预期的土地升值贡献土地(Lozano-Gracia等,2013)。中国台湾的一大重要不同是,财产所有人贡献土地和部分的开发成本，从而获得原场地的高密度再划（Zhao, Das 和 Larson，2012）。

尽管土地再划的目的之一在于自我筹资和土地再开发，一些项目依旧需要公共补贴（Hong 和 Needham，2007）。比如，日本政府补贴土地再划项目，只要项目同城市再生和市郊区域城市化相关且有助于城市和区域发展。日本也利用土地再划来整合土地，为新城镇开发附近的铁路提供通行权（请见第 4 章）。韩国政府曾要求土地再划项目必须自筹经费，因此推动实施机构提高所有人的土地贡献比例。随着建筑成本的攀升，20 世纪 90 年代，参与土地再划的一些土地所有人不得不放弃 60% 的土地，从而挫伤了其参与的积极性（Lee，2002）。

印度城镇规划方案要求土地所有人放弃 50% 的土地用于政府再开发——40% 用于基础设施，10% 用于社会住房。再整合的土地转变为拥有基础设施的场所，随后返还给农民。农民可以出售给开发商或者自留自用。土地所有人也以增值征费的形式支付一半的基础设施成本（Sanyal 和 Deuskar，2012）。

城市再开发方案：这一工具主要出现在日本，依据《城市再开发法》（请见第 4 章）。通常，一些财产所有人会组成协会，将个人的地块整合成单一的可开发场地。随后，将再开发方案提交给地方的规划部门，由规划部门改变区划规则，提高指定再开发地区的最高容积率（通常位于轨道交通站点附近，其商业用地的潜力很大）。整合后的土地接下来用于建立一栋或多栋高楼，且配有新道路和公共开放空间。在这一过程中，原来的土地所有人和租户有权保留等同于其原有财产价值的权利；或者，为了更宽泛的社会利益，加快再开发项目进程，开发商可以暂时代表土地所有人和租户承担所有责任。多余的容积率出售给新的财产所有人，以部分支付土地整合和区域内公共设施的成本。这一工具通常用于老化木结构建筑区的再开发，使其免受地震和火灾的危害。国家政府通过国家一般基金支持三分之一的场地调查、土地整合、开放空间建设成本，利用特殊道路基金支付一半的公共基础设施成本——如果再开发项目符合法律要求。

有关土地价值捕获的多数论述都关注政府自留的土地价值；而较少探讨创造价值及捕获价值的重要性。土地价值很重要，因为它不仅赋予政府收回增值额的合法性，也强调了这一公共融资方法的可持续性问题（Hong，2013）。但是，如果政府继续在不创造价值的前提下收回收益，资源终将枯竭——因此，将以公共交通为导向的开发同土地价值捕获连接起来会提供我们急需的平衡。

3. 其他的土地创收工具

非土地价值捕获工具包括征税或收影响费——向土地市场的新加入者收取费用，以支付扩大基础设施和服务所需的成本，促进经济发展，维持先前的服务水平。它们着重收回成本，而非价值。

此类费用需要开发商建设公共基础设施或设备（或者提供此类用途的

土地），从而获得开发许可（Peterson，2009）。开发商也可在满足要求后向政府支付同等的价格，因此是收费型的方式（Altshuler, Gómez-Ibáñez 和 Howitt，1993）。其背后的逻辑是，由于新的开发能够增加对当地基础设施和社会服务的需求，也必须为新开发能力支付成本。

强征税是在20世纪20年代出现的，当时美国城市郊区的开发需要专门用于公共设施的空间。将农业用地开发为城市小块土地，需要配以街道、下水管道、水、电、学校和公园。因此，开发商需要提供土地在城市地块内建设这些设施。巴西的大规模住房项目的开发商也被要求建设相应的社区基础设施。

20世纪70年代，房产税的法律限制和美国联邦政府的支持减弱使得各市寻求新的工具（Frank 和 Rhodes，1987）。在波特兰、俄勒冈、奥斯丁、沃斯堡市和德克萨斯，开发商在每多1000个住户的情况下，需为公共设施建设多提供5英亩土地（或每多1000个住户多支付20万~100万美元）。在波特兰，这一措施也被称为系统开发收费，各市因此可以预先发行债券，购买土地，兴建公园，接着使用开发费用偿还债务。尽管这一方法很受欢迎，它的主要问题是如何准确评估土地贡献大小或征收费用高低与基础设施的未来需求建设费用的匹配程度。

2.5 结论

所有的土地价值捕获工具都有一个共同的目标，即利用公共和社区行动所带来的土地价值增值，提供公共物品。这一方法颇具吸引力，因为它既有效又公平。

尽管税费型土地价值捕获也被普遍采用，但是它们缺乏清晰的成本收益联系，支付者并不总清楚他们的付款用途或是否用于他们所期望的公共物品。这使得公众对这一类型有所抵触，且从现实来说，所收取的数额通常不足以支付主要的基础设施费用，如地铁。这些土地价值捕获工具对于资助城市当地的基础设施和服务非常重要，如当地的街道、水和污水处理体系、防火、犯罪治理、公共卫生和教育。

开发型土地价值捕获对于资助主要的城市公共交通项目是有用的。它们取决于国有土地的出售或开发权出租，包括从私人土地所有人手中集合土地。单依靠公有土地不足以实施开发型土地价值捕获。政府需要在捕获公共投资的增值前提高土地价值，这有助于提高公众接受度，在价值创造和捕获之间确立清晰的关联。公共交通到位后，政府或公共交通部门可以遵循以公共交通为导向的开发原则提高土地价值，也可以基于开发区域内物业相关的经常性收入和乘客流量的增加捕获收益。

更重要的是，土地价值创造需要良好的城市管理和制度能力。各市需要开放、高效的土地管理、技术知识和技能、私人领域投资、设计完备的总体规划和有效的监管机制。所有要素对于公私合营促进土地价值捕获都至关重要，能够将公共交通投资与土地开发和管理融为一体。

土地价值捕获的机遇来自市场。当房市下行时，私人物业投资所需的动力也丧失了。然而面临着快速城市化进程，公共基础设施投资不能等待市场复苏。因此，完全依赖开发型土地价值捕获来提供资金、资助公共服务是不可行的。地方政府还需要有替代的融资途径，包括其他形式的公私合营、上级政府的转让或补贴。

鉴于缺乏公共投资、土地利用规则落后，地方政府也可能探索其他的土地价值捕获工具，来回收未来土地价值增值的部分数额，或者可以通过整合价值尚未完全发挥的私人土地来创造土地价值。

简而言之，设计周到的开发型土地价值捕获可以成为公共交通和以公共交通为导向开发投资的有力融资和规划工具。

2.6 注释

1. 本处所指的"物业价值"和"土地价值"属同义，因为多数的实证研究都是基于房产交易探讨物业价值，很难将土地价值和建筑物价值分开来。

2. 聚集经济，一般情况下指的是高密度的经济和社会活动聚集，带来的工人、公司以及/或城市经济生产力的提高。这种提高可以通过多种区位优势来解释，比如（1）共享生产投入，（2）共享基础设施，（3）共享客户服务和便利设施，（4）匹配的劳动力资源和就业机会，（5）生产相协作的公司，以及（6）由面对面交流带来的知识溢出捕获（Cervero 等，1998；Chatman 和 Noland，2011）。以上的许多解释，有些与可达性优势强烈相关，有些则不。因此，由交通投资带来的"纯"外部经济效益常常受到质疑。

3. 少数例外关注中等收入国家，包括 Gu 和 Zheng（2001），Yankaya（2004）和 Rodriguez，Mojica（2008）。

4. 为了防止公共交通部门的低效运营，地方政府应当提供运营补贴，以弥补由于监管要求而造成的财政损失，如服务偏远地区、确保晚间和清晨的服务、确保支付范围内的公共交通壁垒。

5. http://www.wmata.com/business/joint_development_opportunities/About.cfm, accessed June 25，2014.

2.7 参考文献

Altshuler, Alan A., José A. Gómez-Ibáñez, and Arnold M. Howitt. *Regulation for Revenue: The Political Economy of Land Use Exactions*. Washington, DC: Brookings Institution/Cambridge, MA: Lincoln Institute of Land Policy, 1993.

Anderson, John E. "Collecting Land Value through Public Land Leasing." *In Value Capture and Land Policies*, edited by Gregory K. Ingram and Yu-Hung

Hong, 123–44. Cambridge, MA: Lincoln Institute of Land Policy, 2012.

Bahl, Roy. "Opportunities and Risks of Fiscal Decentralization: A Developing Country Perspective." In *Fiscal Decentralization and Land Policies*, edited by Gregory K Ingram and Yu-Hung Hong. Cambridge, MA: Lincoln Institute of Land Policy, 2008.

Banister, David, and Joseph Berechman. *Transport Investment and Economic Development.* London: UCL Press, 2000.

Biderman, Ciro, Paulo H. Sandroni, and Martim O. Smolka. "Large-scale Urban Interventions: The Case of Faria Lima in São Paulo." *Land Lines* 18, no. 2 (2006): 8–13.

Black, J. A., A. Paez, and P. A. Suthanaya. "Sustainable Urban Transportation: Performance Indicators and Some Analytical Approaches." *Journal of Urban Planning and Development* 128, no. 4 (December 2002): 184–209. doi:10.1061/(ASCE)0733-9488(2002)128:4(184).

Blanco, Fernando. "The Evolution of Brazilian Municipal Finances, 2000–2004." In *Brazil. Inputs for a Strategy for Cities: A Contribution with a Focus on Cities and Municipalities*, Volume 2, Background Papers Report. Washington, DC: World Bank, 2006.

Bourassa, Steven C., and Yu-Hung Hong. *Leasing Public Land: Policy Debates and International Experiences.* Cambridge, MA: Lincoln Institute of Land Policy, 2003.

Borrero, Oscar, Esperanza Durán, Jorge Hernández, and Magda Montaña. "Evaluating the Practice of Betterment Levies in Colombia: The Experience of Botogá and Manizales." Working paper. Lincoln Institute of Land Policy, Cambridge, MA, 2011.

Cervero. Robert. "Transit-Induced Accessibility and Agglomeration Benefits: A Land Market Evaluation." IURD Working Paper 691, University of California, Institute of Urban and Regional Development, Berkeley, 1995.

Cervero, Robert, David Aschauer, and Cambridge Systematic Inc. *Economic Impact Analysis of Transit Investments: Guidebook for Practitioners.* Washington, DC: National Academy Press, 1998.

Cervero, Robert, and Jin Murakami. "Rail and Property Development in Hong Kong: Experiences and Extensions." *Urban Studies* 46, no. 10 (2009): 2019–43.

Chatman, Daniel G., and Robert B. Noland. "Do Public Transport Improvements Increase Agglomeration Economies? A Review of Literature and an Agenda for Research." *Transport Reviews: Transdisciplinary Journal* 31, no. 6 (2011): 725–42. doi:10.1080/0144647.2011.587908.

Duncan, Michael. "The Synergistic Influence of Light Rail Stations and Zoning on Home Prices." *Environment and Planning A* 43, no. 9 (2011): 2125–42. doi:10.1068/a43406.

Dunphy, Robert T., Robert Cervero, Frederic C. Dock, Maureeen McAvery, Douglas R. Porter, and Carol J. Swenson. *Developing Around Transit: Strategies and Solutions That Work*, Washington, DC: Urban Land Institute, 2004.

Dye, Richard F., and Richard W. England. *Land Value Taxation: Theory, Evidence, and Practice*. Cambridge, MA: Lincoln Institute of Land Policy, 2011.

England, Richard W. "State and Local Impacts of A Revenue-neutral Shift from a Uniform Property to a Land Value Tax: Results of a Simulation Study." *Land Economics* 70, no. 1 (2003): 38–43.

Frank, James E., and Robert M. Rhodes. *Development Exactions*. Chicago: Planners Press, 1987.

Gatzlaff, Dean H., and Marc T, Smith. "The Impact of the Miami Metrorail on the Value of Residences near Station Location." *Land Economics* 69 no. 1 (1993): 54–66.

George, Henry. *Progress and Poverty: An Inquiry into the Cause of Industrial Depressions and of Increase of Want with Increase of Wealth. The Remedy*. Garden City, N.Y.: Doubleday, 1879.

Giuliano, Genevieve. "Land Use Impacts of Transportation Investments: Highway and Transit." In *The Geography of Urban Transportation*, edited by Susan Hanson and Genevieve Giuliano, 237–73. New York: The Guilford Press, 2004.

Graham, Daniel J. "Agglomeration Economies and Transport Investment." Discussion Paper 2007-11, Joint Transport Research Centre, London, 2007.

Gu, Yizhen, and Siqi Zheng. *The Impacts of Rail Transit on Housing Prices and Land Development Intensity: The Case of No.13 Line of Beijing*. Technical report. Beijing Municipal Institute of City Planning and Design and Tsinghua University-Institute of Real estate Studies, 2008.

Hansen, Walter G. "How Accessibility Shapes Land Use." *Journal of the American Institute of Planners* 25, no. 2 (1959): 73–76. doi: 10.1080/01944365908978307.

Home, Robert. "Land Readjustment as a Method of Development Land Assembly: A Comparative Overview." *The Town Planning Review* 78, no. 4 (2007): 459–83.

Hong, Yu-Hung. "The Symmetry of Land Value Creation and Capture." Working Paper 3, Land Governance Laboratory, Hudson, OH, 2013.

Hong, Yu-Hung, and Diana Brubaker. "Integrating the Proposed Property

Tax with the Public Leasehold System." In *China's Local Public Finance in Transition*, edited by Joyce Y. Man and Yu-Hung Hong, 165–90. Cambridge, MA: Lincoln Institute of Land Policy, 2010.

Hong, Yu-Hung, and Barrie Needham, eds. *Analyzing Land Readjustment: Economics, Law, and Collective Action*. Cambridge, MA: Lincoln Institute of Land Policy, 2007.

Ingram, D. R. "The Concept of Accessibility: A Search for an Operational Form." *Regional Studies* 5, no. 2 (1971): 101–7. doi:10.1080/09595237100185131.

Knight, Robert L, and Lisa L. Trygg. "Land Use Impacts of Rapid Transit: Implications of Recent Experience." Office of the Secretary of Transportation, Washington, DC, 1977.

Lari, Adeel, David Matthew Levinson, Zhirong Zhao, Michael James Iacono, Sara Aultman, Kirti Vardhan Das, Jason Junge, Kerstin Larson, and Michael Scharenbroich. *Value Capture for Transportation Finance: Technical Research Report CTS 09-18*, Minneapolis, MN: Center for Transportation Studies, University of Minnesota, 2009. http://trid.trb.org/view.aspx?id=898454.

Lee, Tae-Ⅱ. " Land Readjustment in Korea." Paper presented to Lincoln Institute Workshop on Land Readjustment, Cambridge, MA, March 21–22, 2002.

Levine, Jonathan, Joe Grengs, Qingyun Shen, and Qing Shen. "Does Accessibility Require Density or Speed? A Comparison of Fast Versus Close in Getting Where You Want to Go in U.S. Metropolitan Regions." *Journal of the American Planning Association* 78, no. 2 (2012): 157–72. doi:10.1080/01944363.2012.677119.

Lozano-Gracia, Nancy, Cheryl Young, Somik V. Lall, and Tara Vishwanath. 2013. "Leveraging Land to Enable Urban Transformation: Lessons from Global Experience." Policy Research Working Paper 6312, World Bank, Sustainable Development Network, Urban and Disaster Risk Management Department, Washington, DC, 2013. http://elibrary.worldbank.org/doi/pdf/10.1596/1813-9450-6312.

Medda, Francesca. "Land Value Finance: Resources for Public Transport." In *Innovative Land and Property Taxation*, edited by Remy Sietchiping, 42–52. Nairobi, Kenya: UN-HABITAT, 2011.

Misczynski, Dean J. "Special Assessments in California: 35 Years of Expansion and Restriction." In *Value Capture and Land Policies*, edited by Gregory K. Ingram and Yu-Hung Hong, 97–115. Cambridge, MA: Lincoln Institute of Land Policy, 2012.

Murakami, Jin. "The Transit-Oriented Global Centers for Competitiveness and Livability: State Strategies and Market Responses in Asia." Dissertation,

University of California, Berkeley, 2010. www.escholarship.org/uc/item/19034785.

Peterson, George E. *Unlocking Land Values to Finance Urban Infrastructure*. Washington, DC: World Bank and Public-Private Infrastructure Advisory Facility, 2009.

Peterson, George E., and Olga Kaganova. "Integrating Land Financing Into Subnational Fiscal Management." Policy Research Working Paper 5409, World Bank Washington, DC: 2010.

Ricardo, David. *On the Principles of Political Economy and Taxation*. 3rd ed. London: John Murray, 1821.

Rithmire, Meg. "Land Politics and Local State Capacities: The Political Economy of Urban Change in China." *The China Quarterly* 216 (2013): 872–895. doi:10.1017/S0305741013001033.

Rodríguez, Daniel A., and Carlos H. Mojica. *Land Value Impacts of Bus, the Case of Bogota's TransMilenio*. Land Lines report, April. Cambridge, MA: Lincoln Institute of Land Policy, 2008.

Sandroni, Paulo H. "Recent Experience with Land Value Capture in São Paulo, Brazil." *Land Lines* 23, no. 3 (2011): 14–19.

Sanyal, Bishwapriya, and Chandan Deuskar. "A Better Way to Grow? Town Planning Schemes as a Hybrid Land Readjustment Process in Ahmedabad, India." In *Value Capture and Land Policies*, edited by Gregory K. Ingram and Yu-Hung Hong, 149–82. Cambridge, Mass: Lincoln Institute of Land Policy, 2012.

Smith, Jeffery J, and Thomas A Gihring. "Financing Transit Systems through Value Capture: An Annotated Bibliography." *American Journal of Economics and Sociology* 65, no. 3 (2006): 751–86.

Smolka, Martim O. *Implementing Value Capture in Latin America Policy Focus Report*. Cambridge, MA: Lincoln Institute of Land Policy, 2013.

Smoke, Paul. "Local Revenues under Fiscal Decentralization in Developing Countries: Linking Policy Reform, Governance, and Capacity." In *Fiscal Decentralization and land policies*, edited by Gregory K. Ingram and Yu-Hung Hong. Cambridge, MA: Lincoln Institute of Land Policy, 2008.

Sorensen, Andre. "Land Readjustment, Urban Planning and Urban Sprawl in the Tokyo Metropolitan Area." *Urban Studies* 36, no. 13 (1999): 2333–60.

UK Department for Transport. "Transport, Wider Economic Benefits and Impacts on GDP." Discussion Paper, July, UK Department for Transport, London, 2005. http://webarchive.nationalarchives.gov.uk/+/http:/www.dft.gov.uk/pgr/economics/rdg/webia/webmethodology/sportwidereconomicbenefi3137.pdf.

UN (United Nations). *The Vancouver Action Plan-Recommendation D.3*. United Nations Conference on Human Settlement, Vancouver, Canada, 1976.

Wachs, Martin, and T. Gordon Kumagai. "Physical Accessibility as a *Social Indicator*." *Socio-Economic Planning Sciences* 7, no. 5 (1973): 437–56. doi: 10.1016/0038-0121 (73) 90041-4.

Weisbrod, Glen, and Burton Weisbrod. "Assessing the Economic Impact of Transportation Projects: How to Choose the Appropriate Technique for Your Project." *Transportation Research Circular* 477 (October 1997).

Yankaya, Ugar. "Modeling the Impact of Izmir Subway on the Value of Residential Property Using Hedonic Price Model." Master's Thesis, Izmir Institute of Technology: City and Regional Planning, 2004.

Zhao, Zhirong Jerry, Kirti Vardhan Das, and Kerstin Larson. "Joint Development as a Value Capture Strategy in Transportation Finance." *Journal of Transport and Land Use* 5, no. 1 (2012): 5–17.

第 2 篇　全球以开发为基础的土地价值捕获实践经验

第3章 "轨道+物业"项目：中国香港

中国香港特别行政区是亚洲少有的在轨道交通中创造了大额运营利润的城市之一，同时这里的公交系统也有效地支持了世界上最密集的城市形态。这些成功来源于港铁公司的"轨道+物业"模式。这个半私有的经济实体应用了价值捕获机制来回收公共交通投资、运营和维护的成本，利用政府所许可的公有土地的开发权和租赁场地（车站及其附近和新轨道线的停车场地）同私人开发商合作。因此，港铁公司超过一半的收入来自于大型物业开发和长期资产管理活动。全球范围内，这个城市的"轨道+物业"价值捕获模型看似独树一帜，将地区土地制度、城市密度、具有企业家精神的市政府和公共交通部门、稳固的法律框架和良好的运营程序结合起来。但是，其他的创新城市也可以在略作调整后运用此模型，允许规划部门和公共交通部门管理土地供应和站点设计——尤其是那些拥有大量公共土地且有强有力的规划和法律体系支撑的城市。

3.1 城市发展背景

中国香港被称为"亚洲的珍珠"，自20世纪70年代的石油危机以来便是东亚和东南亚的世界级金融、商业服务和旅游中心。奉行自由的英国殖民者于20世纪50年代和60年代首次开发香港的滨水区，随后进行填海造陆和垃圾填埋，使得当地容积率高达20:1。20世纪80年代白领阶层和中产阶级家庭的兴起使得城市改造和新城开发项目大量涌现（Bristow，1984）。然而1984年，中英政府的联合宣言将每年新增土地供应限制在50hm^2，同时香港的城市化发展在20世纪80~90年代时，私人开发商的投机开发需求主要集中在大型基础设施附近，例如轨道交通开发和国际机场的迁移项目（Dimitriou 和 Cook 1998）。

1997年，香港回归中国，香港和中国大陆之间的社会和空间融合成为可能。因为渐增的跨境商业活动和独特地理优势，香港现已经拥有居民710万，并还在持续吸引大量的中国大陆和其他亚洲移民迁移到面积有限的香港岛、九龙和新界。

尽管香港与中国大陆地区之间的往来趋势会增加人口增长和城市化模式的不确定性（香港政府统计处，2012），到2026年，香港人口有望增加至860万，比过去十几年的年增长率0.5%略高（图3.1）。

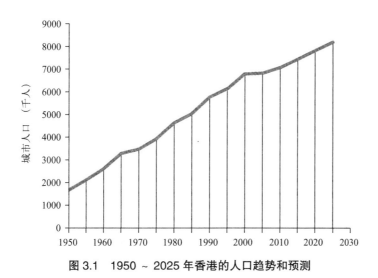

图3.1　1950～2025年香港的人口趋势和预测

资料来源：联合国，2012。

尽管土地开发面临压力，建成区依旧仅占整个香港陆地面积的25%不到。1948年，战后的《阿伯克隆比报告》引入"花园城市"的概念，随后被纳入一系列的土地开发战略中，用于指导利用有限的土地资源来满足各方面需求：住房、商业、公共交通、娱乐、自然保护、遗产保护和其他社区需求。香港精密的城市规划和土地管理使其成为世界上人口最密集的城市之一，香港岛和九龙的每平方公里人口数分别为16020和45730（香港政府统计处，2013）。这些都极为有利于"轨道+物业"项目的实施。

香港的政策制定者和城市规划者一直都在土地开发战略中支持大容量公交轨道投资和城市开发之间的协同（香港规划署，2013）。早期的大容量公交轨道路线都位于城市的密集建成区，因为这里是绝大多数乘客居住的地方。随着住宅开发项目扩展到新界，大容量公交轨道投资被视为构建土地开发的关键因素，连接着主要的商务中心、香港国际机场、娱乐场所和新城区。近几年来，轨道也是灰色地带和跨境区域的城市再生和区域融合、公共住房提供、开放空间建设和社区设施新建的主要推动力。

每天使用香港公共交通体系的乘客约1200万人次，包括地铁、电车、公共汽车、小巴、公交车和渡轮。轨道交通有望成为主要的公共交通出行方式，在2016年预计将承担超过50%的公共交通系统出行量。相反地，由于拥有小汽车的成本很高，全港私人小汽车只有443000辆，即每1000个居民的汽车保有量为62——远远低于发达国家的城市水平（香港交通部，2013；Dimitrious 和 Cook，1998）。尽管近几年对跨海和跨境的流动需求与日俱增，城市地理条件却使得在建成区提供额外的道路通车容量十分困难。

3.2 管理和制度框架

1. 城市规划体系

香港的法定规划体系主要应对的是两种类型的详细规划：分区计划大纲图和发展审批地区图，以用作某些非城市区域的暂时性方法。两种类型都由规划署负责，由城市规划委员会决定是否批准申请。委员会及其成员的法律责任是服务于有益于卫生、安全、便利性的行业，并在社区的福利中代表不同职业、专业技能和社区利益（思汇政策研究所，2006）。

香港也有一些特殊类型规划。由香港市区重建局制定用于旧城区的再开发发展计划方案。与其他规划大不相同的是，城市规划委员会希望鼓励更全面的城市设计和开发，提倡和引进了综合开发区概念。这通常包括了多个地块和业主，同时加入公共开放空间和地方社区设施（比如轨道站周边的混合用途物业开发）。

规划署创造了香港的规划标准和准则，以确保土地利用能够促进社会和经济发展，提供公共设施。他们制定了与住房密度、社区设施、娱乐设施、开放和绿色空间、工业用地、零售设施、便利设施、内部公共交通设施、环境规划与保护和城市设计准则相关的政策，一系列的容积率规定引导了公共和私人住宅区的开发密度（表3.1）。其中，住宅开发的最高密度区"R1"用于拥有完善公共交通设施（如轨道车站和其他主要公交换乘）的关键区域，见图3.2。

城市规划区和新城区的最大容积率　　　　表3.1

土地类型	分区	区域	位置	最大容积率
城市规划区域	R1	已有的开发区	香港岛	8.0/9.0/10.0
			九龙和新界	7.5
			荃湾区、葵涌区和青衣区	8.0
		新开发区和综合开发区		6.5
	R2			5.0
	R3			3.0
新城区	R1			8.0
	R2			5.0
	R3			3.0
	R4			0.4

资料来源：香港规划署，2011。
注：CDA=综合开发区；FAR=容积率。

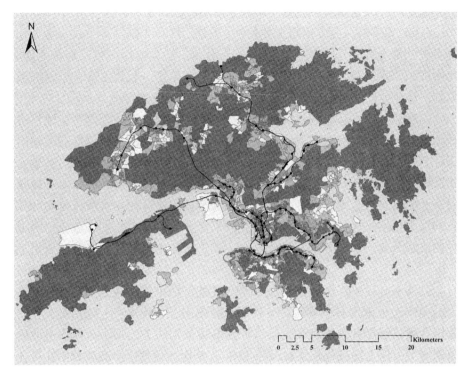

图 3.2　2011 年香港的地下铁路线附近的城市人口密度

资料来源：数据来自 Murakami 2010,2014。

2. 土地管理体系

香港"土地法"的独特性主要是因为其殖民地历史。土地所有制体系继承了英国土地法的许多特征。严格地来说，英国国王或王后持有所有的土地。而这一理念被延续到英国的殖民地，香港的唯一所有制便是国有制，除了中部的圣约翰大教堂区域，这是香港唯一的自由保有土地（Goo，2009）。这一土地所有制概念一直延续到香港回归中国——中国有自己的国家公有制度——意味着所有的香港土地都成为公有财产。香港政府负责土地的管理、使用和开发以及租赁或授予个人、法人或组织，并依据 1990 年的《基本法》进行利用或开发。

依据当前的土地管理法，地块的租期通常为 50 年，年租金相当于自授予土地之日起物业的征税估定价值的 3%，并依据估定价值的变化进行调整。不包含续期权利的租赁可以不用支付额外的延期 50 年溢价。尽管年租金可以依据其随后的变化进行调整，但是，当土地利用效率低下并需要用于公共目的时，可以合理推测和预料香港政府是不会续租的。

地政总署在土地交易和相关的开发活动中占据着有利的谈判位置。该部门拍卖或协议转让公有土地给私人开发商。而开发商竞相租赁土地，以获得开发权，并卖给最终使用者。但是，出价最高者并不一定获得租赁，开发商必须在获得开发权之前满足销售的条件。土地租赁明确了所有人的义务和责任，以及与城市规划、市政建设和城市开发相关的要求（Nissim，2012；Hui，2004）。通常出租条件包括：租期、许可土地使用方式、最大建筑高度、最大和最小容积率、最大上盖面积、建筑规约、相互契据文件、总体规划要求、设计、布置图、高度限制、停车场、装卸要求、车辆进出限制、景观设计和环保要求、娱乐休闲设施和其他场地条件。

两种契约——建筑规约和相互契据文件——都是防止投机型土地投资和不良资产管理的有力工具。建筑规约旨在确保场地开发在适当的时间内满足可接受的建筑面积要求。在48个月内，建筑面积一般要求达到最大建筑许可的60%。如果在建筑规约期结束时，毫无进展，政府可以行使收回土地的权利，且不需做任何赔偿。相互契据文件旨在寻求所有公共和私有利益方包括未来的购买者之间利益的平衡，共同承担长期物业管理的责任和成本。这一举措普遍用于底层商业和上层住宅或办公的复杂混合用途开发。

公共基础设施和服务的资金来源一直是土地租赁，占据了香港政府收入的20%。土地国有制有四种价值捕获机制包括：最初的土地拍卖、合同修订、租赁续期和征收租金。政府严重依赖最初的土地拍卖来捕获土地价值增值（占据土地租赁总体收入的75%），是因为规划、协商和强制执行各方权利从而在拍卖中获得土地收益的成本（即土地交易成本）是四种价值捕获机制中最低的（Hong，1998）。

当低价值地块的快速开发不能创造很多公共利益时，政府会通过管理可开发的土地供应提高土地价格。当房地产的市场价格过高时，政府会要求购买者支付交易的印花税，以防止投机（Hui, Ho 和 Ho，2004）。2013年2月22日颁布的印花税从价税率按照不同的物业价格从1.5%～8.5%不等（香港税务局，2013）。

港铁公司

香港地铁公司作为政府所有的企业建立于1975年，负责建设、运营和维护香港的公共轨道体系，满足大众的公共交通需求，并且按照谨慎的商业原则从事商业活动（Dimitriou 和 Cook，1998）。20世纪80年代和90年代，政府拥有公司全部所有权。2000年，香港地铁有限公司成立（简称"港铁公司"），其23%的股份被出售给了香港证券交易所的私人投资者。私人股东的存在给港铁公司带来了严格的市场纪律约束，促进公司管理者更加具有商业头脑（Cervero 和 Murakami，2009）。

香港地铁公司是香港的两大铁路部门之一，另一个是九广铁路公司（KCRC），归香港政府所有。2007年12月，同政府签订了特许协议后，港铁公司开始运营九广铁路公司的铁路体系，这一事件通常被称为"两铁合并"。合并后，港铁拥有长达218.2km的铁路网络，其中地铁线路10条、车站84座，服务整个香港岛、九龙和新界。新界的屯门和元朗由共计68站的轻轨网络覆盖。港铁公司的铁路网络也包含机场快线，它连接了香港国际机场和赤鱲角的亚洲世界博览会、九龙的国际商务中心和中部区的国际金融中心（图3.3）。

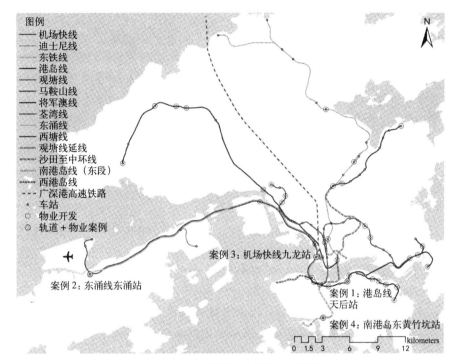

图3.3 地铁网络和物业开发（见彩图）

图片来源：基于中国香港特别行政区港铁路线图和其他地图。
注：R+P=轨道+物业。

港铁公司的主要任务是建设、运营和维护一个现代化、安全、可靠和高效的公共轨道体系。再加上有竞争力且服务水平高的地面公交和私人汽车服务。港铁的综合公共交通网络在2012年日均旅客量已达到412万人次（香港运输和房屋局，2012b）。同年，港铁公司在香港的特许经营公共交通市场中占据46.4%的份额，在跨海交通运输中占66.7%、在跨境交通中占54.2%，在来往国际机场的交通中占21.8%。由于乘客量大和运营高效的原因，港铁公司公交运营的净利润达到66.94亿港币（约合8.69亿美元），票款收入收回了2012年运营成本的185.5%（港铁公司，2013）。即使是同其他世界级的铁路体系的运营状况相比都是非常突出的数据。

3. 同香港政府的关系

香港政府是港铁公司的主要所有人，拥有77%的股份。港铁公司受到香港财政司的管辖，政府可在港铁公司的全体大会上通过特殊决议（要求至少75%的股份），并根据法律规定可以在具备多数票（至少50%的股份）的情况下单独通过一般决议。同时港铁公司可以通过一般决议任命董事会成员——换句话说，政府可以决定董事会成员。政府可以在拥有多数票的情况下任命港铁公司主席,而香港的行政长官在符合《地下铁路条则》的情况下,可以任命并解聘港铁公司的其他董事(港铁公司,2007)。

由于轨道和相关业务的公私合营性质,港铁公司及其子公司的利益可能会与政府的利益冲突,如轨道建设或公共土地授予和租赁。因此,香港证券交易所授予港铁公司特殊豁免权利,不需要严格遵守适用于商业实体与政府交易的规则(港铁公司,2007)。

在2007年"两铁合并"之前,立法委员会交通小组建立了小组委员会来监管铁路整合事宜。最重要的问题之一是所提议的新轨道项目的资金安排是否妥当,以及乘客是否能享受合理的公共交通价格和高效的服务。小组委员会详细审核了轨道建设项目的融资形式,将在下文有所探讨。

3.3 土地价值捕获(LVC)

1. 港铁公司筹资安排

和许多其他地铁项目一样,20世纪70年代和80年代的香港地铁建设是资本密集型,需要大规模的资金投入。由于在国际资本市场的评级较高,港铁公司吸引了许多私人投资者。但是,政府还是需要通过为轨道和物业开发提供土地等方式,支付甚至削减一部分的公司项目成本,以免提高车票费用。香港的基本原则是政府以名义价格授予港铁公司"铁路线批约",然后利用土地开发铁路的基础设施,如车站和轨道。作为名义土地授予,政府还授予港铁公司铁路车站的土地,因为铁路维护被视为工业活动,所以土地出让金以工业用途土地计。当铁路车站场地用于物业开发时,额外的土地溢价用以支付物业开发权。实际上,香港政府持有8亿港币的公司股权,政府授予公司聚集的铁路路权用于建设轨道、车站及相关场站,并且将新车站和停车场所在地的开发权出售给港铁公司,在最初的50亿港币预算内建设完成了观塘线(Dimitrious和Cook,1998)。

然而,到了1983年,港铁公司在长26km共计25站的观塘线和荃湾线上的资金成本已经达到了100亿港币。此外,港铁公司又提交了新的港岛线提案(之前于1980年通过),预计成本为71亿港币。1985年,建设完工时,公司累计债务187亿港币。尽管如此,从1986年起,港铁公司因为其利率低、车票收入提高以及物业开发获益,又重新成为资本市场里的高效借贷人(Dimitriou和Cook,1998;Strandberg,1989)。

在20世纪90年代早期,香港机场核心项目就被安排成为一系列基础设施项目(总成本为1602亿港币),同时,机场从启德搬迁到了北大屿山。自20世纪90年代晚期起,港铁公司沿机场快线进行了15个物业开发项目,其净收益提供了新建铁路线的商业回报,并且为接下来的将军澳延伸线项目提供了资金支持。机场快线项目共计耗时10年付清贷款。自2007年起,这些物业开发收益不再用于清还贷款,而是用于将军澳等和其他延伸线的项目(Cervero和Murakami,2009)。

两铁合并后，新的铁路建设项目可以被分为两类：轨道线路的自然延长和非自然延长。香港特区政府通常基于所有权进行轨道线路自然延长，基于所有权或特许权进行轨道线路非自然延长。按照所有权，港铁公司负责铁路项目的设计、融资、建设、运营和维护，且拥有最终的所有权。基于特许权，政府负责为新铁路基础设施项目提供资金，而港铁公司为运营铁路的权利支付服务特许费用（香港立法委员会，2008）。

政府最初基于所有权方案讨论了为港铁公司——一个从事非政府项目的营利性组织——适当提供资本拨款或物业开发权。由于有些成本无法通过未来的运营收入来支付，因此授予开发权也是填补新轨道建设资金缺口的方法之一。因为项目预期将会带来巨大的社会效益和经济效益，于是当拥有物业开发权的新轨道项目在财政上不可行时（主要是由于缺少线路附近可开发的土地），政府考虑为港铁公司提供拨款（香港立法委，2008）。

2013年，共有5条新的铁路项目在建：南港岛线东线（SIL-E），观塘线（KTE），西港岛线（WIL），广州—深圳—香港快线的香港段（XRL），沙田—中部线（SCL）（香港运输及房屋局，2012b）。每一个项目的筹资方式都按具体情况进行评估（表3.2）。

香港五条新铁路线项目的筹资安排 表3.2

项目	长度(km)	车站数量(个)	资本成本(港币,10亿)	资金缺口(港币,10亿)	筹资安排
SIL-E	7	5	12.4	9.9	开发权
KTE	2.6	2	5.3	3.3	开发权
WIL	3	3	15.4	12.7	拨款
XRL	26	1	66.9	N/A	服务特许
SCL	17	10	79.8	N/A	服务特许

资料来源：香港立法委，2008；香港运输和房屋局，2011；港铁公司，2013。
注：KTE=观塘线；N/A=不适用，因为所有的资本成本都由政府给予服务特许而支付；SCL=沙田－中部线；SIL-E=南港岛线东线；WIL=西港岛线；XRL=高速铁路。

如果50年期内铁路项目的净现值低于预期的资本回报的话，铁路项目被认为在经济上不可行。计算方法是资本平均加权成本加上港铁公司1%～3%的利润。这一差距也就是资金缺口。独立的咨询机构通常会评估新铁路项目的预期成本和收益。港铁公司同时提出当前的意外开支应为预计资本投入的13%，这一估计基于过去香港铁路项目不可预见的额外开支为拍卖价格的12%～25%。为了保护公共利益，免受项目风险影响，多余的拨款会返还给政府并支付利息（回补机制）（香港立法委，2009）。

2. 轨道＋物业（R+P）

轨道＋物业（R+P）开发是港铁公司商业模型的核心部分，在捕获房地产收益资助新线的资本和运营成本的同时，从高质量的服务区捕获更多的轨道乘客量。

港铁公司捕获土地增加值的基本机制是通过公私交易和合作伙伴关系。最初，因为政府拥有这一区域的所有土地，私人开发商通常需要通过公共拍卖等方式购买具有物业开发权的50年土地租期。在"轨道+物业"项目中，政府在新铁路线"不存在"的情况下，以完全市场价值（即轨道建设前市场价格）独家授予港铁公司新车站和停车场附近土地的开发权。在几个土地租赁条款下，港铁公司利用这些开发权利，以新线"存在"的完全市场价值（即轨道建设后市场价格）同开发商合作（从符合条件的竞标者中挑选）。港铁公司在轨道建设前后由于价格差产生的开发利润需要足够填补公司和外部项目评估员预计的资金缺口（图3.4）。同时，港铁公司并没有向其他的私人开发商出售开发权，而是同开发商合作。港铁公司依旧是土地的完全所有人，可出售完整的物业。这一机制从本质上和其他的土地价值捕获模型不同，后者是将公用土地的开发权出售给私人开发商，之后就丧失了土地的控制权。世界上其他地方的铁路公司皆是如此。

尽管港铁公司有权捕获R+P带来的土地价值增值，它从来都不是R+P的完全受益人。社会也从这一筹资方案中获得了大量的利益：1980～2005年，香港政府获得净回报的估值在1400亿港币（名义价值）左右。这一数字是基于已获收益（来自于土地溢价、市值、股东现金分红和首次公开募股收益共计1718亿港币）和注入股本价值（322亿港币）的差异计算。

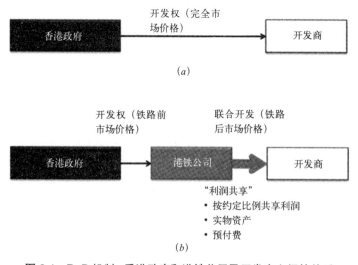

图3.4　R+P机制：香港政府和港铁公司及开发商之间的关系

(a) 一般的政府土地租赁项目；(b) 轨道+物业（R+P）项目

资料来源：Cervero 和 Murakami，2009。

注：MTR=港铁。

2000～2012年，物业开发贡献了港铁公司超过38%的净收益，公共交通运营占34%，车站的商业和租赁与管理业务约为28%（图3.5）。物业相关的经常性收入需要增加才能弥补轨道基础设施的长期维护成本上涨。

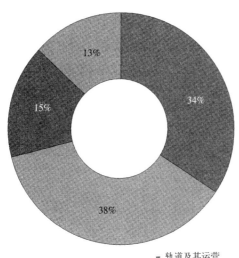

图3.5　2000～2012年港铁公司净收入比例

资料来源：港铁公司2000～2012年年报。

港铁公司物业业务的模式是基于最小化物业开发项目的直接风险，降低公司对房市和相关风险的敞口。开发商必须支付所有的开发成本（如土地溢价、建设和工作成本、营销和出售开支、专业费用、收费和其他）并且应对所有的项目风险。

港铁公司和开发商谈判从开发中获得利益，主要通过事先协定的比例从物业的出售或出租中来分享利润（扣除开发成本）、分享实物资产或收取开发商的预付费用等，案例各有不同。

在R+P模型中，港铁公司是"总规划师和设计师"，将项目不同周期内的利益相关方的利益协调起来。公司制定了一个平面开发计划，解决了所有和地铁站点的交接问题，处理了拍卖的地块，担当了政府和开发商之间的联络员，并监督开发质量和完工物业的出售情况，并管理建设完成后的物业。对于私人开发商来说，规则从一开始就非常清晰，消除了不确定性。

地铁车站之上的许多物业都是高耸入云的塔楼，R+P模型不是能够让城市景观支持公共交通的千篇一律的解决方案。实际上，R+P的开发参数（如面积、建筑密度、建筑用途和场地设计）在不同站点之间变化很大，主要取决于城市的规划和市场需求。至少4.0的容积率（近期港铁公司的项目就是如此）通常被视为是必要的，这样R+P才能具备经济上的可行性；但是，港铁公司的实际场地协调依旧非常灵活,可以在大块的 R+P 场地上建设综合开发区。此外,R+P 的设计原则也发生了变化:20 世纪 90 年代末期以来,新的开发项目都实施以公共交通导向(TOD)的开发设计概念——高密度、混合用途和行人友好,且建设全面性远超 20 世纪 80 年代(图 3.6)。

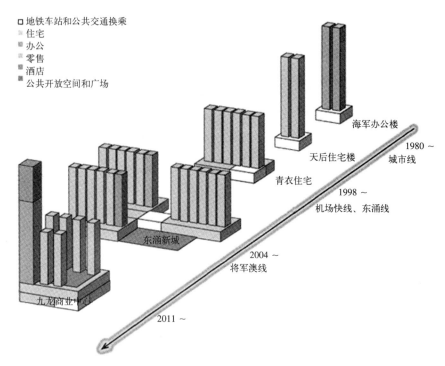

图 3.6　自 20 世纪 80 年代以来 R+P 建设模式的类别和演化(见彩图)

资料来源:Cervero 和 Murakami,2009。
注:MTR= 港铁。

建设模式的变化和 R+P 实践的演化表明,港铁公司的土地价值捕获从有限土地上的小型简易塔楼获取补贴,转向了大规模且用途复杂地块的可持续融资和城市化,这一部分将在下一部分进行探讨。这些后续的实践对公共交通的乘客量提升和整个车站服务区的物业价格溢价带来更大的协同效益(Cervero 和 Murakami,2009)。

3.4　开发案例

为了展示 20 世纪 80 年代以来 R+P 项目的实践经验,本部分探讨 4 个案例,每一个案例都有独特的公私实体之间资金、所有权和责任分配。

1. 案例 1:港岛线天后站

20 世纪 80 年代,港岛线沿线的小地块上普遍建有高层住宅楼。天后站的 R+P 是个典型的案例,其场地面积不足 0.6hm² 而容积率却高达 14∶1(表 3.3)。这一项目于 1989 年完工,是港铁公司最早期的 R+P 物业开发项目之一。在这里建有充足的停车位和便捷的地面公交,尽管这些大规模的联运设施在一定程度上影响了步行环境。周边的街区主要由高耸的住宅楼和老化的零售区组成,而天后站上的两栋楼在老街区中显得有些孤立(图3.7)。总结起来,天后站的R+P用于小场地,主要出于经济目的,对站点周围服务区的质量予以了适当关注。

天后站的R+P参数   表3.3

完工时间	1989年
与中心商务区的距离	4.6km(香港岛)
场地面积	0.58hm^2
FAR	14.4
建筑面积用途	住宅:61000m^2(72.9%) 零售:3700m^2(4.4%) 其他:19000m^2(22.7%)
停车位	650个
成本和利润共享	开发商支付土地溢价和开发成本,投资回报按照最终利润共享

图 3.7 天后站 R+P 住宅楼

图片来源:©Jin Murakami, 2007。已获得照片使用权,再使用需要许可。

2. 案例 2:东涌线东涌站

这一车站是东涌新城的核心部分,也是附近的香港国际机场的门户社区,建于20世纪90年代。车站的R+P项目规模与20世纪80年代设计的项目有很大差距。东涌占地面积21.7hm^2,其设计理念依据以公共交通为导向的开发,并且沿着总体规划中的新城线路而建,主要由住宅楼并混合以零售店、办公室和车站附近酒店等设施。距离车站几百米处是拱形的30多层的住宅楼，与市中心和便利设施相连，有完整的高空行人道和行人天桥网络，与车流相隔。在已有的车站，地铁使用者迎面是宽阔的、配有公用设施的市民广场（表3.4、图3.8和图3.9），而不是高楼。而香港岛和九龙的密集区都是高楼叠起。由于它的场地规模，这一项目共分为3期，总计11个开发商。

东涌站的R+P参数		表3.4
完工时间	1998~2011年	
和中心商务区的距离	35.1km（大屿山）	
面积	21.7hm^2	
容积率	4.7	
建筑面积用途	住宅：935910m^2（90.8%） 办公：14999m^2（1.5%） 零售：55862m^2（5.4%） 酒店：22000m^2（2.1%） 其他：2063m^2（0.2%）	
停车位	3869个	
项目期	3期	
开发商	11个	
成本和利润共享	开发商支付土地溢价和开发成本；投资回报按照预先利润和最终利润共享	

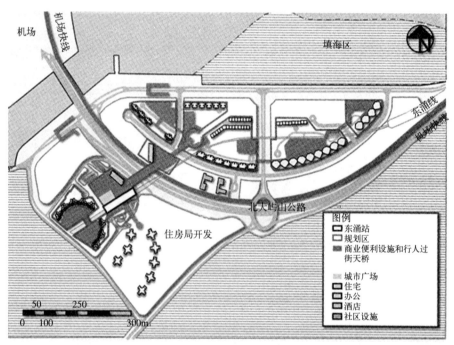

图3.8 东涌站的总平面图：融合地铁站、物业、行人网络和便利设施的综合开发区

资料来源：Cervero和Murakami，2009。

注：MTR=港铁。

图 3.9 东涌站的舒适公共空间

图片来源：© Jin Murakami, 2014。已获得使用许可，再使用需要许可。

3. 案例 3：机场快线九龙站

九龙站作为机场快线的主要中间站于 1998 年开通，这一案例显示了以公共交通为导向的开发原则下的 R+P 不需要局限于未开发地区。在西九龙岛的填海土地上，R+P 方案将 118 层的国际商务中心和住宅及零售区融合起来，聚集于九龙站附近，13.5hm² 的综合开发区的容积率为 8.1（表 3.5）。作为城市滨水再开发倡议的一部分，车站区域的方案包括公共开放空间、文化和娱乐设施，这是同政府和私人开发商合作的结果。换乘设施和行人流通系统也在开发中与建筑下层平台有效整合，提供了无缝的交通服务（图 3.10）。但是，底层平台设计将车站区域的活动同周边环境隔离开来，空墙率高达 89%，也限制了底层与西九龙周边区域的融合和互动。由于纵向开发的多样性、工程的复杂性和市场条件，这一 R+P 项目共分为 7 部分，总计 13 个开发商，从 1998～2010 年按期完成。

九龙站的R+P车站参数	表3.5
完工时间	1998～2010年
和中心商务区的距离	2.6km（九龙岛）
面积	13.5hm²
容积率	8.1
建筑面积用途	住宅：608026 m² （55.5%） 酒店/公寓：231778m² （21.1%） 零售：82750m² （7.5%） 酒店：167472m² （15.3%） 其他：6163m² （0.6%）
停车位	5621个
项目期	7期

续表

完工时间	1998~2010年
开发商	13个
成本和利润共享	开发商支付土地溢价和开发成本 投资回报按照预先利润和终期利润共享 实物利润共享（港铁公司拥有81%的商场）

4. 案例4：南港岛线东（SIL-E）黄竹坑站

最新的R+P概念可以从SIL-E项目中体现出来，这一新的铁路通道从北向南贯穿香港岛，穿过黄竹坑区域。依据所有权，港铁公司负责筹资、设计、建设、运营和维护，但是需要开发权来弥补99亿港币的资金缺口。2011年5月，香港行政长官下令批准授予港铁公司之前的黄竹坑区的开发权（香港运输及房屋局，2011）。

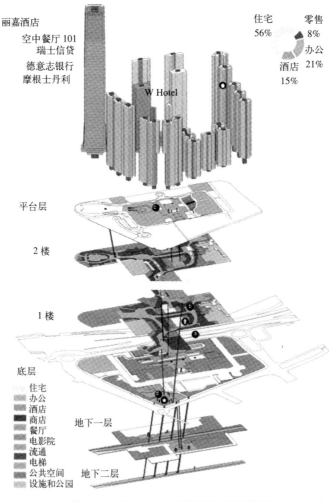

图3.10 九龙R+P开发层次（见彩图）

这一片土地专门用于新地铁线的车站和联合物业开发，基于过去香港的开发经验，这样的实践在技术上是可能的，如港铁公司在火炭站上建设了住宅楼（图3.11）。过去几年里，港铁公司直接与区委员会和地方社区合作，积极回应受影响的财产所有人和居民对设施设计和供应的需要。这无疑提高了项目的成本，但是，当一般地方社区和其他利益相关方强烈需要新的公共交通换乘、零售服务和社会福利设施时，便支持了南部区域的再开发。港铁公司已经提议开发约7.2hm^{2}土地共计14栋楼，住宅建筑面积超过350000m^2（表3.6）。这一R+P计划中还包括在综合开发区为社会团体和社会福利机构提供一定面积，而站点周边主要是政府、机构或社区用地（图3.12）。

图3.11 港铁公司火炭站住宅楼

图片来源：© Jin Murakami，2014。使用已经许可，再使用需要许可。

根据一系列乐观或悲观的情景分析，三家独立的咨询机构都估计站点开发区域所创造的利润可能不足以完全填补SIL-E的资金缺口。但R+P计划则有望成为一大催化剂，促进南部区域工业区的复兴，促进经济发展，增加就业机会，提供劳动力。根据香港的市场条件，港铁公司计划分 3 期共计 9 年的时间完成这一 R+P 项目（香港运输与住房局，2011）。

3.5　土地价值捕获和住房可支付性争论

由于政府 R+P 开发或其他土地租赁方案供应的土地非常有限，公众一直质疑香港住房的可支付性。当然，土地稀缺能够增加房产开发在经济上的可行性，但是公共土地供应和房产价格之间的关系在香港很不清晰（Tse，1998；Peng 和 Wheaton，1994）。

表3.6　黄竹坑站的R+P参数（2013年2月城市规划委员会批准）

完工时间	2024（拍卖：2015~2020年）
和中心商务区的距离	7.9km（香港岛）
面积	7.2hm²
FAR	6.5
建筑面积利用	建筑：357500m²（76.9%） 零售：47000m²（10.1%） 社会福利：2615m²（0.6%） 交通：58000（12.5%）
停车位	931个
项目期	3~6期

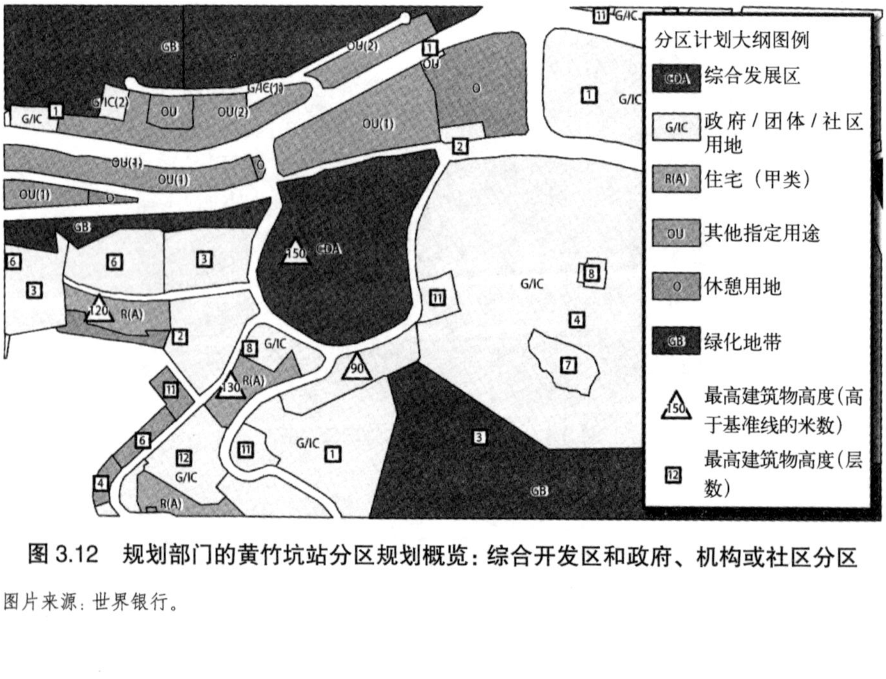

图 3.12　规划部门的黄竹坑站分区规划概览：综合开发区和政府、机构或社区分区

图片来源：世界银行。

几大宏观经济和制度因素影响着香港的私有房产投资和租赁，使情况更加复杂。实际上，可以通过提高目标区域的开发密度、提供公共交通基础设施和服务来实现足够的房屋供应。但是，近几年的R+P（如黄竹坑车站）已经在逐渐寻求经济和社会福利目标之间的平衡，为所有居民提供经济的住宅已经超出了港铁公司的物业业务范围。香港的另一个法定机构——房屋局，负责实施多数的公共住房项目，超过200万人（30%的人口）正居住在公共租赁住房中（香港运输及房屋局，2012a）。

有些人可能认为，R+P理念使得过去几十年来住房价格高昂和社会经济分隔的问题更加恶化了，但是实际上，R+P的开发概念并没有用于所有的地铁站，许多公有住房和补贴公寓就在地铁站周边500m范围内。虽然提供社会性住房的低效率一直都是个问题，在有限的土地供应情况下出售开发权，而不是向居民征收高收入税和其他税率，是有利于香港政府资助一系列的高质量地方基础设施和社会福利项目的，同时不会累积公共债务。

3.6 结论

港铁公司的R+P开发在国际上获得认可，被公认是公共交通筹资和21世纪城市开发的创新模型。但是，尽管对于崛起的经济体极具潜力，似乎其他发展中国家城市的政策制定者和从业者并未完全理解其实施的可能性。下文从上游的前景规划到下游的项目管理，总结了实施这一方案的主要机制和步骤：

- 总体规划和政策文件一致表明地铁网络和车站作为城市和区域开发"骨架"的重要性，尤其是在快速发展期。
- 公共土地产权体系设计精密，用于控制城市的土地供应，吸引私有投资，确保公众在新的轨道走廊中的利益。
- 分区规划，综合开发区分区指定了关键站点附近特殊的容积率，从而激励私有资本在战略地理位置投资，在保持全局性的同时，也为私人开发商的协商和设计提供灵活性。
- 物业开发权以地铁开发前的市场价格独家授予商业性的铁路公司，以较低的交易成本支付地铁项目的资本和运营成本，兼顾管理地铁和物业开发的多重功能和不同周期。
- 开发权的转让可从车站或场站周边用以创造项目收益的小地块开始，随后转变为大面积高质量的新城、地标性商业中心和地方社区中心的开发，更大范围地造福整个社会。
- 私有开发商支付土地溢价，承担高经济回报带来的项目风险，同时政府和港铁公司在某种程度上受到保护，免受市场和开发风险影响。
- 公有部门、港铁公司和私有开发商之间的成本和利润共享原则清晰明确，可以减少项目的不确定性和公众反对。
- 地铁车站附近的开发参数在不同位置差别很大，并不总是严格遵守城市设计原则和标准,但是能够反映出市场需求和社会经济条件。

• 项目完工后,港铁公司依旧是资产管理者,不仅捕获物业开发的预先利润,同时将长期业务中与管理相关的经常性收益最大化。

3.7 注释

可以是可及性和聚集效益,加上行人流通设计的便利设施效益和公共交通环境的协同效益。

3.8 参考文献

Al, Stefan, ed. Forthcoming. *Mall City: A Catalog of Hong Kong*. Honolulu: University of Hawai'i Press.

Bristow, M. Roger. 1984. *Land Use Planning in Hong Kong: History, Policies, and Procedures*. New York: Oxford University Press.

Cervero, Robert, and Jin Murakami. 2009. "Rail and Property Development in Hong Kong: Experiences and Exten-sions." *Urban Studies* 46(10): 2019–43. doi:10.1177/0042098009339431.

Civic Exchange. 2006. *The User's Guide to the Town Planning Process: How the Public Can Participate in the Hong Kong Planning System*. Hong Kong SAR, China.

Dimitriou, Harry T., and Alison Cook, eds. 1998. *Land-Use/Transport Planning in Hong Kong: The End of an Era: A Review of Principles and Practices*. Aldershot, UK: Ashgate.

Goo, S. H. 2009. *Land Law in Hong Kong*. 3rd ed. Hong Kong SAR, China: LexisNexis.

HKSAR (Hong Kong Special Administrative Region) Census and Statistics Department. 2012. "Trends in Population and Domestic Households in Hong Kong." *Hong Kong Monthly Digest of Statistics*. Hong Kong SAR, China, April.

———. 2013. *Hong Kong in Figures 2013 Edition*. Hong Kong, February.

HKSAR Inland Revenue Department. 2013. "Ad Valorem Stamp Duty (AVD)." March. www.ird.gov.hk/eng/faq/avd.htm.

HKSAR Legislative Council. 2008. *Report of the Subcommittee on Matters to Railways for Submission to the Panel on Transport*. Hong Kong SAR, China, June 24.

———. 2009. *Item for Public Works Subcommittee of Finance Committee*. Hong Kong SAR, China June 10.

HKSAR Planning Department. 2011. *Hong Kong Planning Standards and Guidelines*. Hong Kong SAR, China, August. www.pland.gov.hk/pland_en/tech_doc/hkpsg/full/index.htm.

———. 2013. *Hong Kong The Facts: Town Planning*. Hong Kong SAR, China: HKSAR Information Services De-partment, June.

HKSAR Transport and Housing Bureau. 2011. "South Island Line (East) Funding Arrangement." Legislative Council Brief, Hong Kong SAR, China, May.

———. 2012a. *Hong Kong The Facts: Housing*. Hong Kong SAR, China: HKSAR Information Services Depart-ment, September.

———. 2012b. *Hong Kong The Facts: Railway Network*. Hong Kong SAR, China: HKSAR Information Services Department, September.

HKSAR Transport Department. 2013. *Hong Kong The Facts: Transport*. Hong Kong SAR, China: HKSAR Infor-mation Services Department, June.

Hong, Yu-Hung. 1998. "Transaction Costs of Allocating Increased Land Value under Public Leasehold Systems: Hong Kong." *Urban Studies* 35 (9): 1577–95. doi:10.1080/0042098984295.

Hui, Eddie Chi-man. 2004. "An Empirical Study of the Effects of Land Supply and Lease Conditions on the Housing Market: A Case of Hong Kong." *Property Management* 22 (2): 127–54. doi:10.1108/02637470410532402.

Hui, Eddie Chi-man, Vivian Sze-Mun Ho, and David Kim-Hin Ho. 2004. "Land Value Capture Mechanisms in Hong Kong and Singapore: A Comparative Analysis." *Journal of Property Investment & Finance* 22 (1): 76–100. doi:10.1108/14635780410525153.

MTR Corporation. 2007. "Rail Merger." MTR Corporation Limited Circular, Hong Kong SAR, China, September 3, 2007.

———. 2013. *MTR Corporation Annual Report 2013: Creating Value, Driving Growth*. Hong Kong SAR, China. www.mtr.com.hk/eng/investrelation/2013frpt.htm.

———. 2000–12. Annual Report. Hong Kong SAR, China, 2000–2012. www.mtr.com.hk/eng/investrelation/financialinfo.php.

Murakami, Jin. 2010. "The Transit-Oriented Global Centers for Competitiveness and Livability: State Strategies and Market Responses in Asia." Dissertation Research Paper Prepared for the University of California Transportation Center, Berkeley.

———. 2014. "Inter-city Access and Intra-city Agglomeration: An Empirical Analysis of the Spatial Impacts of High-Speed Rail (HSR) Terminal Development in Hong Kong." HKSAR ECS Research, City University of Hong Kong, Kong SAR, China.

Nissim, Roger. 2012. *Land Administration and Practice in Hong Kong*. Hong Kong SAR, China: Hong Kong Uni-versity Press.

94–95

Peng, Ruijue, and C. William Wheaton. 1994. "Effects of Restrictive Land Supply on Housing in Hong Kong: A Econometric Analysis." *Journal of Housing Research* 5 (2) : 263–91.

Strandberg, Keith W. 1989. "Hong Kong's Mass Transit Railway: Leaving a Legacy for Hong Kong's Future." *Mass Transit* 16 (1/2) : 22–26.

Tse, Raymond. 1998. "Housing Price, Land Supply and Revenue from Land Sales." *Urban Studies* 35 (8) : 1377–92. doi:10.1080/0042098984411.

UN (United Nations) . 2012. World Urbanization Prospects: The 2011 Revision, CD-ROM Edition. New York: De-partment of Economic and Social Affairs, Population Division.

第4章　包容的土地价值捕获机制，世界最大都市区的整合与更新：日本东京

东京有世界上覆盖范围最广的铁路网络。如果没有国家对区域的大力投资和强有力的合作伙伴关系，没有任何机构可以开发和管理如此规模庞大且无缝衔接的网络体系。东京的铁路体系包括多条公共的、半私营和私营的乘客线路，以及主要车站和原先的铁路段附近的房地产开发。土地价值捕获模型依据不同的开发阶段、位置和利益相关方而有所不同，但是通常需要土地重新区划以最大化铁路的价值增值。这些都是在土地私有体系下，协调了公私实体之间的区划规范、容积率、地方基础设施和社会设施、支线运输业务规划、城市设计和资产管理准则。过去五十多年里，东京丰富的铁路文化发展所展示的技术和经验适用于传统的首都以及新兴崛起发展中国家的特大城市，来帮助政策制定者克服制度障碍，综合各种政策目标并开发车站区域的城市功能。

4.1　城市发展背景

东京是世界上最大的都市区，是亚洲的国际商业、娱乐和文化中心，也是日本的首都。这一蜿蜒约14000平方公里的都市区在1950～2010年间的人口数量增加了2100万人，人口增长规模大于世界上大部分的特大城市。尽管人口增长缓慢，东京依旧是世界上最大的城市区，人口数有望在2025年超过3860万人（图4.1）。

都市区覆盖了好几个辖区，包括东京市政府所在地、23个区部、神奈川、千叶、埼玉县以及诸多的市、镇、村。每一级单位都有自己的总体规划，充分考虑了上层的策略和地方的实际情况，而国家政府提出了区域的发展愿景和交通基础设施开发策略，为地方的总体规划提供了引导（Sorensen，

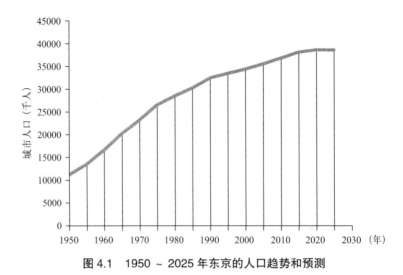

图 4.1　1950～2025 年东京的人口趋势和预测

资料来源：联合国，2012。

Okata 和 Fujii，2009）。首个《国家首都圈总体规划》（NCRMP）于 1958 年颁布，该文件强调了目标人群、绿带、卫星城等概念以促进城市发展。虽然由于强劲的房屋需求和周边地区农民的强烈反对，绿带并未奏效，卫星城的概念却在 20 世纪 60 年代、70 年代和 80 年代相继得到了采纳，克服了东京由于单中心发展造成的通勤过度集中和交通拥堵。1999 年第 5 份《国家首都圈总体规划》出台，约 9 大卫星商业中心得以确立。这些卫星城由城市间的交通网络连接，总体规划试图建立彼此独立又相互支撑的次级区域，从而容纳郊区的居民（图 4.2）。

有些《国家首都圈总体规划》的空间战略旨在引导区域在长期开发中实现多中心化，主要方式是鼓励公私投资新城区的铁路线路延长，促进经济发展。但是东京的房地产市场过热，地方政府很难控制城市的快速发展和机动化。房产价格在 20 世纪 80 年代中期和 90 年代初期达到最高峰，主要是由于对可开发土地的膨胀需求以及对东京郊区和市区外的投机性投资。

价格的快速上涨是原土地所有人以高价交易土地的原因，也是公共部门和私人开发商整合小地块创造资本收益的推动力。随着资金供应的加快和信贷评估的不合理，土地价格泡沫于 1991 年破裂，导致了日本长达十几年的经济停滞（Saxonhouse 和 Stern，2003；Oizumi，1994）。

过去十几年的时间里，东京的空间变革很大程度上反映了中心城的复兴、社会的萎缩和老龄化、公共债务的膨胀、市政府预算紧张和可持续的能源使用（国土与基础设施交通部，2006；Sorensen，2006）。城市再生项目主要基于国家政府的土地自由化政策，目标是提高东京的国际竞争力和中心地区城市生活的质量，加强区位优势、提升可达性以及经济积聚效益。

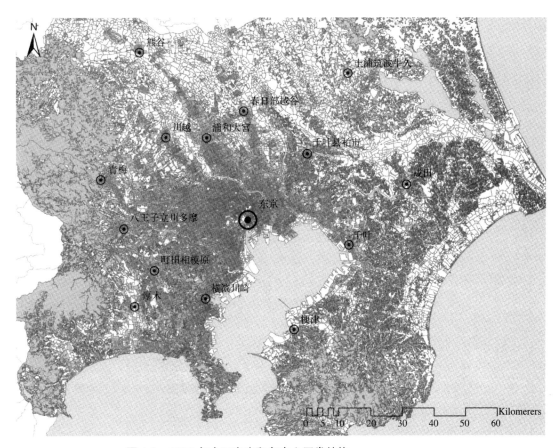

图 4.2　1999 年人口密度和多中心开发结构

图片来源：日本统计局、日本政府，2005；国土与基础设施交通部，2006；Murakami，2010。

2001 年的《城市更新特殊法案》指定了东京中心区内 8 大区域和 2514hm² 土地，尤其是公共土地和铁路场站等可以进行大规模再开发的地块（图 4.3）。日本《城市规划法》对于这些特殊区域，放宽了场地的利用、容积率、建筑高度、离墙间隔，同时考虑到了再开发对地方基础设施与服务、建筑环境和社会活动的影响。针对这些土地的管制放松使得公共交通部门和私人开发商可以根据具体项目提出设计参数，政府也得以聚焦主要轨道车站附近的公私投资（国土与基础设施交通和旅游部，2013a）。

4.2 管理与制度框架

1. 开发工具

在日本土地的私有体制下，城市规划的理念是最小化政府干预。但是，地方政府、公共住房和再开发机构、私人开发商、物业和企业所有人及铁路公司可以使用土地开发工具来实现土地价值捕获，引导公共交通投资，促进以公共交通为导向的发展。

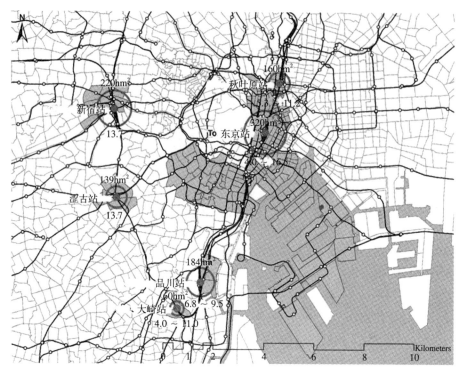

图 4.3 东京铁路枢纽城市再生的平面面积和最大容积率（见彩图）

图片来源：城市再生总部，2001；Murakami，2010。

在这些工具中，土地再划/整理在过去几十年里已经成为防止城市过度扩张和构建铁路友好型景观的最重要工具（Sorensen，1999，2000；Cervero，1998）。通常，在郊区新铁路线开通之前，开发单位——包括公共住房部门、地方规划和道路部门以及私营铁路公司——购买低价的农业用地用于房地产开发，提供全面的公共服务。但是，基于土地再划/整理方案，许多土地所有人可以组织成立一个合作机构，整合形状不规则的农业地块，形成面积更小但服务齐全且形状规则的住宅和商业地块，同时能够向最初的土地所有人返还更高的房产价值。土地所有人出售部分土地来部分资助道路、设施、公园、人行道网络、车站广场、开放空间、其他基础设施等私有开发和公共服务。土地再划/整理通常和国家的道路项目或城市街道项目一同管理。这些项目可以从以前的道路特殊基金上获得用于以公共交通为导向的基础设施和便利设施建设的补贴，如公交车道、车站广场、公交枢纽、人行道和流通体系、自行车停车设施、城市绿色空间和街道便利设施。

土地再划/整理很难在已有的建成区实施，因为建成区的开发规定不适合土地所有人整合其财产并从自己的地块中再创造大量的资本收益。因此，需要有效的激励机制来支持二次或三次开发活动，确保当地政府和私人利益相关方可以从事开发项目。依据《市区重建法》，国家政府负责场地调查、土地整合和开放空间基建三分之一的成本（来源是国家的一般基金）

和一半的公共基础设施成本（利用以前的道路特殊基金）。木质建筑老化的地区是关注重点，因为那里是地震和火灾频发区（国土和基础设施交通和旅游部，2013b）。

多家物业所有人通常会组建一个合作实体以获取政府补贴，然后将分散的地块整合为一个开发场所，建设一栋或多栋高层建筑、新建道路及公共开放空间。地方规划部门随后审核提议的再开发方案，改变区划规则，提高指定开发区的最高容积率（尤其是铁路站点附近，那里商业用地的潜力大）。在这一过程中，最初的土地所有人和租客有权保留新建筑的财产权，其价值与原来相当。也可以由一个开发商整合所有的财产权，能够加速再开发项目，产生广泛的社会效益。地方政府所批准的多余的建筑面积可以出售给新的物业所有人，来收回土地整合和公共设施的部分成本（图4.4）。

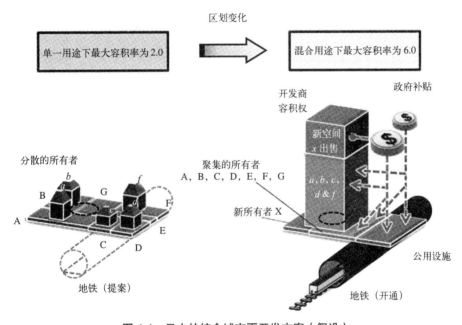

图 4.4　日本的综合城市再开发方案（假设）

资料来源：国土与基础设施、交通和旅游部，2013b。
注：FAR= 容积率，依据《城市再开发法》，土地所有人（A、B、C、D、E、F、G）和租户（a、b、c、d、f）及开发商可以创造建成区的开发机会，尤其是在地铁站点的区域。为了捕获潜在的可达性效益，地方政府首先将区划规则从单一用途改为高容积率的混合用途。此图展示出利益相关方在城市再开发（左图）之前对土地价值的贡献及开发后（右图）的获益。

日本用于土地开发的工具通常非常包容，是基于利益相关方的共识而形成的。然而，政府部门按照《土地征用权法》也有权强制征收私有财产用于公共项目，而不需要土地所有人的同意。这一权力有时饱受争议，如成田国际机场纠纷（东京市政府征用委员会，2013；Bowen，1975）。近几年，更包容的战略性规划方案——"公共参与"——已经逐渐被采纳，来保证政府的政策和开发标准制定更加可靠合理；抵制个人土地所有人自私、短视和投机性的行为；并基于长远的个人和社会利益鼓励公私合营的项目（国土与基础设施交通和旅游部，2008）。

2. 多家铁路机构

东京都市区拥有世界上最大的城市轨道网络和多条公共、半私营、私营和私有化的客运线路。过去一个世纪以来，政策制定者根据公共和私营机构的财务状况和社会对区域及地方的交通服务需求，已多次对于多家铁路机构进行国有化、企业化和私有化改革。

铁路部门主要可分为三类（表4.1）。都市区共有48家铁路运营商，包括了单轨电车、新型有轨电车、传统的山地和沿海电车线等在内。东日本铁路公司的山手线环绕东京的核心区。东日本铁路公司是前日本国家铁路公司的私有化产物，拥有涩谷站、新宿站、品川站、池袋站和上野车站或其附近主要的站点和高层办公楼。山手环线内是密集的地下交通网络，属于两家公有企业——东京地铁线和东荣地铁线。东京中部纵横交错的是东日本铁路公司的多条服务路线。从山手线向外辐射的主要是私营通勤线路，以及东日本铁路公司的城际和高速铁路线。私营的市郊线路连接山手线作为主要终点站，乘客得以直接乘坐东京地铁和其他市区的地铁线路。通过终点站功能一体化和多条铁路线服务共享，乘客可以免于麻烦的换乘（图4.5）。

图4.5　多家公共和私营的机构建设和运营的东京大都会区铁路网络

资料来源：Murakami，2010；国土和基础设施交通和旅游部，2013a。

日本铁路部门分类 表4.1

类型	机构	所有权
特殊目的企业	日本铁路建设、交通和技术机构（之前的日本铁路建设机构和前JNR清算企业）	国家政府
	东京地铁（前帝都快速公共交通局）	国家和市政府
	七家日本铁路公司（之前的日本国家铁路）	全部或部分私有化
私有企业	私有铁路公司	私有
	第三领域	私有、国家政府、都市区政府、市政府
大都会/市政府	公共交通局	都市区/市政府

资料来源：日本土木工程学会，1991。
注：JNR=日本国家铁路。

铁路机构在获得许可后可对国家政府的区域网络规划中所列的新线路进行开发和运营。按照一般的开发模型，过去几十年来，公共和私营部门的单位建设、保有并运营着多条铁路线。《铁路商业法》和日本国家铁路公司1987年的私有化（专栏4.1）促进了铁路部门分割所有权和运营工作，以应对新项目的成本及风险上涨局面；实现多条铁路线的经济平衡；通过在同一轨道上实行多种运营业务改善乘客服务，这也使得交通机构可以在大都会区提供无缝的客运服务。

3. 与国家政府的关系

东京铁路网络的长期发展受到了国家政策的支持。国土和基础设施交通旅游部定期举办外部委员会会议，届时铁路专家在充分考虑经济和社会需求变化的情况下，为下一个十年提出延长项目建议。最近的2000年铁路网络总体规划强调了五大策略：城市重构、道路通行能力提升、终点站和换乘体验改善、高速铁路和机场投资、无缝的支线巴士和非机动出行服务（交通政策委员会，2000）。

专栏4.1 私有化的日本国家铁路公司

1987年，日本国家铁路公司实行了私有化。这是数十年来最大规模的制度改革——不仅因为它改变了所有权、管理层和铁路体系的运营，也因为它影响了区域铁路服务的地理格局并转移了大面积的公共土地（通常是之前的铁路场站）用于终点站附近的私有再开发。

基于1986年的《日本国家铁路公司改革法案》，日本国家铁路公司按区域分为几家私有的铁路公司和其他特殊目的的公共机构。这一举措是其37万亿日元的高额债务的必然结果，来自公司低效的车票定价、房地产业务管制、日本郊区和农村地区的快速机动车化、新干线的高昂投资（日本的快速铁路）以及20世纪80年代中期劳动力成本的上涨。新成立的日本国家铁路公司清算公司接管了之前日本国家铁路公司的许多资产（如铁路场站），并于1987～1998年间与地方政府共同准备了可开发的地块用于拍卖，带动了东京中心区域近期再生项目的高潮。

开始一项新的铁路业务时，各机构要经历一系列的法律程序，如申请许可证、批准建筑规划、监督基础设施和轨道车辆、批准设施转让与使用、批准车票提案、提交运营规划及协议。国家政府要在机构达到一定标准时才发放铁路业务许可，如交通需求、供给能力、总体规划、申请者能力和铁路项目所获得的公共利益。一般情况下，东京的铁路业务可以通过车票收益收回铁路的运营和维护成本，所以只有整个铁路网络的定价适当，才能保护铁路使用者的权益并稳定铁路业务。因此，国土与基础设施交通旅游部批准车票提案，只要符合四个标准：业务效率、公共股权、交通可支付性和市场竞争的公平性。

政府基于各机构的业务营利性，选定铁路机构提议的新项目。而铁路投资的营利性会明显受到车站附近土地开发的影响。历史上，东京的铁路业务都很受企业家欢迎，有助于他们在快速发展期创造大量的资本收益。但是近几年却很难，主要是由于建设成本上升、建设周期延长、不同铁路线的市场竞争日益激烈、私有小汽车和航空服务以及新城交通线旁的房产市场萎靡。所有这些因素都需要新形式融资，包括以开发为基础的土地价值捕获。

4.3　土地价值捕获

1. 筹资安排

新的铁路项目需要东京的公共和私营部门从多种渠道筹集大量的资金投入，包括车票收益、公共投资、债券、补贴、无息贷款、长期贷款和土地价值捕获。

这一类项目的主要资金来自使用者。多数的铁路机构都保留一部分的车票收益为未来的线路延长筹资。特殊城市铁路备用资金基于1986年的《城市铁路开发促进特殊措施法案》成立，使得铁路机构能从当前的服务中收集额外的资金支持未来的改善项目（如四线铁路项目和车站功能升级项目）。因为这些项目可能很必要，但是可能不会新增大量需求量或收益。这一方法对于私营的铁路机构有些优势——提供包括免税资源、低利率贷款、适量的车票上涨、使用者或交通走廊专用资金——但是主要应用于相对短期（10年内）的资本改善项目，不需要太多的土地整合或征用。

私有铁路公司通常通过出售股票来筹集城市铁路线建设成本的10%～20%，国家和地方政府通过日本开发银行、公共地铁机构和公私合营公司来投资那些不适宜作为私营项目的城市线路。此外，公共的铁路和位于新城的铁路可发行地方债券（如地铁项目特殊债券、资本公债、交通债券、企业债务偿还债券和日本铁路建设机构债券），尽管纳税人对都会区和城市不断上涨的大型基础设施项目债务已经产生异议。

自20世纪60年代和70年代以来，铁路开发的利润下降，国家政府已经稳步提高了财政援助，通过建立基于项目的补贴款项以支付铁路机构的建设成本。近期，由于东京的人口发展态势、交通需要和经济发展战略的变化，融资安排已经转向了当前的基础设施改善和机场交通发展。私营铁路公司及地方政府已经采纳了其他的资助机制，如利用道路特殊基金来补贴三线制、四线制和高架轨道项目（通常为桥梁或地下通道建设成本的1/3），使用土地重划/整理来节省土地征用成本和促进房地产发展。

2. 土地价值捕获类型

日本的交通部门长期都在运用土地价值捕获机制配合其他的融资途径来资助其铁路发展。土地价值捕获依据不同的地方和利益有关方而有所不同。大都会区总共有六种土地价值捕获类型（严格来说，不局限于以开发为基础的土地价值捕获），已列入了表4.2中的"机制"一栏。

东京最受欢迎的机制之一是内化私有铁路投资带来的可达性和积聚效益。通常，私营铁路机构在铁路车站附近联合实施土地再划/整理项目，接收专用于新城开发的土地并内化房地产业务的资本收益（如东京的田园都市线）。

国家主导的新城开发项目和其他的补贴机制可以要求开发商支付新城线路（连接次级商业中心和新城区）一半的建设成本，同时以基本的土地价格为大都市区、市级和私营铁路机构提供新城线路的路权。但是，这些方案也使得土地征用价格昂贵，提高了新城线路的车票水平（北总线）。

大都市区最近的郊区延长线模型是融合房屋建设与铁路投资。依据1989年的《住房-铁路一体化法》，地方政府和公共住房机构可以指定总体规划和区域规划方案中的车站区域和服务区，同时整合可开发的地块用于房屋新建，通过土地重划/整理项目为新铁路线提供路权。以筑波快线为例，铁路建设机构以评估价逐块从地方政府和住房机构手中购买路权，在建设后以"铁路建设后价格"将基础设施（包括土地）转让给多个地方政府共有的新铁路公司。但是如果对郊区住房的需求强劲的话，地方政府和住房机构只能在出售新车站附近的住房建设地块时才能获得资本收益。

国家铁路线穿过的地方城镇和农村地区可以向日本铁路公司（之前的日本国家铁路公司）提交申请，增加并承担新车站设施的全部建设成本，免费提供路权，通过土地重划/整理项目建设车站广场和车站周边地方道路，从而增建一个服务设施齐全的车站。地方的利益有关方——居民、土地所有人、商业所有人——通常需要展示足够的乘客量才能支撑其新增车站的提议，尤其是当日本铁路公司正对增加服务频次和服务覆盖面犹豫不决时，而新增站点会降低车速。

铁路机构（或地方政府）有时竭力同私人开发商和业主达成协议，以共享建设成本或开发利益（如横滨MM21线）。至于东京地铁，新地铁站附近的业主通常会支付通向物业的行人通道的建设成本（在其他国家可以称为"建筑连接费用"）。

另一个典型案例是东京中心区的铁路区域出售。日本国家铁路公司清算公司接管了日本国家铁路公司的多数房产以降低自20世纪80年代中期积累的债务,日本铁路公司随后通过公共拍卖将终点车站附近的大地块用于私有再开发(这可视为一种土地价值捕获)。这一土地价值捕获模型通常涉及地方的规划部门、开发商、公私合营基础设施和服务的未来业主、土地再划/整理项目和全面的城市再开发方案,但是他们为盈利的更新活动提供了极高容积率的奖励(如东京-丸之内,品川和汐留)。

东京大都会区主要土地价值捕获类型总结　　　　　　表4.2

类型	主要位置	主要利益有关方	机制	举例
内化	城市-郊区	私人铁路企业	在铁路线实施土地重划/整理项目,利用专门用于房产开发的土地,将房地产的资本收益分配给铁路(将私营铁路公司的外部业务内化)	田园都市线
要求	郊区	新城开发商	支付新城线路一半的建设成本,以基本价提供路权	北总线
整合	郊区	地方政府和开发商	为新铁路线提供路权,通过土地重划/整理项目增加用于房屋出售的可开发地块	筑波快线
请愿	郊区-农村	地方社区和开发商	支付新车站设施的建设成本,免费提供路权,通过土地重划/整理项目建设车站广场和道路	JR线
协议	城市-郊区	开发商、土地所有人和业权	共享建设成本或开发效益(和行人道)	横滨MM21线(和东京地铁)
拍卖	城市	日本国家铁路公司清算公司和开发商	为了JR终点站附近的私人再开发出售之前的铁路区,以降低之前的JNR债务	JR品川站

资料来源:日本土木工程协会,1991。
注:JNR=日本国家铁路;JR=日本铁路公司。

3. 私营业务案例

对于大型的铁路公司,以开发为基础的土地价值捕获是重要的商业案例,不仅能够为资本密集型铁路项目提供资金,还能因为房产和其他服务业务带来铁路走廊附近生活方式的增值(Murakami,2012)。东京的私有铁路企业也发挥了多重作用,如交通工程师、土地经纪人和城市规划者。为了解释他们的实际行动,大都市区七家主要的私有铁路公司的收益比例在图4.6展示出来。2011年,房产和其他业务的年收入从18.2%~40.5%不等,这比20世纪80年代和90年代低很多(日本私有铁路协会,2013;Cervero,1998)。收益最大的是东急电铁公司,其房地产和非铁路业务的年收益约为960亿日元(12亿美元)。

第4章 包容的土地价值捕获机制：世界最大都市区的整合与更新：日本东京

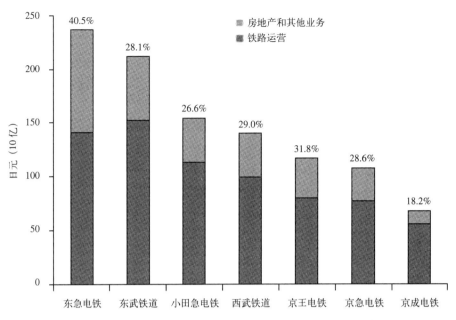

图4.6 东京大都市区2011年财年七家主要铁路公司的年收益

资料来源：日本私有铁路协会，2013。

在许多铁路机构中，过去几十年里，东急电铁公司是国际知名的实施以开发为基础的土地价值捕获机制的代表。但是，近几年他们的开发策略已经变化，以应对铁路线路附近的巨大人口和商业变化（Murakami，2012）。2003～2012年间，此公司多项商业活动所带来的净收益比在图4.7中列出。房地产占了净收益的34%，交通（铁路和支线巴士服务）共占41%。25%的收益总额来自于住宅、商业和休闲服务，这意味着提供多重服务的重要性与日俱增，包括铁路投资和房地产开发，这有助于支持铁路的长期运营和维护成本。

此外，1987年的私有化后，日本铁路公司已经积累了房地产和零售服务的专业技能，在自己车站及其附近的房产中抓住了应用土地价值捕获的机会。尤其是东日本铁路公司的空间利用，购物中心和办公楼业务活动已经成为重要的收入来源，过去十几年里占了企业收入的23%（图4.8）。零售服务和房产业务活动的高度聚集是东日本铁路公司的车站建筑和广

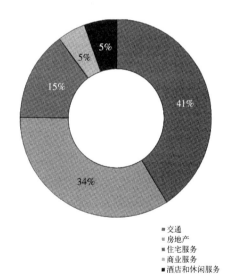

图4.7 2003～2012年财政年度东京急行铁路公司净收入比

图片来源：2004～2013年东京急行铁路公司年报。

109-110

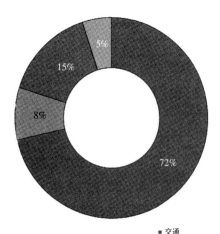

图 4.8 东日本铁路公司 2001～2012 年的净收入比例

图片来源：东日本铁路公司的财务报告 2002～2013 年。
注：JR= 日本铁路公司。

场的主要特征，铁路公司可以在那些地方享受政府的大幅房产税降低，以支持铁路运营和公共空间利用。东日本铁路公司的"车站内"商业模型也已经在其他的私有铁路公司中获得了广泛的商业欢迎，但是公众对于这种获得政府减税的车站内商业行为不乏批评。这种案例重新分配了其他零售商的销售交易，削弱了传统铁路车站外的街道型商业业务的可行性。2007年，东京大都市区政府采取措施，对私有企业 83 个车站附近的物业征收了 22 亿日元的附加费（东京大都政府，2007）。

4.4 四个开发案例

在大都市区有四大开发案例非常突出，涉及不同的土地价值捕获类型、利益相关方、位置和期限。我们对每一个案例都尝试全面提供地方背景和需求、创新型土地价值捕获机制、关键工具、开发参数、利益有关方关系、成功实施和挑战的细节。

1. 案例 1：田园都市线的二子玉川站——私人铁路公司的资本内化

东急铁路公司于 1966 年和 1984 年将花园城市概念运用到了田园都市线中。这一商业区域面积为 490km²，跨越 17 个辖区，共有 500 万居民，250 万户的家庭的收入比全国平均水平高 50%。在所有地区中，花园城市区占了 50km² 的面积，田园都市线沿线居住着 60 万居民（东急铁路公司，2013）。

花园城市的开发是高质量且相对独立的，同时支持郊区多种混合的商业：办公、银行、大学、私立学校、医院和社区中心、公共服务分支、百货商店、超市、酒店和娱乐设施（Cervero，1998）。

随着社会收缩和老龄化，接下来几十年，人口成为发展模型更新和延续的关键因素。过去十几年里，商业区域已经聚集了 40 万居民，年龄超过 65 岁的人口比例从 15% 上升到 19%——这一老龄化趋势还会继续 20 多年，到 2035 年这一比例会达到 29%。这种变化需要一系列大规模的再开发项目和非常规的服务设施（东急铁路公司，2013）。

二子玉川站附近的再开发反映了公司应对近期和未来市场趋势的新策略和主要方法（表 4.3）。距离中心商务区（东京站）西南 19km 左右有五个再开发地块形成了商业、住宅和娱乐活动的新中心，多摩川河边的东急铁路车站和郊区便利设施附近也设有便利的交通连接（图 4.9）。

这一混合用途的开发包含城市内的办公空间，瞄准了创新型行业和员工，从而与东京中心区域的白领行业所在的办公楼与众不同。此公司面向年轻消费者的新购物设施也别具风格,与已有的针对老年人的零售店不同,前者旨在创造商业协同效益,而不是在同一个车站区域形成再分配效应。此项目通过城市再开发项目筹集公共补贴（366亿日元）和大量的建筑面积销售（1001亿日元）,已经新增了大量的公共设施,包括交通广场、地方道路和公园。但是,再开发也耗费了近15年时间,有超过200个土地所有人和租户参与全面且复杂的建筑面积再分配过程（图4.10）。东急铁路公司拥有车站附近超过95%的财产权,也努力将多重目标与功能融合进再开发活动中,从而通过协同区域管理活动创造经常性收益,而不是投机带来的短期利润（Murakami,2012）。

二子玉川站再开发项目   表4.3

项目周期	2000~2015年（15年）
和中心商务区的距离	18.8km
每日乘客量	77422（2011年）
面积	11.2hm²
容积率	3.8（2.1~6.5）
建筑面积用途	I-a：17200m²（零售） I-b：106700m²（零售和办公） II-a：156400m²（零售、办公和酒店） II-b：9400m²（零售和住宅） III：133300m²（住宅和零售）
公共设施	干道：1820m 区域道路：260m 交通广场：5800m² 公园：2520m²
停车	2258
项目周期	2
工具	城市再开发方案
主要利益有关方	东京急行铁路公司（拥有超过95%总面积）；211地方土地所有人和租客
项目成本	I期：1029亿日元 II期：391亿日元
筹资安排	补贴：366亿日元 建筑面积出售：1001亿日元 其他：54亿日元

资料来源：二子玉川东区；城市再开发协会,2013a。
注：FAR=容积率。

2. 案例2：柏叶学院站，筑波快线——融合住房开发和铁路投资

筑波快线是大都市区最近的大规模市郊铁路开发项目，2005年开通时有20个站。这条线路总长58.4km，从东京的中心(秋叶原)到多个卫星城(如柏叶学院城和筑波科学城)，以130km的时速为乘客提供服务，这是遵循1989年的《住房-铁路一体化法》实施的唯一线路。首都圈新都市铁道公司成立于1991年，由地方政府和私人股东共同组成。20世纪80年代和90年代的其他新城镇线路项目都遭受了高昂的土地征用成本和利息的影响(如北总线)，筑波快线近几年却创新地进行了土地再划/整理项目，申请了无息贷款，同时还有一些公众援助项目，从而筹集了达8080亿日元的建设成本。

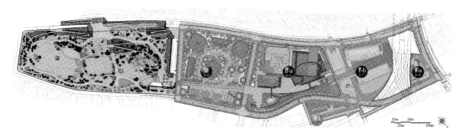

图4.9 二子玉川站的再开发图（见彩图）

图片来源：二子玉川站东区II城市再开发协会，2013a，数据来自东急铁路公司和世田谷区。

13个车站附近共有18个土地再划/整理区域，占地总面积约2903hm^2。18个区域中，县政府、城市复兴机构（前住房和城市开发公共公司）和市政府为土地再划/整理行动保留了开发的路权。随后，整合后的地块以评估价移交给了铁路建设机构，从而省去了麻烦的土地征用过程（图4.11）。地方政府和公共住房机构同时与原先的土地所有者和新居民通过协调新车站附近用于出售的地块或公用设施，一道发展以公共交通为导向的城镇。

二子玉川站位于东京中心区东北部32km处，为未来考虑在郊区开发

的从业者提供了信息（表4.4）。千叶县政府的土地再划/整理项目开始于2000年，当时，政府指定了272.9hm²的高尔夫球场、田野、草木丛生的山峰和小工厂所在地。通过再划/整理项目，这一大片区域已经变成了可开发的地块，用于住宅、商业、工业、教育和社会服务，同时还有道路交通设施、公园、绿色空间和新的铁路车站。这里有服务齐全的公共设施，最大容积率也有所变化（2.0～4.0），资产总价格预计为2326亿～3301亿日元，与土地重划/整理前相比增加了41.9%。这一项目963亿日元的成本已经基本上从地块的出售——约609亿日元（5.63亿美元，63.2%），以及其他来源得以覆盖，尽管东京过去十几年里对郊区住房的需求低迷。

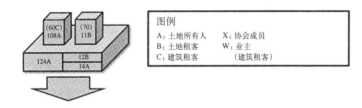

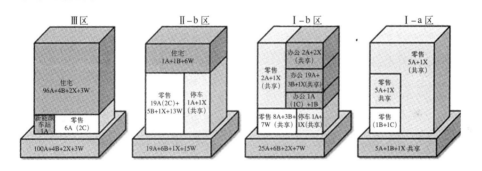

图4.10 二子玉川再开发建筑面积再分配，Ⅰ期

图片来源：二子玉川东区Ⅱ，城市再开发协会，2013b。

在新的郊区城镇开发中涉及的当地参与者包括车站附近土地的主要土地所有人和研究机构。三井不动产公司是之前的高尔夫球场的所有人，作为这一地区最大的土地所有人和开发商发挥着重要作用。公司拥有房地产的专业技能和资源，能够最大化资产价值，也已经按照智能城市的概念（信息技术应用、电动车站和可再生能源体系）投资于新的商场和高层住宅，其目标群体为有孩子的年轻家庭（图4.12）。在新的车站附近有大面积的卫星校园，两所高校已经共同举办了城市设计工作坊，同开发商、市政府、铁路公司、商业协会和非营利机构合作，这可能会进一步增加这一区域的长远价值。

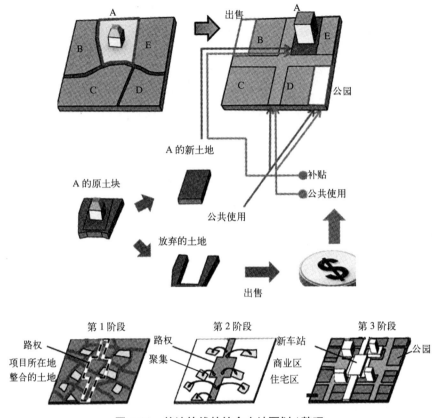

图 4.11 筑波快线的综合土地再划/整理

图片来源:千叶县政府,2009。

筑波快线二子玉川站的土地再划/整理项目		表4.4
项目周期	2000~2023年(23年)	
与中心商务区的距离	32.0km	
每日的载客量	12744(2012年)	
人口	26000	
面积	272.9hm²	
容积率	2.0~4.0	
土地利用	住宅:110.5hm² (40.5%) 商业用地:20.9hm² (7.7%) 工业用地:31.6hm² (11.6%) 教育:7.7hm² (2.8%) 社会服务:12.4hm² (4.5%) 铁路:2.3hm² (0.8%)	
公用设施	道路:66.6hm² (24.4%) 公园和绿色空间:10.3hm² (3.8%) 水:10.6hm² (3.9%)	

续表

项目周期	2000~2023年（23年）
项目	1区
工具	土地重划/整理项目（降低40%；13.55%专用土地和26.45%的公共用途）
关键的利益有关方	千叶政府、三井不动产、大学、900个土地所有人和租户
项目成本	963亿日元
筹资安排	补贴：325亿日元 土地出售：609亿日元 其他：29亿日元

资料来源：千叶政府，2013；筑波快线，2013。

注：FAR=容积率

3. 案例3：横滨港区未来线——与土地开发商和业主合作

几十年来，横滨市一直被视为国际开发典范。值得注意的是，港湾未来21区（也称港未来21区）距离东京中心西南侧30km，是现代化滨水区开发的代表，其目标是建立拥有16万就业岗位的区域商业聚集区。20世纪80年代，该市的项目小组和城市复兴机构建立了100hm²的土地重划/整理区域，其中包括三菱集团最大的造船厂（表4.5）。这一开发的高层商用建筑的容积率为8.0，有新的港区未来铁路线直接贯通，将横滨站和4.1km的海湾商务和娱乐区连接起来，共有5个设计独特的车站（图4.13）。港区未来线的1.3hm²的路权被纳入土地重划/整理方案。

图4.12 二子玉川站附近"智能城市"概念下的上场和住宅塔楼

图片来源：©三井不动产公司。有许可使用。再利用还需要进一步许可。

港区未来线滨水区开发项目　　　　　　　　　　　　　　　　　表4.5

项目周期	1983~2006年（23年）
与中心商务区的距离	30.5km
每日的载客量	33067（2012年）
员工	160000
面积	101.8hm²
容积率	4.0~8.0
土地利用	商业用地：66.1hm²（64.9%）
公共设施	道路：24.4hm²（24.0%） 高速公路：1.5hm²（1.5%） 公园和绿色空间：5.0hm²（4.9%） 水域：2.4hm²（2.3%） 车站广场：1.1hm²（1.1%） 铁路：1.3hm²（1.3%）
项目	1区
工具	土地重划/整理项目（减少了36.5%）
关键的利益有关方	三菱房地产；横滨市；城市复兴机构；横滨MM铁路公司
港区未来线	
项目期	1992~2004年（12年）
长度	4.1km（6站）
项目成本	2570亿日元
筹资安排	利润共享：740亿日元 贡献：270亿日元 公共债务：1290亿日元 银行贷款：270亿日元

资料来源：城市复兴机构，2006。

注：FAR=容积率。

横滨市的横滨高速铁路公司运营着港区未来线，它作为第三方机构由横滨市政府、私人铁路公司、三菱房地产和银行家共有。铁路线开发成本约为2570亿日元，主要是因为在填海区建设地下铁路非常困难。为了资助这一大型项目，该市和主要的开发商及土地所有人签订了协议，包括造船厂曾经的所有人和新商务楼所有人三菱房地产，这有利于共享港区未来线投资带来的可达性效益。土地溢价预计为740亿日元，占项目成本的29%（横滨市，2009）。

尽管横滨的利润共享模式奏效了，相似的项目却让人质疑在地下结构限制和容积率优惠之间如何分配垂直空间。下面一个案例找到了可能的解决方案。

4. 案例4：山手线品川站——前日本国家铁路公司债务的清算

前日本国家铁路公司出售场地用以偿还债务，已经对过去几十年东京的城市风貌带来了显著影响，近期的城市更新浪潮也是如此。品川站附近摩天商用楼的再开发显示出日本国家铁路公司清算公司是如何实现之前东京中心区的场地出售的，以及在房地产泡沫破裂后期，日本如何在诸多开发商业主和地方政府的合作下，创造了高附加值的商业环境（图4.14）。

通过1987年的私有化，约10hm^{2}的品川站区域转为日本国家铁路公司清算公司所有，以偿还巨额债务，同时通过促进更全面的区域规划和开发方案来提高资产价值。这片土地的原来的建筑使用在18年的时间里逐渐转移到了东京的另一个场地，成本约为420亿日元。

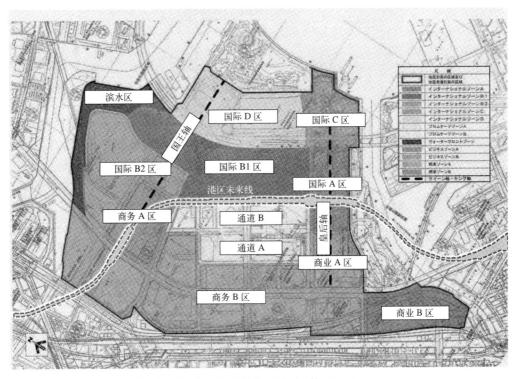

图4.13 新地铁线路路权的土地重划/整理项目

图片来源：横滨市，2012。

这一区域的再开发方法从几个角度来说都非常先进（表4.6）。日本国家铁路清算公司、私人开发商、新的财产所有人和地方政府指定了土地再划/整理区域，总面积达13.7hm^2，包括10hm^{2}的开发场地和周围的公司合营街区。开发方案在没有过多公共支持的情况下，提高了通向车站的便利性，也完善了行人道网络。同时该方案将土地整合的土地和私有物业再开发区域都转变（共16.2hm^2）为6个超级街区，并在街区之间建设了"以人为本"的流通体系（图4.15）。

(a) (b)

图4.14 品川站1981和2008年开发前和开发后的照片

(a) 开发前；(b) 开发后

图片来源:©日本铁路建设、交通和技术机构,1981和2008年照片使用已获得许可,再使用需要进一步许可。

品川站的再开发项目　　　　　　　　表4.6

项目周期	1992~2006年（14年）
和中心商务区的距离	6.8km
每日载客量	329679（2012年）
员工	40000
面积	16.2hm^2
容积率	6.8~9.5
建筑面积利用	A-1:337119m^2（商务） A-2:7381m^2（商务） B-1:469770m^2（商务） B-1:114586m^2（住宅） B-2:62740hm^2（商务） B-3:70307hm^2（商务） B-4:39961hm^2（商务）
公用设施	道路：3.9hm^2（28.2%） 公园：0.5hm^2（3.4%） 交通广场：1.0hm^2（7.0%）
停车位	3188个
项目	1区（6个超级街区）
工具	政府土地出售；土地重划/整理项目（减少了40.78%）；城市再开发项目
关键的利益有关方	JNR清算公司；东日本铁路；中日本铁路；东京大都会政府；2个区政府；20个私营企业和9个个体土地所有人
项目成本	场地搬迁：420亿日元 土地重划/整理：330亿日元 道路桥梁等：500亿日元 私人建筑：3600亿日元

续表

项目周期	1992~2006年（14年）
土地价值	土地出售：300亿日元 之前：190万日元/m² 之后：330万日元/m²

资料来源：日本铁路建设交通和技术机构，2006。

注：FAR=容积率；JNR=日本国家铁路公司；JR=日本铁路公司。

为了鼓励私营商业在再开发过程中供给住宅、行人和公共便利设施空间，新的物业所有人被给予了巨大的容积率优惠。比如，B-1商业区（基础容积率7.0）达到了最高容积率9.5，是因为建设总面积35433m²的住宅层获得了0.6的容积率奖励，并又通过公共开放和绿色空间以及行人空中步道网络建设获得了1.9的容积率优惠。这些措施吸引了重视便利设施的商业实体，也提高了物业的价格。车站区域的土地价值上涨了73.6%，但是这一升幅也可能是由于日本铁路公司于2003年开通的新干线站所带来的城市可达性效益。新干线的站点和宽桥的建设成本由开发商和业主方通过请愿支付，而日本铁路公司从再生方案的早期就处于被动位置。

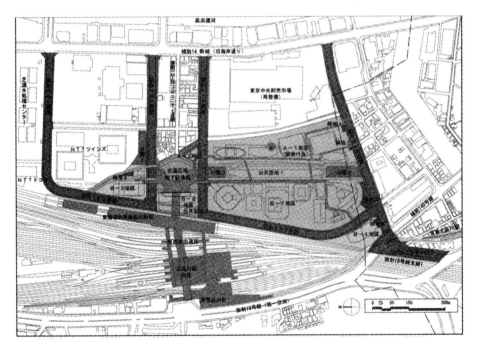

■ 规划的通行道路　　■ 公共开放空间
■ 地区道路　　　　　■ 地下车行通道
■ 公园　　　　　　　■ 步行平台
■ 空中通道　　　　　■ 地下停车场

图4.15 超级街区内私有物业所有人为获得容积率优惠设立的通道、行人设施和绿色空间

图片来源：日本铁路建设交通和技术机构，2004。

4.5 结论

东京的大都市区已经形成了铁路相关土地价值捕获的方案雏形，方案中包括利益相关方、位置、周期和规模等内容。其中关键的步骤可能需要进一步分析，传统的首都区域和新兴崛起的发展中国家的特大城市可以从日本以公共交通为导向的发展实践中汲取经验：

尽管多个公共、私营和半私营实体都在东京大都市区利用不同的开发方法和土地价值捕获技术，该区域多中心的开发模式和铁路延长策略主要是由国家、省和市级政府的总体规划主导形成的。所有的利益相关方都需要共享一个清晰的愿景，采取共同行动，从而迎接未来的宏观经济和人口趋势。

在土地私有体制下，土地再划/整理和城市再开发是应用土地价值捕获的两个主要工具，有助于为公共交通融资并在建成区和城市边缘区发展以公共交通为导向的交通体系。但是，这两个工具都需要全面决策且耗时很久，其顺利实施又取决于传统的社会联系或经济激励机制。土地征用权可能帮助从业者加快土地整合进程，但是，草率地应用该权力可能会造成持续的社会紧张和不信任。

一定程度的铁路私有化对于循序渐进运用以开发为基础的土地价值捕获概念是必要的，主要可以通过车站附近的物业开发和相关交易。有进取精神的铁路机构应当获取一定专业技能，不仅是在常规的工程体系方面，还应该包括房地产投资、城镇规划和营销，从而设立合理的开发参数，分析市场形势，提供多重服务并最大化车站和广泛的服务区内的土地价值增值。铁路机构需要从根本上保持长期的物业所有权和管理工作，从而在开发和服务活动中创造经常性收入。

一系列的土地价值捕获工具都可以根据利益相关方、位置、周期和规模进行调整。政策制定者必须要理解每一个方案的特征并依据地方特色制定工具组合。没有一个单一的土地价值捕获模型可以解决所有的经济和空间难题。

新建铁路线的路权可以由公共交通机构和地方政府通过土地再划/整理项目得到有效整合，尤其是当地方居民正期待开通铁路交通时。同时这样做可以促进新建线路周边的物业开发，实现在接下来几年达到目标乘客量和车票收入的目的。

指定区域内的主要土地所有人或开发商可以帮助土地再划和整理。如果有足够的房地产知识和资源，他们还可能投资地方基础设施，提出规划建议并最大化新车站附近的土地价值。

车站附近的高质量建成环境，需要大量密度奖励的支持。政府可以因此激励私营铁路公司和开发商提供社会基础设施和服务，将协同效应最大化，通过提高包容性来缓解再分配环节的负效应。许多发展中国家可以使用这一方法鼓励在已建成的超级街区内提供"以人为本"的环境。

4.6 注释

道路特殊基金是指来自燃料税和车辆登记费用但是专用于道路相关项目的基金。

4.7 参考文献

Association of Japanese Private Railways. 2013. "Major Private Railways: Databook." Tokyo. www.mintetsu.or.jp/activity/databook/.

Bowen, Roger Wilson. 1975. "The Narita Conflict." *Asian Survey* 15 (7): 598–615.

Cervero, Robert. 1998. *The Transit Metropolis: A Global Inquiry*. Washington, DC: Island Press.

Chiba Prefectural Government. 2009. "Human- and Environment-Friendly Town Planning: Kashiwa North Central District." Chiba City, Japan.

———. 2013. "Kashiwa North Central District Town Planning." Chiba City, Japan. http://www.pref.chiba.lg.jp/tosei/tsukuba/ensenseibi/kashiwahokubu/.

City of Yokohama. 2009. "8th City of Yokohama Committee Meeting for the Third-sector Entities' Business Performance Improvement: Material Number 2." Yokohama, Japan.

———. 2012. "Minato Mirai 21 Central District, District Plan, Planning Map." Yokohama, Japan. www.city.yokohama.lg.jp/toshi/tikukeikaku/c-010m.html.

East Japan Railway Company. 2002–13. "East Japan Railway Company Financial Report." Shibuya, Japan. http://www.jreast.co.jp/investor/.

Futakotamagawa East District II Urban Redevelopment Association. 2013a. "Summary of Building Projects." Tokyo. www.futakotamagawa-rise.com/future02.html.

———. 2013b. "Summary of Building Projects." Tokyo. www.futakotamagawa-rise.com/future03.html.

Japan Railway Construction, Transport and Technology Agency. 2004. "Shinagawa Station East Gate Town Planning and Land Readjustment Project Report: Record of Shinagawa Station East Gate Town Land Readjustment Project." Yokohama, Japan.

———. 2006. "Shinagawa Station East Gate Land Readjustment Project: Commemorative Booklet to Remark Completion." Yokohama, Japan.

Japan Society of Civil Engineering, ed. 1991. *Transportation Development*

Framework: Mechanism and Challenge. Tokyo: Japan Society of Civil Engineering.

Ministry of Land, Infrastructure, and Transport. 2006. "National Capital Region Master Plan." Tokyo, September. www.mlit.go.jp/kokudokeikaku/vision/s-plan/s-planhonbun.pdf.

Ministry of Land, Infrastructure, Transport, and Tourism. 2008. "Knowledge Sharing About Public In-volvement." Tokyo. www.nilim.go.jp/lab/gbg/pi/pi.html.

———. 2013a. "Geographic Information System Download Service – Railway." Tokyo. http://nlftp.mlit.go.jp/ksj/gml/datalist/KsjTmplt-N02-v2_2.html.

———. 2013b. "Urban Redevelopment Project." Tokyo. www.mlit.go.jp/crd/city/sigaiti/shuhou/saikaihatsu/saikaihatsu.htm.

———. 2013c. "Urban Regeneration Special Districts: Regulation and Inducement." Tokyo. www.mlit.go.jp/jutakukentiku/house/seido/kisei/60-2toshisaisei.html.

Murakami, Jin. 2010. "The Transit-Oriented Global Centers for Competitiveness and Livability: State Strategies and Market Responses in Asia." Dissertation, University of California, Berkeley. www.escholarship.org/uc/item/19034785.

———. 2012. "Transit Value Capture: New Town Codevelopment Models and Land Market Updates in Tokyo and Hong Kong." In *Value Capture and Land Policies*, edited by Gregory K. Ingram and Yu-Hung Hong, 285–320. Cambridge, MA: Lincoln Institute of Land Policy. www.lincolninst.edu/pubs/2026_Value-Capture-and-Land-Policies.

Oizumi, E. 1994. "Property Finance in Japan: Expansion and Collapse of the Bubble Economy." *Environment and Planning A* 26 (2): 199–213. doi:10.1068/a260199.

Saxonhouse, Gary R., and Robert M. Stern. 2003. "The Bubble and the Lost Decade." *The World Economy* 26 (3): 267–81. doi:10.1111/1467-9701.00522.

Sorensen, André. 1999. "Land Readjustment, Urban Planning and Urban Sprawl in the Tokyo Metropolitan Area." *Urban Studies* 36 (13): 2333–60. doi:10.1080/0042098992458.

———. 2000. "Land Readjustment and Metropolitan Growth: An Examination of Suburban Land Devel-opment and Urban Sprawl in the Tokyo Metropolitan Area." *Progress in Planning* 53 (4): 217–330. doi:10.1016/S0305-9006(00)00002-7.

———. 2006. "Livable Cities in Japan: Population Ageing and Decline as Vectors of Change." *International Planning Studies* 11 (3–4): 225–42. doi:10.1080/13563470701231703.

Sorensen, André, Junichiro Okata, and Sayaka Fujii. 2009. "Urban Renaissance as Intensification: Building Regulation and the Rescaling of Place Governance in Tokyo's High-Rise Manshon Boom." *Urban Studies* 47 (3): 556–83. doi:10.1177/0042098009349775.

Statistics Bureau, Government of Japan. 2005. "Population Census of Japan." Tokyo. www.stat.go.jp/data/kokusei/2005/.

Tokyo Metropolitan Government. 2007. "Press Release Document." Tokyo. www.metro.tokyo.jp/INET/OSHIRASE/2007/10/20ha2200.htm.

Tokyo Metropolitan Government Expropriation Commission. 2013. "Eminent Domain." Tokyo. www.shuyou.metro.tokyo.jp/07syuyouseidotoha/07syuyouseidotoha.html.

Tokyu Corporation. 2013. "Fact Sheet." Tokyo. www.tokyu.co.jp/ir/english/library/library_06.html.

———. 2004–13. "Tokyu Corporation Annual Report." Tokyo. www.tokyu.co.jp/ir/library/library_09.html.

Transport Policy Committee. 2000. *Railway-Centered Transportation Network Development Master Plan in the Tokyo Metropolitan Area*. Transport Policy Committee Response. Tokyo: Ministry of Land, In-frastructure and Transport. www.mlit.go.jp/kisha/oldmot/kisha00/koho00/tosin/kotumo/mokuji_.htm.

Tsukuba Express. 2013. "Tsukuba Express Summary." Metropolitan Intercity Railway Company, Tokyo. www.mir.co.jp/feature/about_tx/.

UN (United Nations). 2012. World Urbanization Prospects: The 2011 Revision, CD-ROM Edition. New York: Department of Economic and Social Affairs, Population Division.

Urban Regeneration Headquarters. 2001. "Activity Report: Promoting Private Investment in Urban De-velopment." Tokyo. www.kantei.go.jp/jp/singi/tosisaisei/sanko/kadai4.pdf.

———. 2013. "Urban Regeneration Project: Program Map." Tokyo. www.kantei.go.jp/jp/singi/tiiki/toshisaisei/05suisin/map02.html.

Urban Renaissance Agency. 2006. "Minato Mirai 21 Central District Land Readjustment: Projects Review." Yokohama, Japan. www.ur-net.go.jp/toshisaisei/urbanr/pdf2/mm21.pdf.

第5章 以开发为基础的土地价值捕获在北美和欧洲的实践:美国纽约市和华盛顿特区;英国伦敦

北美和欧洲的一些城市也利用了以开发为基础的土地价值捕获。城市轨道交通已经改善了城市居民的流动性和可达性,同时,通过提高经济竞争力,实现环境的可持续性和社会公平,发展了世界级的服务和知识型商业聚集区。

尤其是这三大城市加强了物业开发和对主要站点附近基础设施和服务的筹资。纽约为了保护地标建筑并促进纽约中央车站的商业开发,采用可转让开发权(TDRs)的方式,已经有一定历史。华盛顿都会区运输局(WMATA)也广泛开展联合开发(JD)项目。主要通过地方政府以及私人开发商共享规划和开发的利益和成本的方式来实现以公共交通为导向的开发(TOD)。伦敦的地方政府和私人开发商在再开发国王十字火车站区域时,强调分享新交通站点一体化开发利益的重要性。这三个案例城市尽管跟中国香港和日本东京比不那么显著,但也为发展中国家的从业者提供了类比和经验。

5.1 发展背景:美国

美国的轨道交通项目的融资渠道大体分为四类:由公共交通机构直接提供的资金、联邦政府的财政援助、地方政府的财政援助和州政府的财政援助。2011年,公共交通机构直接提供的资金占了所有运营开支的44%和所有资本开支的24.4%,联邦资金占运营开支的9.8%和资本开支的44%。地方政府资金通常来自于一个辖区内的税费,2011年,地方政府资金占运营开支的22%和资本开支的18.5%。从1995～2011年,公共交通机构和地方政府两大渠道提供的资本资金增长了160%（APTA，2013）。

这些数据除了显示出轨道交通对公共交通机构和地方政府资金的依赖加深，还表明了轨道交通的客运量还不足以收回资本成本和运营维护成本。实际上，美国城市的这类公共交通体系所创造的车票收入远不及成本，尽管公共交通客运量从 1995～2012 年已经上涨了 36%。当然，项目的高成本和乘客数量不足还造成了美国这些公共交通项目的成本收回率低。现实来说，项目的经济可行性取决于每个项目的城市开发模式对交通的支持力度。根据19个美国大都会区的59个公共交通项目数据，高密度的城市开发区的公共交通资本开支和交通客运量都较高（Guerra 和 Cervero，2011）。

尽管有多项财政束缚，新增的市场需求还是要求，无论新建的或是已有的轨道交通设施，都应配备以公共交通为导向发展的基础设施。达到这一要求无疑需要创新的方法。美国环保局的一份有关如何资助以公共交通为导向的基础设施的报告强调了几种融资的选择和案例，可分为6大类：直接费用、债务、信贷援助、股票、拨款和其他的慈善渠道、土地价值捕获（美国环保局 2013）。这份报告在6大类的基础上有所扩充，表明土地价值捕获的通常形式是以下的一种或几种：创建新的估价、进行税收或相关收费（特殊税种或开发影响费用）；使用已有税收转移支付（增值税融资）；或促使政府机构分享公有土地开发的一部分收益的收入共享协议（通过JD项目）。

本文试图分析美国以开发为基础的土地价值捕获的方法，尤其是 TDRs 和 JD 项目作为融资和规划工具来促进国际化金融和商业中心实施以公共交通为导向的开发，如纽约和华盛顿特区案例所展示。

5.2 纽约：曼哈顿开发权转让的变革

可转让开发权的概念是在 1916 年《美国区划条例》中，为了应对城市居民对高楼大厦的反对，由纽约率先应用的。该条例允许土地所有人出售未使用的开发密度或空间开发权给邻近的地块，开发商得以在超出纽约已有的区划规则（如容积率、建筑高度和屋顶平台限制）的情况下，使用转让空间权来建设更高密度的曼哈顿区。现代的可转让开发权作为土地利用（管理）工具，从 1968 年《纽约市地标保护法》的颁布开始实施，能够保存具有重大历史意义的建筑、公共空间和宝贵的自然资源。美国最高法院的案例——宾州中央运输公司对纽约市，于 1978 年进一步证明了可转让开发权能够缓解历史地标的城市土地利用管理带来的经济影响（纽约州，2011）。

理论上，可转让开发权可以实现地方政府的规划目标，同时不会给私有土地所有者造成经济不利或给政府带来购买土地的巨大资金压力，但是很久之前的法律案件引出了对可转让开发权在指定市场内的强制转让需求不确定这一问题。一般来说，如果空间权的市场需求不存在了，或目标区域的开发机会已经过剩，或区域间的交易成本过高而可转让的开发权的市场价值却不足，那么可转让的开发权便会失败。因此，可转让的开发权项目应当配上修改后的城市或区域层面的综合区域规划,这些规划指定了开发权的转让区域和接受区域的战略发展方向（Nelson、Pruetz 和 Woodruff, 2012;纽约州，2011)[1]。

但是，纽约市的可转让开发权如何适用于现代的房市以及在哪里适用，依旧是需要重点研究的问题。纽约大学弗曼中心（2013 年）利用 2003～2011 年的实际交易数据阐明了纽约市可转让开发权的市场情况。纽约的区划规则或《区划决议》主要通过三种方式促进土地所有人转让未使用的开发权，包括：地标项目允许指定地标所有人其转让未使用的开发权到相邻的土地或对街的区域，来补贴地标所有人，减轻其保护老建筑的财政负担；区划地合并项目将一些小地块合并为一连续的大地块，并允许未使用的开发权通过毗邻地块进行转让；特殊目的区域项目通过修订当地的区划规则或条件，来提高特定区域的密度，包括纽约中央车站和哈德逊园区的再开发区域。研究发现,421 个可转让开发权交易中有 385 个(91.4%)通过区划地块合并来实现，其中又有 328 个交易是独立方之间的公平交易。可转让开发权交易中的绝大多数都位于曼哈顿，尤其是市中心区，那里的区划规则有利于可开发地块实现更高密度开发，并且中央车站附近的商务再开发也有强劲的市场需求,2003～2011 年未使用的开发权的平均交易价格为每平方英尺 203 美元（图 5.1）。

1. 中央车站及其附近再投资

中央车站位于曼哈顿市中心的 42 街及帕克大街上，占地面积 48 英亩，它建于 20 世纪早期，正处于铁路市场的巅峰时期且长途旅客服务占据市场主导。中央车站毗邻纽约中央铁路，是世界上最大、也是最繁忙的车站，共有 44 个站台和 67 股轨道。中央车站创下了许多的第一，包括第一个实现了轨道的电气化，消除了蒸汽动力车的危险性，也使得整个铁路系统都转向地下成为可能。这种地下体系也促进了车辆段上盖和车站周边开发的同时扩张。1913 年,《纽约时报》报道新铁路所创造的新土地价值达到每个街区 200 万～300 万美元，使其成为北美大陆最贵的土地，一节卧铺车厢所占据的土地价值就高达 30000 美元。报刊还将房地产开发和空间权的使用称为"整个投资的适当回报"（纽约时报，1913）。帕克大街利用在铁路系统转向地下时产生的空间权，将街区打造成为曼哈顿最具代表性的区域之一（Morris, 1969）。

中央车站自 20 世纪 70 年代中期就在《国家史迹名录》中占据一席之地，在 2013 年，它又度过了百周年庆典。现在，中央车站兼具零售和办公功能，并有多条地铁和通勤铁路线穿过。车站附近的多数区域都建于铁路车辆段上盖；轨道网络最宽处从麦迪逊一直扩展到列克星敦大街，随后向北缩窄到帕克大街的宽度。附近的区域迅速成为纽约市开发最密集的区域之一。中央车站附近的许多大街小巷都以餐饮和零售店为主，其中的一些规模庞大，甚至占了整个街区。中央车站北部的帕克大街以企业总部高楼为主要特征,而混合的商务和住宅区则位于列克星敦大街的东部(Parsons Brinckerhoff,2013)。

图5.1 2003~2011年纽约市地块转让开发权(见彩图)

资料来源:纽约大学弗曼中心,2013。

基于1992年的特殊许可,中央车站附近区域的容积率可达21.6,从而促进从地标建筑(主要是中央车站)到新开发区的开发权转让,同时改善了周边已有的(绝大多数都不合格)行人网络。但是,由于需要经过公众审查和其他要求,目前只有一个项目(2001年完工)使用了这一许可。中央车站依旧拥有超过100万平方英尺的未使用开发权。

另外,还有四种其他的方法可以提高容积率。在核心区通过认证后,允许1.0的容积率进行转移开发,包括的范围有麦迪逊大街的西部和列克星敦大街的东部;这种方法至目前为止只使用了三次。那些与地铁入口毗邻,并且利于车站改善的场地,在通过市规划委员会的特殊许可后,可享受比基础容积率多 20% 的优惠。增加密度的开发权可以通过纽约市地标保护委员会转移指定的地标建筑的未使用开发权而获得,但是获取开发权的物业必须与地标建筑比邻或者是在街对面,并且必须获得市规划委员会的特殊许可。最后,如果开发商建设了公共广场,便可以在中央车站街道(The Grand Central Subdistrict)外得到额外 1.0 的容积率奖励(Parsons Brinckerhoff,2013)。

中央车站的周边是曼哈顿的主要商务活动区,它作为 S、4、5、6、7 号线的换乘站,是第二繁忙的地铁站,2012 年的客运量高达 4300 万。东部入口(ESA)——长岛铁路和中央车站的新连接点,有望于 2019 年开通,它旨在为长岛铁路的乘客提供到市中心东部的直接入口,并且降低铁路尤其是宾州车站(图 5.2)的拥堵状况。区域规划协会(2013 年)的一份研究报告显示,ESA 项目使用后节省下来的时间会使曼哈顿中央车站东部的人群受益,那里预计有 560000 个工作岗位离 ESA 车站(中央车站内)比去宾州车站更近,这样平均每天通勤时间能减少 18min,一天最多能节省 42min(图 5.3)。这些估计可能还是趋于保守,因为研究并没有考虑新的长岛铁路站的行人出入口和便利设施等改善因素。

ESA 项目需要中央车站及其附近的资本项目规划。截至 2012 年 12 月 19 日,大都会交通局的 2010~2014 年资本项目预算总额已超过 290 亿美元(包括过去几年里的一些修订),其中所有的长岛铁路资本项目资金为 23 亿美元。其中 ESA 站的车站和建筑预算为 1650 万美元,中央车站的隧道建设和设施更新(参照大都会北线的预算)成本需要 9380 万美元(MTA,2013)。

纽约市行政机构有意使用基于可转让开发权的"区域改善基金"机制,将其作为市中心东部重新区划项目的一部分,从而为 MTA 对中央车站的再投资提供部分资金(专栏 5.1)。但是,由于市议会拒绝支持,前市长彭

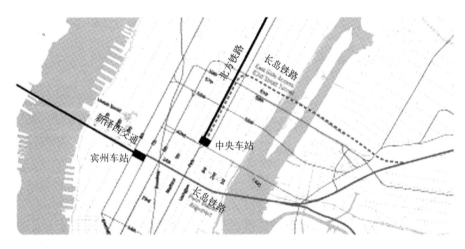

图 5.2　长岛铁路的东侧入口——直接通向中央车站的通勤连接口

资料来源:区域规划协会,2013。

第5章 以开发为基础的土地价值捕获在北美和欧洲的实践:美国纽约市和华盛顿特区;英国伦敦 111

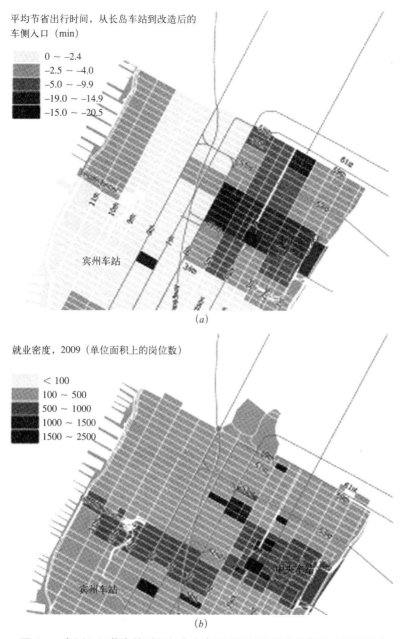

图 5.3 东侧入口节省的时间和中央车站附近就业岗位的聚集(见彩图)

(a) 平均节省的出行时间;(b) 就业密度

资料来源:区域规划协会,2013。
注:ESA= 东侧入口。

博政府只能撤销该提案。市议会成员已经意识到了重新区划的必要,但是基于其他考量而提出反对,诸如"市政府为区域改善基金募款出售空间权的价格、方法和时机,所需基础设施改善的必要性和预计筹资水平"(纽约市议会,2013)。这些问题会在市长白思豪政府下再次进行讨论。

专栏5.1　市中心东部再区划和可转让开发权的方案

纽约市东城（East Midtown）中央车站街道（即中央车站附近的73个街区）的区划规则是这一区域再开发的主要障碍。沿街的商务区容积率通常为15，而在一些街道中段的容积率仅为12。这一区域共有400栋建筑，建筑的平均年龄超过70年。2013年4月，该市的规划委员宣布开始评估并进行重新区划，以提供更高的容积率预计收益为7亿5千万美元，用于改善公共交通步行可达性并维护公共交通基础设施。

重新区划旨在确保纽约市东城作为世界级的商业中心和纽约市的就业推动区的经济竞争力。重新区划将使用容积率作为激励，推动一些全新和最前沿商用楼盘在东城进行开发，从而使得这一区域的商业设施始终保持对高端商业机构的吸引力。重新区划将中央车站（Grand Central Subdistrict）重新定义为中央车站分区（Grand Central Subarea）。指定区划的土地所有人可以在满足一定的场地标准的情况下，在15或12的最大容积率基础上，主要通过以下三个机制进一步提高密度（图B5.1.1）：

- 区域改善基金：符合条件的场地的所有人可以通过为该基金提供资金，从而换取额外许可的1.2~3.0容积率，而这一基金将进一步改善区划内的公共交通网络和步行网络。
- 地标开发权转让：在为区域改善基金提供资金后，位于新区划地区且符合条件场地的所有人可以通过再次为基金提供资金，购买中央车站未使用的开发权，或者直接改善公共交通基础设施和步行环境，在不需特殊许可审查的条件下进一步获得1.2~6.6的额外容积率（在该区划下，中央车站核心区容积率可高达24.0）。
- 高级开发权特殊许可：新区划符合条件的场地所有人如通过特别许可审查，在为纽约市带来巨大的公众利益的条件下，得到了"高级开发权"，则可以建设穿越天际线的高楼（中央车站核心区容积率在此框架下可高达30.0）。

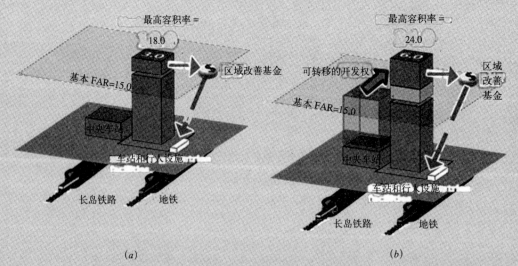

图B5.1.1　市中心东部的再区划：中央车站附近的通过利用公有资本进行改善的容积率分配机制

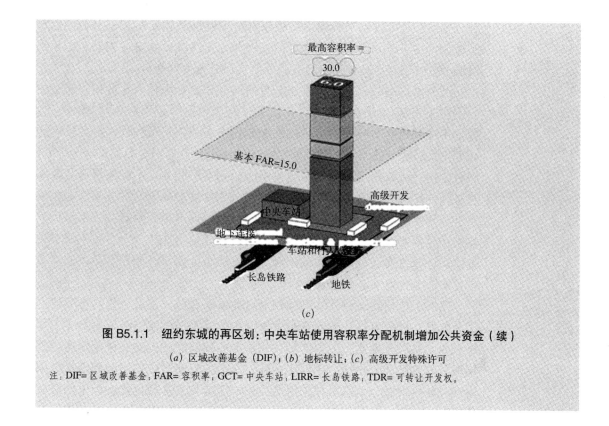

图 B5.1.1　纽约东城的再区划：中央车站使用容积率分配机制增加公共资金（续）

(a) 区域改善基金（DIF）；(b) 地标转让；(c) 高级开发特殊许可

注：DIF=区域改善基金，FAR=容积率，GCT=中央车站，LIRR=长岛铁路，TDR=可转让开发权。

2. 结论

可转让开发权的引入是为了在不增加公众开支整合土地的条件下，提高土地利用效率，尤其是在市级税收或费用基础比较薄弱的时候。这一方法有望实现以公共交通为导向开发的多重目标，包括提高公共交通的经济可行性、经济竞争力、环境的可持续性和社会公平。但是，尽管可转让的开发权有着长期的市场交易历史——从美国城市的许多法律案件可见——依旧很难预测这一工具能否有效地提高城市密度，同时又保护公众利益。显然，目前使用可转让开发权以促进以公共交通为导向的开发只局限于纽约市的一些商业再开发案件，尤其是曼哈顿区，带来的结果包括进行资本再投资和修复地铁站及行人网络。换句话说，仅从纽约的案例中，我们不能总结出可转让开发权的项目会给郊区公共交通延长线附近区域带来行人友好、高密度开发、混合收入居住或混合用途的房地产开发。

显然，曼哈顿是世界上公认的金融和商业活动聚集区。这一声誉吸引了许多的国内和国际人士在这里寻求创新型工作和开放的生活方式，这需要在曼哈顿的地理条件和建筑限制的条件下，创造更多的社会空间以及商业空间。因此，在曼哈顿，可转让开发权项目对开发商来说是有利可图的，他们虽然都不能向外扩建，但是可以在配置良好的中心商业区向高空发展。此外，纽约的城市机动性选择也很关键。重新区划的《环境影响报告书》草案指出部分区域的几个机动车和步行交通会因为商业加密而受到不良影响。显然，区域改善基金的设计似乎是合理的，因为它在为以公共交通为导向的基础设施融资时包含了基于私人开发商经济贡献的密度分配机制。

而为了得到额外容积率东城的重新区划又会付出什么代价呢？弗曼中心的研究表明，统一设定的价值设置（商业用途为每平方英尺 250 美元；住宅用途为 360 美元）能缓解行政成本和市场的不可预测性，但是单一的比率不太可能反映出再区划后许多开发场地所获得容积率的真实市场价值。同时，这一价格由于缺乏灵活性可能会影响融资能力，不能支持公共资本改善，并导致东城意料之外的空间变化，尤其是如果区域改善基金的容积率价值和曼哈顿其他地区的办公空间的再开发成本不一致时。一个替代方案是拍卖额外容积率，可以更好地反映基于场地条件的多余容积率的市场价值，这一方案近期已经作为"额外建设潜力证明"开始在圣保罗的"城市行动"中实施（请参考第 8 章）。

在解决价格缺乏灵活性的问题上，非常关键的一点是，纽约市要建立信息体系，提高可转让的开发权在市场中的交易透明度。这样有利于土地所有人、私人开发商、地方的利益相关方和公共交通机构，透明度能够改善项目的效率和公平性。更具体地说，几个城市在自己的管辖界限外建立的"开发权银行"可以发挥关键的作用，能够整合未使用或使用中的公交车站和公交交通沿线的空间权。这样的制度可以获取开发权，将其作为可销售的产品，利用市场保证定价的准确，最终促进可转让的开发权交易动态且灵活地进行。

地方支付能力的差距是纽约的另一大担忧。使用来自于可转让的开发权交易和容积率分配机制中的公众资本基金来改善地区基础设施，能够缓解市级财政压力，使得财政资金可以用于其他的福利。但是，这种商业区的开发加密一直都没有考虑保障地方社区的利益，而加密的结果可能造成居民生活成本上涨和住宅价格超出支付能力。此外，这类区域的租金进一步上涨，将逐步超出了小型企业的支付能力，并最终会改变指定区域内外的商业和社会格局。

5.3 华盛顿特区：华盛顿都会区运输局的联合开发项目

以开发为基础的土地价值捕获项目已经日益被美国地方政府接受，用于规范轨道交通项目，绝大多数的项目位于纽约和华盛顿（Landis, Cervero 和 Hall, 1991），项目以公共交通公司和私人土地所有者或开发商之间的联合开发项目的形式进行。绝大多数纽约地铁站的联合开发项目规模小，且不直接通过激励协议或成本共担来直接资助轨道交通基础设施建设。相反，华盛顿都会区运输局的项目相对资本密集且规模较大，华盛顿都会区运输局已经采用以开发为基础的土地价值捕获机制，与开发商合作进行每个项目。就金融影响和项目规模而言，华盛顿都会区运输局的联合开发项目是美国最先进的土地价值捕获模型。

现代化联合开发模型的概念是由联邦机构于20世纪50年代引入，用以在经济上支持高速公路和机场项目。紧随其后的是应用联合开发项目来进行轨道交通投资，并在1964年的《城市公共交通法案》中得到认可。地方上，华盛顿都会区运输局也于20世纪60年代早期开展了与轨道相关的房地产业务。1969年的"地铁站的商务纽带"指南明确提出，华盛顿都会区运输局和土地所有者之间建立合作伙伴关系，通过地铁投资可以获得物业的资本收益。1974年，《城市公共交通法案》进行了重大修订，1978年的《地面交通法案》进一步对联合开发项目提供了自主基金以及土地征用的相关规定。更关键的是，20世纪80年代，里根政府大幅度削减了对地方政府的联邦财政援助，这成为共和党致力于私有化的一部分。相应地，地方的交通部门需要提高联合开发项目的收益。自20世纪90年代早期，联合开发项目的焦点逐渐转向开发与运营的轨道交通系统的公私合营模式，主要方法是努力消除不利于房地产开发活动的法律和监管壁垒（Landis，Cervero 和 Hall，1991）。这种公私合营做法目前已盛行于华盛顿都会区运输局的联合开发项目。

华盛顿都会区运输局首条地铁线的建设始于1969年，1976年第一期地铁开通。这一系统现在共有86个车站，轨道系统总长超过106英里（170km）（图5.4）。地铁和公交系统在哥伦比亚特区、马里兰州和弗吉尼亚州1500平方英里的土地上为500万人口提供服务。华盛顿都会区运输局负责运营跨三个辖区的州际交通公司，项目的筹资和管理由三大州和董事会负责。具体的监管由三家部门负责：三州监管委员会、督察长办公室和联邦交通管理局。华盛顿都会区运输局交通联合开发利益所涉及的多个辖区包括哥伦比亚特区、阿灵顿县、法尔法克斯县、蒙哥马利县、乔治王子城县、亚历山大市、福尔斯彻赤市、法尔法克斯市、罗克韦尔市。在其30多年的历史中，华盛顿都会区运输局在其服务区内共参与了超过65个联合开发项目（华盛顿都会区运输局房地产开发与管理办公室，2008），地铁及周边的经济增长超过2350亿美元（WMATA，2012）。

地铁站周边的经济发展效益可以转换为地方的税收收益。根据2011年华盛顿都会区运输局的报告，距离车站0.5英里范围内，独栋住宅的物业税提高了6.8%，商用办公用房提高了8.9%，多户型住宅提高了9.4%。2010年，各个辖区内距离地铁站0.5英里范围内的开发活动创造了31亿美元的物业税收入，距离地铁站0.25英里的物业创造了18亿美元的收入（图5.5）。华盛顿都会区运输局所服务区域基本税费的27.9%来自于距离地铁站0.5英里内的房地产价值。在这一区域已评估的8亿美元的房地产价值中，约15%位于地铁站0.25英里的覆盖范围内，28%位于0.5英里的覆盖区内（AECOM，2011）。同年，距离地铁站0.5英里内的商用物业创造了价值1.89亿美元的物业税，其中1.15亿来自于距离地铁站0.25英里范围内的商业用房。

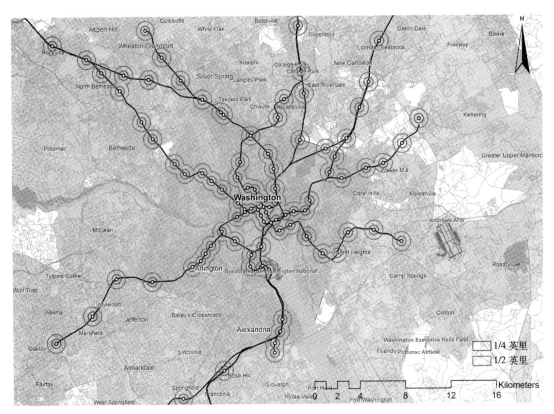

图 5.4　华盛顿都会区运输局网络覆盖整个华盛顿大都会区

资料来源：TIGER 数据。

备注：WMATA= 华盛顿都会区运输局。

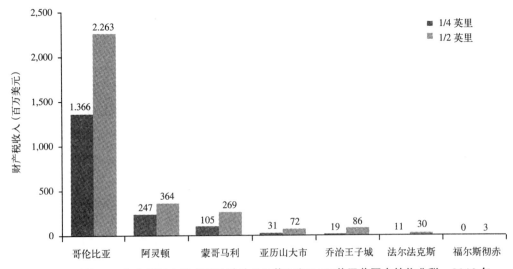

图 5.5　多个辖区内华盛顿地铁站 0.5 英里和 0.25 英里范围内的物业税，2010 年

资料来源：AECOM 数据，2011。

注：距离车站 0.25 英里内的房地产价值也已算进 0.5 英里内价值中，所以没有重复计算。

特殊估定税（在指定区域内，对于从公共投资中获益的房地产征收的附加税）也已经用于华盛顿都会区运输局的红线范围。纽约大道—佛罗里达大道—高立德大学车站是首个填充式地铁项目。哥伦比亚特区政府、联邦政府和区域的企业共同投资了这个超过 1 亿美元的建设项目。作为首个公私合营地铁项目，30 年的特殊估定税征收对象是车站附近 2500 英尺内的商用房地产（Parsons Brinckerhoff，2010）。2001 年，35 个街区的估定价值约为 5.35 亿美元。2007 年，这一数据约为 23 亿美元。

地方政府经历了地铁站附近房地产税和特殊估定税收入的大幅提高；华盛顿都会区运输局通过实施以开发为基础的土地价值捕获四大工具，即空间权出售、场地租赁、地铁站及其附近华盛顿都会区运输局所有土地的长期开发协议、私人开发商在非华盛顿都会区运输局所有土地开发支付的连接费，来提高房地产相关的收益（McNeal 和 Doggett，1999）。但是，联合开发业务创造的收益只贡献了运输局年运营收益的一小部分——0.74% ~ 1.33%（2004 ~ 2012 年财年，图 5.6）。同期的停车收益——4.66% ~ 6.38% 要稍高些。华盛顿都会区运输局从地方政府手中获得了巨额的运营补贴，即从地方政府所征收的房地产税或特殊估定税中获得间接收益。此外，联合开发和停车业务可能都促进了运输局公共交通乘客收益的上涨（从 2004 财年的 4.196 亿 ~ 2012 财年的 7.526 亿美元），主要是以公共交通为导向的开发为原则，改善建成区的环境和地铁站周边的可达性。

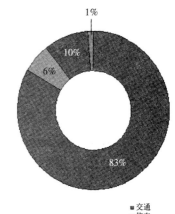

图 5.6　华盛顿都会区运输局年营运收入和联合开发项目的贡献，2004 ~ 2012 年财政年

资料来源：华盛顿都会区运输局数据，2014。
注：JD= 联合开发；WMATA= 华盛顿都会区运输局。

1. 联合开发项目和以公共交通为导向的开发政策

华盛顿都会区运输局的绝大多数联合开发项目涉及将地面的停车场转换为建筑物，从而释放邻近的土地用于私人住宅、商业或办公开发（Goldin，2010；McNeal 和 Doggett，1999）。正如华盛顿都会区运输局有关联合开发项目指南所述，使用房地产业务推进以公共交通为导向的开发，提供保障性住房，改善公交车站的通达性，吸引新的公共交通乘客，提高公共交通车票收入来支持华盛顿都会区运输局的运营和维护费用。这些联合开发项目也必须符合联合运输管理局的如下要求：促进经济发展或吸引私有部门投资；提高公共交通项目的效率；加强公共交通和其他交通方式之间的协调；提供一定比例的收益用于公共交通。私人投资不需要直接货币投资，可以是房地产或者是开发期最初或过程中创造的其他使用者利益或社会利益（华盛顿都会区运输局房地产开发和管理办公室，2008）。

随着华盛顿都会区运输局的乘客服务网络日益扩大，联合开发项目必须符合各个辖区内的地方区划规则和其他规划、设计规定。地方辖区要按照地方政策、土地使用规划、区划并对比其他开发相关的资本改良提案来审核提案并进行评估（华盛顿都会区运输局房地产开发和管理办公室，2008）。同时，提案的评估包括该项目对地方和区域的影响。

阿灵顿县作为一个进步的典范，依据商定的开发目标实施了应用于交通走廊地区的《土地利用总体规划》（GLUP）。在 GLUP 规划下，重新区划的区域较原来的规定可以使用更高的容积率，为开发活动提供了灵活性。项目审核包括 GLUP 规划所重新设定的容积率、特例审查、完整的场地规划和县级委员会的批准。在地铁项目的规划上，全县 11% 的土地都进行了重新区划，来鼓励混合用途和高密度用地的开发，与此形成对比的是剩下 89% 的范围，用做低密度开发（阿灵顿县社区规划住房和开发部规划处，2012）。目标地区的空间分布图是基于"靶心"概念而设计—集中于车站附近的高密度和中密度再开发以及周边区域的密度逐渐降低的开发[2]。所有的规划都寻求在地铁站附近 0.25～0.5 英里的范围内创建城市聚集区（图 5.7）。

所要求的场地规划也使得项目有一定的灵活性，主要表现在允许超过规定值 6 倍的容积率和高度，同时降低了停车配建标准。但是，场地规划最终还是和 GLUP 规划及部分规划要求相呼应，包括一致的混合用途、密度、高度、设计和公共改善方面要求。相反，2008 年，马里兰州将以公共交通为导向的开发这一概念纳入了州法律和融资机制中，有助于州交通部利用包括土地资金和人力在内的资源来支持公私合营形式的、以公共交通为导向的开发项目，这些项目是专门用以促进经济发展、改善住房和保护环境的。2008 年，以公共交通为导向开发的法律也有助于消除地方基础设施和土地征用所带来的政治成本和先期投入，主要方法是允许州政府帮助以公共交通为导向的开发项目成为优先项目来获得政府的支持，同时州政府在提高税收和特殊估定税支持以公共交通为导向的开发项目上有更大的权力[3]，此外还提高了地方融资项目的灵活性，实现城市复兴，促进车站附近的小型企业发展（马里兰州交通部，2012）。

2. 结论

华盛顿大都会区运输局的联合开发项目，通常被视为以开发为基础的土地价值捕获案例中较成功的做法之一，在筹措地方公共交通资金方面有显著进展。然而运输局近几年的年度报告清晰表明联合开发项目的经济贡献并不显著，和其他美国城市一样，华盛顿都会区运输局地铁车站的停车费用创造了更大的收入。尽管近期运输局年度收益结构的数据可能会影响其他交通部门基于以公共交通为导向的开发原则将停车位转化为商业和住宅房地产。但是，运输局的年度报告也表明联合开发项目及随后的州和地方的以公共交通为导向开发的倡议已经间接地带动了公共交通客运量和车票收入的上涨。

同时，地铁站附近交通友好型的土地政策创造的几十亿美元的收益，实际上这些收益主要由地方辖区通过征收房地产税和特殊估定税的征收来实现，在美国这些土地价值捕获方法是比联合开发项目更受欢迎。因此，华盛顿都会区运输局间接地从地铁站附近的房地产税税收收入上涨中受益，因为它从地方政府那里获得了大量的运营补贴。这一受益分配模式也解释了为什么美国的这些联合开发项目实行的都是和私人开发商的成本共担，而不是利润共享。

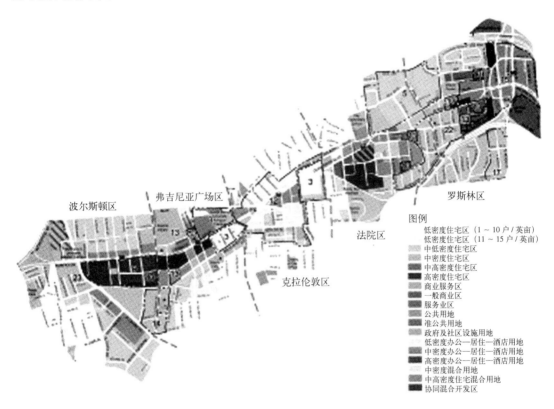

图 5.7 低密度区域所围绕的高密度通道

图片来源：©阿灵顿县社区规划住房和开发部规划处，2012。照片已取得使用许可，再次使用需要进一步许可。

州政府和地方政府在促进公共交通业务发展和以公共交通为导向的开发方面发挥着关键作用。华盛顿都会区运输局没有通过联合开发创造大量收益，地方政府每年也会间接利用物业税收益来提供运营补贴。由于物业税收归一般财政，地方政府需要基于积极的经济、环境和社会的外部效应考量，制定清晰的政策来分配一部分的税收收益，来支持公共交通和以公共交通为导向的开发。

举例来讲，通过2008年的《以公共交通为导向开发法案》，马里兰州政府提高了几个项目开发的优先度，促使公共交通有关的资源更加灵活，并帮助在地铁站附近开展小型商业活动。近几年，华盛顿都会区运输局的联合开发项目已经有望提高商业房地产投资的经济回报，同时由于它在地铁站附近构建了步行友好的环境而促进了文化活动和社区服务的发展。理论上讲，地方政府能够在消除法律和监管的障碍方面发挥根本作用，保障以公共交通为导向的开发项目得以顺利进行，给土地所有人和私人开发商提供经济激励政策，创建合作的商业氛围，建立公平的规则来共享除去短期资本投资后的长期开发利益。

联合开发项目的经济贡献和项目规模都比世界上最佳的香港和东京的以开发为基础的土地价值捕获方案要小。这是由于地方政府发挥的角色、铁路私有化的程度、与私人开发商的合作经验和公共交通友好型房地产市场的成熟度都不同。但是，为公共交通机构注入强劲的进取精神是任何以开发发展为基础的土地价值捕获方案成功的关键。

5.4 发展背景：欧洲

早在19世纪早期，欧洲的私人投资者在未受监管的商业条件下建设了轨道交通。当来自道路交通的竞争增加时，私有公共交通的运营在经济上的可行性降低，多数公共交通都变为不同形式的公共所有。20世纪70年代，石油危机造成的经济衰退严重削弱了政府进行轨道投资和提供运营补贴的能力。但是，政治家和其他既得利益集团进行了游说，指出还是应该继续维持或进一步扩展公共交通系统，即便该系统的结构性财务问题远没有妥善解决，还需提高车票价格或相关税收。由于这种预算的约束，多数的欧洲铁路都在20世纪90年代时累积了大量赤字，赤字量级与国内生产总值不成比例，投资建设的可持续性较差，迫使主要的国家采取非常措施。比如，英国政府就竭力通过铁路私有化来偿还一部分债务，德国选择直接偿还债务，欧盟的整体政策都强调政府对铁路活动的贡献应当更加透明并基于企业会计标准（Perkins，2005）。

欧洲小部分的铁路投资依旧采取公私合营（PPP）的模式。2003年，依据30年的特许协议，伦敦的地下轨道交通设施被政府以157亿英镑转让到两家私营集团手中。另一个公私合营（也叫私人主动融资或PFI）案例是伦敦和海底隧道之间的高速海底隧道铁路。1996年，中标的伦敦和欧陆铁路财团（LCR）估计这一项目的总投资预算约为60亿英镑（100亿美元），包括18亿英镑（30亿美元）的政府补贴。由于伦敦和欧陆铁路没能筹集足够资金来支付运营开支，政府的直接补贴不得不增至20亿英镑。同时政府同意承销38亿英镑的债券发行，来减少财团的债务压力，而财团也同意将2020年后利润的35%还给政府。同时，项目特许期限从999年削减到99年。2086年时，线路和海底隧道同时恢复为公共所有（Perkins，2005）。这意味着当公私合营（PPP）及私人主动融资（PFI）方式可能被用于资助大型铁路项目，欧洲政府也开始寻求更加创新和有竞争力的方式来确保与私人合作伙伴和地方机构之间的合作能创造充足的收益。

自20世纪90年代早期和中期以来，轨道车站区域的再开发已经成为许多欧洲城市经济的主要催化剂（Bertolini和Split，1998）。欧洲的前沿城市已经针对主要的城市内和城市间轨道换乘开始了城市再生项目，进一步重组城市经济地理和社会关系，促进了地方的经济发展以及具备环境可持续性的公共交通和土地利用的融合。尤其是近期，欧洲的高速铁路（HSR）的扩张已经为全球中心和区域首都提供了中心商业区的国际交通便利性和经济竞争力增加的机会。城市已经有能力重新获得通过以开发为基础的土地价值捕获方案带来的巨大可达性和积聚效应的收益。例如，轨道交通换乘设施再投资的资金来源于对之前的轨道交通用地和邻近的棕色地带的再开发。但是，这种城市再开发或中产阶级化也突出了一系列重要的社会经济问题，如不同阶层的空间分隔、收入悬殊、无法承受的房价带来的人口低增长、国际移民和房地产繁荣等。这些问题大都可以从伦敦国王十字火车站的土地再开发中有所体现。

5.5 伦敦：国王十字土地的更新

国王十字车站——以及圣潘克拉斯站和尤思顿站，有望成为伦敦的主要公共交通中心。2004版伦敦规划预测，随着海底隧道铁路"高铁1号线"（HS1）、泰晤士联线和跨河电轨的完工，国王十字将成为大伦敦区最四通八达的位置。国王十字也是伦敦最大的市内公共交通换乘站，连接着6条地铁线（图5.8）。

在维多利亚时代，国王十字是该市最大工业区的一部分，但是到了20世纪晚期，它退化为废弃的大楼、铁路侧线、仓库和污染的土地。自20世纪80年代中期，针对国王十字的城市再生计划被广泛讨论，但是由于市场条件疲软，进行HS1和相关的开发项目面临不确定性，私人开发商无处着手。直到该场地成为HS1开发的重要组成部分，国王十字站的规划才于20世纪90年代晚期正式落实。

海底隧道的建设使得20hm^{2}未被充分利用的土地可以用于国王十字—圣潘克拉斯附近高密度的商业开发和房屋供应（伦敦市长，2004）。在"机会区域"确定后，2006年地方当局通过规划，正式启动国王十字车站更新项

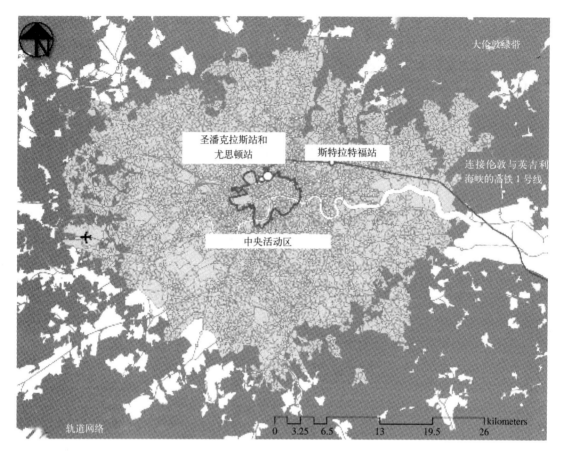

图 5.8　国王十字站的位置和大伦敦铁路网的高铁 1 号线，2011 年

资料来源：伦敦数据库，大伦敦管理局。

目，并预期于 2016 年完工。再造项目的第一期——伦敦艺术大学于 2011 年秋天开放了新校园。约 27hm² 的土地按计划要容纳 1900 个房屋、23 栋新建和重新装修的办公楼、500000 平方英尺的商店和餐馆、20 条新街道和 10 个预计服务总数达 45000 人的主要公共空间（图 5.9）。

绝大多数的私有建筑面积将用于创造商业收益，超过 40% 的再开发的棕色地带将用于公共用途，在再开发土地中有 20 栋历史建筑将进行修复并用于现代化用途（国王十字，2014）。根据 2009 年伦敦和欧陆铁路评估，国王十字站的 HS1 带来的经济增量影响非常显著，约产生了 22100 个工作岗位和 2000 个居所（伦敦和大陆铁路，2009）。

1. 国王十字的土地价值捕获方案和 106 法令条款

HS1 项目的建设成本为 57 亿英镑，其中海底隧道和肯特北部之间的项目成本为 19.2 亿英镑，肯特北部和圣潘克拉斯之间的项目成本为 37.8 亿英镑。来自交通部 81.6 亿英镑的财政援助覆盖了建设成本、项目债务、伦敦和欧陆铁路的运营及补贴。最初，按规划 HS1 应为私有领域资助、所有和

第5章 以开发为基础的土地价值捕获在北美和欧洲的实践：美国纽约市和华盛顿特区；英国伦敦　　123

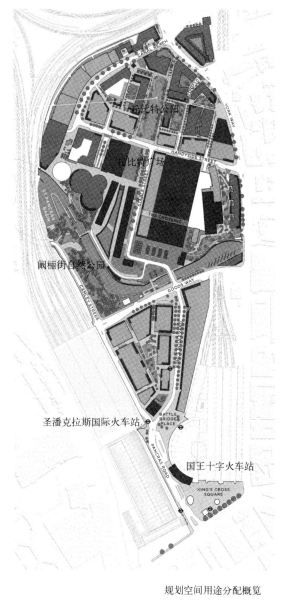

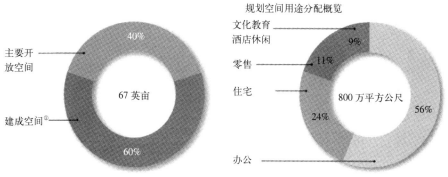

图 5.9　国王的十字的机会区域的再开发方案

资料来源：© Argent 物业开发服务公司。获得使用权，再次使用需要进一步的许可。
① 建筑区包括相关的公共空间，如花园和庭院。

运营，然而由于对于项目的经济可行性还是存在质疑。最后，除了额外的20亿英镑的现金拨款，伦敦和欧陆铁路还得到了国王十字站和斯特拉特福站的物业开发权。这一安排将一直持续到特许权合同到期的2086年，届时，资产会重回政府手中（Omega Centre，2008；Butcher，2011；英国议会）。因此，伦敦和欧陆铁路于2011年转换为物业开发实体。基于1996年政府与伦敦和欧陆铁路之间的协议，交通部将获得伦敦和欧陆铁路净利润的50%（扣除国王十字站开发方案成本后的利润）（审计长总署，2005）。随着国王十字站项目的顺利进行，伦敦和欧陆铁路希望于2015～2020年间能够从国王的十字站和斯特拉特福站所有的物业中获得新的收益（审计长总署，2005）。

尽管英国的房地产交易大多是在私有土地市场中进行，但是许多以开发为基础的土地价值捕获案例都基于公共所有场地，例如交通部的土地。交通部及其相关的机构共有87944处的英国资产。此外，大伦敦的地方政府、伦敦和欧陆铁路以及其他相关机构也在铁路设施附近享有物业。在交通部的监管下，伦敦和欧陆铁路需要实现长期资产价值的最大化，其开发策略是利用自己的地块参与合资公司的开发活动，通过HS1车站——主要是国王十字站和斯特拉特福站附近的城市再生项目获得长期的利润。2001年，Argent开发商被选为国王十字的私营合作伙伴。2006年，伦敦卡姆登区政府为城市再开发授予了纲要规划许可。伦敦和欧陆铁路、Argent和另一位土地所有人敦豪（DHL）于2008年建立了国王十字中心有限责任公司。该公司正式成为国王十字的单一土地所有人，其中伦敦和欧陆铁路拥有新公司股份的36%以及27hm^{2}地块产权的73%。自2008年以来，这一新公司已经投资超过3亿英镑，主要的基础设施都已建设到位。

英格兰和威尔士所使用的最主要土地价值捕获工具来源于1990年的《106城乡规划法》。该法为地方当局、土地所有人或开发商协商、制定义务和授予规划许可提供了方法。法案规定土地所有人或开发商需要作出某种经济承诺（一次性或经常性）来换取开发许可；或者可以是保障地方利益的实物，如保障性住房或社区设施（图5.10）。一旦这一法案签署，开发商获得规划许可，则有三年的时间来行使自己的物业开发权，否则许可即失效（纽汉区战略发展委员会，2011）。据统计，开发商基于开发许可作出的经济贡献，为伦敦人民带来的年度利益，价值约1亿～2亿英镑（伦敦议会规划和特殊发展委员会，2008）。

2. 106法令条款和国王十字的空间协调

国王十字的混合利用再开发涉及三个地方机构之间的长期空间协调：卡姆登议会、伊斯林顿市政府和大伦敦政府。同时，与相关的法定机构之间也进行密切的磋商（例如同英格兰遗产组织就保护的建筑问题的磋商），通过国王十字开发论坛和地方社区团体进行协商（Gossop，2007；国王十字铁路土地集团）。2006年，卡姆登区开发控制委员会通过106法令条款授予国王十字棕色地带的再开发以规划许可，反映了和地方的利益相关方之间的空间协调进程（卡姆登议会，2006）。这一协议包含再开发方案相关的一系列原则，规定了最大建筑面积来确保多样化的利用（表5.1）。但是，这些分配数据具备一定灵活性，因为再开发可能会花费10～15年时间。因此，某种程度上，基于市场条件，一种用途的建筑面积可能会挤压另一种用途的面积（Gossop，2007；国王十字铁路土地集团）。

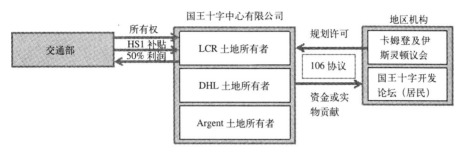

图5.10　土地价值捕获方案中的利益攸关方和国王的十字的106协议

注：HS1=高速1；LCR=伦敦和大陆铁路。

106法令条款中有关国王十字的不同用途的最大建筑面积　　　表5.1

用途	建筑面积（m²）
混合用途开发——完全获得许可	739690
办公	最多455510
零售	最多45925
酒店/公寓	最多47225
D1（非住宅机构）	最多74830
D2（集会和休闲）	最多31730
1900家庭	最多194575

资料来源：Gossop，2007。

国王十字106号法令——揽子协议中包括联合开发商向卡姆登议会提供地区基础设施和社区服务的现金和实物援助，包括通过建设价值210万英镑的培训中心、技能和招聘中心来创造24000～27000个地方就业岗位；1900个住房，其中超过40%是保障性住房；对社区、体育和休闲设施的现金和实物捐助；新的绿色公共空间，加上新的景观广场和设计良好且交通方便的街道，占地块总面积的40%；新的访客中心、教育设施、横跨运河连通街道的桥梁；为了改善临近街区、公共交通站和地面公交服务的现金资助（卡姆登议会，2006）。

5.6 结论

自 20 世纪 90 年代以来,欧洲的一系列高速铁路网络建设给予富有企业家精神的政府进行城市内和城市间公共交通站点投资和更新项目的发展机会,主要通过不同的公私合营/私人主动融资模式开展,包括使用以开发为基础的土地价值捕获。近几年,这种高速铁路投资的经济发展模式已经被日本、美国、中国、印度和巴西等国家广泛接受。但是,英国的私人主动融资方案并未成功,反而过度依赖政府的赞助,或者造成了铁路所有权和管理权的国有化。为了削减高速铁路相关项目的公私债务,出售原来的铁路场站和车站停车场的开发权已经在许多国际化城市的金融和商业中心开发中成为惯例,因为那些地区的可达性和城市开发潜力非常高。国王十字车站就是典型例子。随着 HS1 项目的顺利推进,为伦敦带来了新的开发机遇,伦敦和欧陆铁路进行重组,从之前单纯的铁路建设公司转变为物业开发和资产管理机构。

为了完全捕获潜在的经济利益,创新的铁路机构应当寻求自己土地的开发机遇,与其他私人开发商一道创造资本收益。理想上,企业利润会吸引其他的跨国总部和商业服务机构来到这些地区,带来新的跨区域乘客公共交通服务需求。但是,高速铁路大型项目带来的城市内部可达性和开发效益不应当由国际企业独享,这会损害区域交通中心所在地的公众利益。以开发为基础的土地价值捕获不应当只作为赚钱工具。就国王十字项目而言,106 法令在公私筹资和物业开发活动中体现预期的规划原则发挥了关键作用。联合公私开发商需要保持同地方当局和居民之间的多渠道交流和磋商机会,以获取规划许可,但是这种地方干预不应当削弱开发商的市场竞争力和经济可行性。在这方面,106 法令——揽子协议为物业的建筑面积用途制定了非常灵活的安排,允许联合开发商对市场和其他条件积极做出回应。

发达国家案例研究城市的数据　　　　　表5A.1

城市	香港	东京	纽约	华盛顿	伦敦
所在国	中国	日本	美国	美国	英国
土地所有制	土地国有	土地私有	土地私有	土地私有	土地私有
城市人口 (1000) 2010年	7053	36933	20104	4634	8923
城市面积 (km^2)	1104	13752	11642	3424	1623
人口密度 ($1000/km^2$)	6.4	2.7	1.7	1.4	5.5

续表

城市区人口增长率2000~2010年（%）（每年）	4.0% (0.4%)	7.2% (0.7%)	12.7% (1.2%)	17.3% (1.6%)	8.5% (0.8%)
城市区人口增长率预测2010~2025年（%）（每年）	15.7% (1.5%)	4.7% (0.5%)	17.2% (1.6%)	22.3% (2.0%)	14.9% (1.4%)
人均GDP增长率2007~2011年（%）	-3.2%	-5.6%	-3.7%	-2.2%	-5.3%
GDP增长率预测2008~2025年（%）（每年）	58% (2.7%)	34% (1.7%)	36% (1.8%)	34% (1.8%)	45% (2.2%)
房地产价格年增长率（%）	12.0%（房价2008~2012年）	-4.6%（地价2008~2012年）	-14.8%（房价，2008~2012年）	-16.6%（房价2008~2012年）	1.4%（房价2008~2012年）
私人注册汽车数量（每千人）	82	308	230	680	317（2007~2009年）
私人注册汽车数量增长率（%）	3.4%（2005~2010年）	-1.1%（2005~2013年）	0.4%（2008~2012年）	1.3%（2008~2011年）	1.3%（2002~2009年）
公共交通分担率（%）	88%	51%	23%	37%	28%
已有地铁线长度（km）	218	304	223	170	402
已有车站数量（个）	84	285	468	86	270

资料来源：世界银行数据库（http://data.worldbank.org），联合国数据（http://unstats.un.org/unsd/default.htm），公共交通机构和其他部门的网站。
注：GDP=国内生产总值。

总而言之，国王十字106法令——揽子协议强调了使用基于PPP的基础设施资助和物业开发的重要性，来平衡区域间商业市场性和地方社区宜居性。当发展中国家在国际或区域首要城市将以发展为基础的土地价值捕获方案用于更新原有铁路场站并建设高速铁路时，这一点尤为重要。

152-153

5.7 注释

1. "转让区"指的可转让的开发权与相应区划要求被转出的区域，目的是保护自然、风景、娱乐、建筑或开放用地，或者历史、文化、审美、经济价值很高的地方。"接受区"指的是接受开发权转让的区域，主要用于实现密度化，包括以公共交通为导向的开发。这意味着接受区的确定需要仔细地分析和规划受到密度化活动影响区域的公共基础设施和服务的供应情况，如交通、停车、水和能源供应、污水处理和防火。(Nelson, Pruetz 和 Woodruff, 2012; 纽约州, 2011)

2. 新的转型区划工具R15-30T(阿灵顿县社区规划住房和开发部规划处, 2012); 请参考阿灵顿县社区规划住房和开发部阿灵顿建设处（2012）。

3. 特殊征税区是指"由地方政府指定的区域，其范围内商业或其他物业的税率增加。新税所创造的收益在区域内有特殊用途。特殊征税区有以下用途：直接资助公共基础设施的资本建设；为债券偿还提供资金或担保；资助区域的运营和维护成本，如管理合同成本、设施、清洁、除雪、安全服务等"（马里兰交通部，2012）。

5.8 参考文献

AECOM. 2011. "Making the Case for Transit: WMATA Regional Benefits of Transit." Technical Report. Washington Metropolitan Area Transit Authority Office of Long Range Planning, Washington, DC, November. www.wmata.com/pdfs/planning/WMATA%20Making%20the%20Case%20for%20Transit%20Final%20Tech%20Report.pdf.

APTA (American Public Transportation Association). 2013. "Public Transportation Investment Background Data 8th Edition." Washington, DC: American Public Transportation Association, December 12. www.apta.com/resources/reportsandpublications/Documents/Public-Transportation-Investment-Background-Data.pdf.

Arlington County Department of Community Planning, Housing and Development, Building Arlington Division. 2012. "Section 10A. 'R15-30T' Residential Town House Dwelling Districts." April. http://building.arlingtonva.us/wp-content/uploads/2012/04/Ordinance_Section10a.pdf.

Arlington County Department of Community Planning, Housing and Development, Planning Division. 2012. "40 Years of Smart Growth: Arlington County's Experience with Transit Oriented Development in the Rosslyn-Ballston Metro Corridor." Presentation by the Arlington County Department of Community Planning, Housing and Development, Planning Division, December 6.

Bertolini, Luca, and Tejo Split. 1998. *Cities on Rails: The Redevelopment of Railway Station Areas*. London: E. & F.N. Spon.

Butcher, Louise. 2011. "Railways: Channel Tunnel Rail Link (HS1)." Business and Transport Section, London, March 24. www.parliament.uk/Templates/BriefingPapers/Pages/BPPdfDownload.aspx?bp-id=SN00267.

Camden Council. 2006. "King's Cross Redevelopment Takes Next Step Forward." November 17. www.camden.gov.uk/ccm/content/press/2006/november-2006/kings-cross-redevelopment-takes-next-step-forward.en;jsessionid=684C5F167C509DBC45FE7220223FA13B.

Comptroller and Auditor General. 2005. "Progress on the Channel Tunnel Rail Link." National Audit Office, Department for Transport, London, July. www.nao.org.uk/wp-content/uploads/2005/07/050677.pdf.

———. 2012. "The Completion and Sale of High Speed 1." National Audit Office, Department for Transport, London, March. www.nao.org.uk/wp-content/uploads/2012/03/10121834.pdf.

Council of the City of New York. 2013. "Joint Statement by Council Speaker Christine C. Quinn and Council Member Dan Garodnick Re: East Midtown Rezoning Proposal." Press Release, Office of Communications, November 12. http://council.nyc.gov/html/pr/111213midtown.shtml.

Furman Center for Real Estate and Urban Policy. 2013. *Buying Sky: The Market for Transferable Development Rights in New York City*. New York: New York University, School of Law and Wagner School of Public Policy, Policy Brief, October. http://furmancenter.org/files/BuyingSky_PolicyBrief_21OCT2013.pdf.

Goldin, Steven. 2010. "Metro Streamlines Joint Development Process." *Urban Land*, September 13. http://urbanland.uli.org/Articles/2010/SeptOct/Goldin.

Gossop, Chris. 2007. "London's Railway Land – Strategic Visions for the King's Cross Opportunity Area." www.isocarp.net/Data/case_studies/940.pdf.

Guerra, Erick, and Robert Cervero. 2011. "Cost of a Ride: The Effects of Densities on Fixed-Guideway Transit Ridership and Costs." *Journal of the American Planning Association* 77 (3): 267–90. doi:10.1080/01944363.2011.589767.

King's Cross. 2014. "Heritage Buildings." London. www.kingscross.co.uk/heritage-buildings.

King's Cross Railway Lands Group. n.d. "King's Cross Railway Lands Group (KXRLG): Brief History." London. www.kxrlg.org.uk/group/history.htm.

Landis, John, Robert Cervero, and Peter Hall. 1991. "Transit Joint Development in the USA: An Inventory and Policy Assessment." *Environment and Planning C: Government and Policy* 9 (4): 431–52. doi:10.1068/c090431.

LCR (London & Continental Railways). 2009. "Economic Impact of High Speed 1: Final Report." Colin Buchanan and Partners, Limited, London, January.

http://www.lcrhq.co.uk/media/cms_page_media/32/HS1.final.report.pdf.

London Assembly Planning and Special Development Committee. 2008. "Who Gains? The Operation of Section 106 Planning Agreements in London." London, March. http://legacy.london.gov.uk/assembly/reports/plansd/section-106-who-gains.pdf.

London Borough of Newham Strategic Development Committee. 2011. "Planning Obligations Report." London, February 23. https://mgov.newham.gov.uk/documents/s38361/Planning%20Obligations.pdf.

Maryland Department of Transportation. 2012. "The Designation of Transit Oriented Development Projects: Frequently Asked Questions." Hanover, MD, January 23. www.mdot.maryland.gov/Office_of_Planning_and_Capital_Programming/TOD/Documents/Update_8_9_12/TOD_FAQ.pdf.

Mayor of London. 2004. "The London Plan: Spatial Development Strategy for Greater London." Greater London Authority, February. http://static.london.gov.uk/mayor/strategies/sds/london_plan/lon_plan_all.pdf.

McNeal, Alvin R., and Rosalyn P. Doggett. 1999. "Metro Makes Its Mark: Promoting Development near Metrorail Stations Helps the Washington Metropolitan Area Transit Authority Finance a Portion of the More Than $700 Million Required Annually to Just Maintain Operations." *Urban Land* 58 (9): 78–81, 117.

Morris, Eugene J. 1969. "Air Rights Are Fertile Soil." *The Urban Lawyer* 1 (3): 247–67.

MTA (Metropolitan Transportation Authority). 2013. "The MTA Network: Public Transportation for the New York Region." New York. http://web.mta.info/mta/network.htm.

Nelson, Arthur C., Rick Pruetz, and Doug Woodruff. 2012. *The TDR Handbook: Designing and Implementing Successful Transfer of Development Rights Programs*. Washington, DC: Island Press.

New York State. 2011. "Transfer of Development Rights." James A. Coon Local Government Technical Series, Albany, NY. www.dos.ny.gov/lg/publications/Transfer_of_Development_Rights.pdf.

New York Times. 1913. "New Grand Central Terminal Opens its Doors." February 2. http://query.nytimes.com/mem/archive-free/pdf?res=F70F1FFC385F13738DDDAB0894DA405B838DF1D3.

Omega Centre. 2008. "Channel Tunnel Rail Link Case Study: Project Profile." OMEGA Centre: Centre for Mega Projects in Transport and Development, London, August. www.omegacentre.bartlett.ucl.ac.uk/studies/cases/pdf/UK_CTRL_PROFILE_080808.pdf.

Parsons Brinckerhoff, Inc. 2010. "New York Avenue-Florida Avenue-Gallaudet University Station Access Improvement Study." Lead Agency: Washington Metropolitan Area Transit Authority, June. www.wmata.com/pdfs/planning/NY%20Ave-FL%20Ave-Gall%20U%20Station%20Access%20Improvement%20Study%20Final%20Report.pdf.

———. 2013. "East Midtown Rezoning and Related Actions: Draft Environmental Impact Statement." New York, April 9. www.nyc.gov/html/dcp/html/env_review/eis.shtml#east_midtown.

Perkins, Stephen. 2005. "The Role of Government in European Railway Investment and Funding." Ministry of Railways of the People's Republic of China, Beijing.

Regional Plan Association. 2013. *Rail Rewards: How LIRR's Grand Central Connection Will Boost Home Values*. New York: Regional Plan Association, January. www.rpa.org/library/pdf/RPA-Rail-Rewards.pdf.

TIGER/Line Shapefiles (data set). United States Census Bureau. http://www.data.gov/.

U.K. Parliament. n.d. "London and Continental Railways." Parliamentary Business, Bound Volume Hansard—Written Answers, London. www.publications.parliament.uk/pa/cm199798/cmhansrd/vo980204/text/80204w03.htm.

U.S. EPA (Environmental Protection Agency). 2013. *Infrastructure Financing Options for Transit-Oriented Development*. Washington, DC: Office of Sustainable Communities Smart Growth Program, January.

WMATA (Washington Metropolitan Area Transit Authority). 2012. "Proposed Fiscal Year 2013 Annual Budget." Washington, DC, January 12. www.wmata.com/about_metro/docs/ProposedFY2013Budget.pdf.

———. 2014. "Metro Records Available for Public Review." Washington, DC, January. www.wmata.com/about_metro/public_rr.cfm?.

WMATA Office of Property Development and Management. 2008. "WMATA Joint Development Policies and Guidelines." Washington, DC, November. www.wmata.com/pdfs/business/Guidelines%20Revision11-20-08.pdf.

第3篇 发展中国家以开发为基础的土地价值捕获

第6章 国有土地开发权补贴地铁：中国南昌

中国地方政府通过公开出售开发权获得从事基础设施项目的主要资金。这些销售通常会导致农村的农业用地迅速转换为城市地区的工业和住宅用地，但是却没有完善的经济原理依据或整体规划。随着人们对农村-城市土地转换的负面影响感到担忧，城市的决策制定者已经开始改革，探索出售面向远期的开发权，关注可持续的融资和城市开发。

南昌是这些城市之一，它试图在国有土地租赁制度下将以公共交通为导向的开发原则纳入新的地铁融资中来。由于这一方案还没有完全实施，现在去评测它是否能够带来预期的结果还为时过早。但是，如果实施成功，南昌的以发展为基础的土地价值捕获方案可以为中国其他城市提供一个很好的典范。

6.1 城市发展背景

1. 人口和城市化趋势

南昌位于中国东南部，处于长三角和珠三角地区的中间区域，多条高速公路汇集于此，使得南昌成为中国重要的交通中心（图6.1）。作为省会城市，南昌也是江西省的区域农业发展中心。该市有许多制造业企业，生产棉花纺织品和纱线、纸制品、加工食品、农业化学品和杀虫剂、中药以及其他药物等产品。2007～2011年，南昌市年国内生产总值的增长率高达16%～22%。

强劲的经济增长刺激了快速城镇化。根据联合国经济和社会事务部人口司2012年的数据，南昌市核心区（330km^2）的人口从2000年的160万增加到2010年的230万，增长率为44%。该司还预测，这一区域的人口将继续增长，2015年达到280万，2025年将高达350万（图6.2）。由于核心区的人口快速增长，合理的土地利用和交通规划也变得日益重要。

图6.1 南昌的位置

正如许多快速城市化的中国城市一样，交通拥堵也是南昌城市化进程中的主要负面影响之一。南昌市的机动车拥有量（2012年千人保有量为120辆/千人，根据ChinaAutoweb网站2013年6月25日的数据）比多数的省会城市要低，但是根据交通调查，机动化的出行模式分担（包括公共汽车）从2002年的22%上升至2010年的30.5%（世界银行，2013）。其中公共交通仅占13.5%，低于同等规模和同等GDP水平的城市，如长沙（24.5%）、武汉（23.4%）（世界银行，2013）。南昌南部的道路和四条跨河桥梁呈常态拥堵，高峰时段平均行驶速度为11km/h。而南昌北部的新兴发展地区道路宽敞，有利于小汽车行驶。

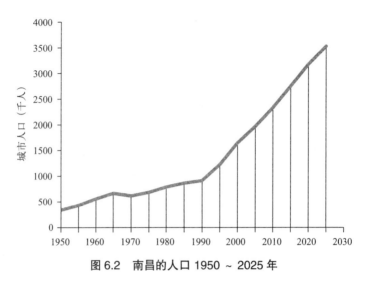

图 6.2 南昌的人口 1950～2025 年

资料来源：联合国数据，2012。

2. 城市规划

南昌有良好的城市规划传统。1985 年的战略规划旨在建立赣江右岸的历史城市中心（图 6.3）；同时期，左岸却发展缓慢。然而随着城市工业继续发展，还需要更多的开发空间。

1995 年，新的战略规划通过，将城市开发扩张到赣江北岸。南昌市中心北部也开始了工业和住宅开发。当时的目标是平衡赣江两岸的城市发展，并且将住宅区扩展到附近的七大区域。这一规划至今未变。

根据 2005 年的城市综合发展规划，南昌北部和南部将成为的未来的都市中心，同时新的开发也辐射到周边的区镇（图 6.3）。在南昌南部，南昌市政府计划减少老城核心区的人口数，降低开发密度，缓解交通拥堵，保存历史建筑。

6.2 地铁项目

为了实现这些目标，解决日益严峻的拥堵问题，南昌市政府已经设计了全方位的公共交通体系，充分融合公交服务和地铁网络，促进新规划区之间以及赣江两岸之间的交通发展。南昌市政府计划建设 5 条铁路线，其中 2 条已经在建。一旦完工，地铁网络里程达到 160～170km，128 个车站（图 6.4）。其中 1 号线、2 号线和 3 号线总体完工时间为 2020 年（总长 60～70km）将构成地铁网络的基本结构，连接主要的商业中心、金融区、娱乐区域、运动设施、两个工业园区和三所高校。

1 号线的建设开始于 2012 年，预计于 2015 年完工。它将连接老城中心和左岸的新开发区，帮助经济和房地产投资从南昌南部转移到北部。完工后，1 号线总长将达到 28.7km，共计 24 个车站，还包括 1 个场站和 1 个停车场。车站之间的平均距离为 1.2km。

(a)

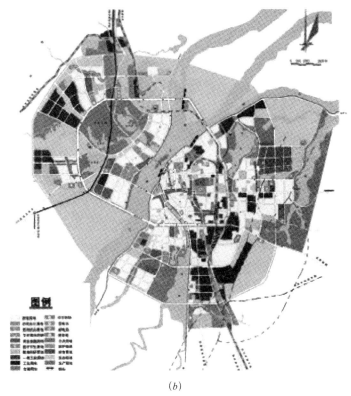

(b)

图 6.3 南昌的城市开发策略（见彩图）

(a) 1985 年规划；(b) 1995 年规划

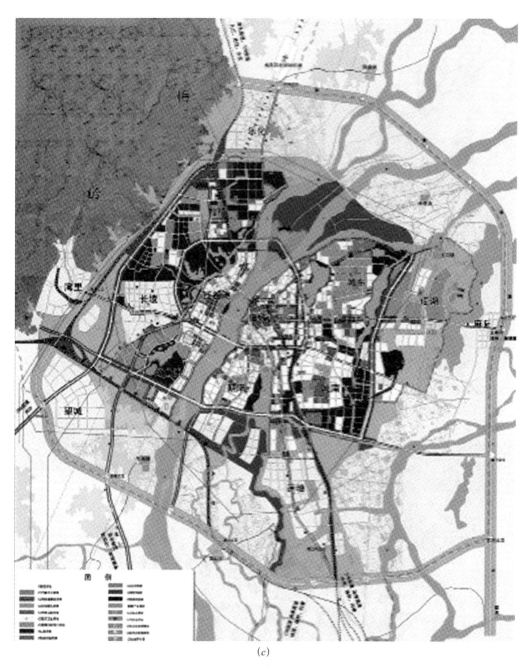

(c)

图6.3 南昌的城市开发策略（见彩图）(续)

(c) 2005年规划

图片来源：南昌城市规划和设计研究所，2013。

2号线的建设开始于2013年的7月，并得到了世界银行的资助。2号线从站前南大道站到辛家庵站，总长23.8km，共计21个站，1个场站。南昌市政府希望2号线的建设能在2016年年底前完成。地铁3号线、4号线、5号线和1号线、2号线二期的建设计划还在等待国家发改委的批准。

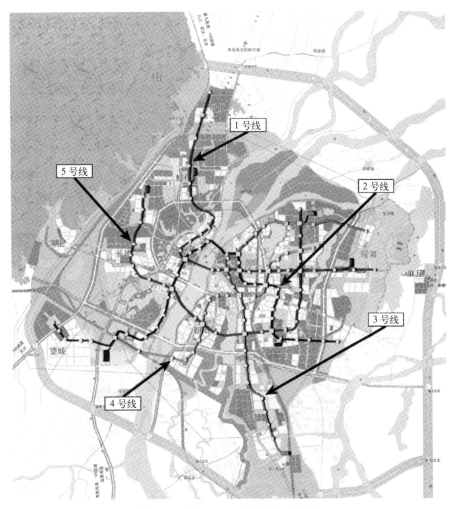

图 6.4　南昌 1～5 号线的地铁体系

图片来源：南昌城市规划和设计研究所，2013。

为了培育地铁体系，地面公交线路将进行组织优化。地铁 1 号和 2 号线已经设计了多个公交和地铁的换乘站。更重要的是，这些换乘站具备比过去更好的土地利用规划，允许建设零售店和超市。

6.3　监管和制度框架

在中国，城市的土地利用规划、地方的基础设施和服务投资的责任都属于市级政府。南昌市长和副市长强有力的领导确保了部门间的有效协调与合作。南昌市政府建立了南昌轨道交通集团公司（NRTG），完全归市政府所有，目的是建设并运营地铁体系。为了更好地利用私营部门的专业技能，该公司建立了专门的物业管理部门，主要的员工都来自于私营部门，他们负责管理公司所有的房地产。南昌轨道交通集团公司也是政府机构之间的主要联络公司，协调着地铁投资和项目的规划与评估活动。

6.4 南昌市级财政

2011年,南昌市政府的预算为497亿人民币(81亿美元),其中主要的收入来源是189亿的土地收益(30亿美元,38%)(图6.5)。2号线的预计成本为14.8亿人民币(242万美元),其中不包括约占2011年预算30%的利息费用。在建设期内,南昌市政府每年将支付37.3%的建设成本和利息。最大的开支将产生于2017年,约为14亿人民币(2.3亿美元)。至于收益,第5年的营运收入预计将达到3.42亿人民币(5600万美元),收入成本比为0.63。南昌轨道交通集团公司有望于第15年实现收支平衡。债务偿还和营运赤字将由房地产开发的收入(净利润预计达到1.66亿美元)和其他土地转让费用来弥补。至于土地转让费用,理论上,在50000亩(33.3km^2)土地中,有10878亩(7.2km^2)共计25个地块分配给地铁建设,这意味着对地铁建设项目的净投入达到216亿元人民币(35.4亿美元)。鉴于南昌市政府需要为5条铁路线投资,必须通过以开发为基础的土地价值捕获来实现房地产开发或土地转让利益的最大化。

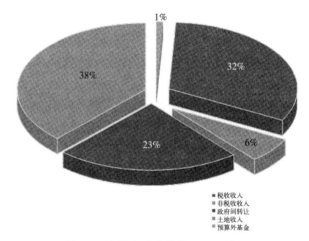

图6.5 南昌市政府收益,2011年

图片来源:南昌轨道交通公司。

1. 房地产市场

在探讨南昌市政府设计的土地价值捕获方案之前,我们先研究南昌的房地产市场。政府于1978年进行了土地改革,使得租赁权在公共与私人之间交换成为可能。土地租期较长,其中住宅用地为70年,商业和工业用地为40年。根据《宪法》规定,租赁土地上的建筑为私有财产。在这一法律框架内,中国的许多城市的房市都蓬勃发展起来。

2008~2009年,国际经济下滑影响了中国的出口和制造业,尤其是商业和商业/服务(混合用地)以及工业用地的价格降低到2006年的水平(图6.6)。但是,其他类型的土地价格依旧在上涨,尤其是住宅和住宅/商业混合用地。因此，整体的土地价格下降了2%（表6.1）。

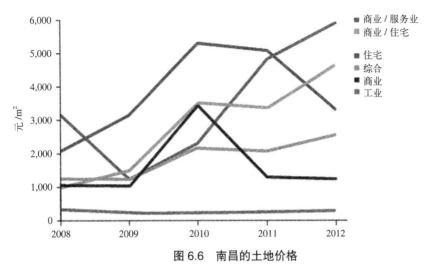

图6.6 南昌的土地价格

资料来源：南昌轨道交通公司。

南昌土地价格变化百分比（2008～2012年） 表6.1

年份	商业/住宅	商业/服务业	工业	商业	住宅	综合
2008～2009	50%	−61%	−38%	−1%	52%	−2%
2009～2010	134%	88%	24%	226%	67%	77%
2010～2011	−4%	109%	−12%	−63%	−4%	−5%
2011～2012	39%	22%	28%	−4%	−34%	24%

资料来源：南昌轨道交通公司。

2009～2010年，由于中央政府的经济刺激计划，包括货币政策的放松和按揭利率的降低，价格相应上涨。除了工业用地外，所有类型的土地价格都上涨超过了50%。商业/住宅混合用地的价格翻了一番，商用土地的价格翻了三番（表6.1）。

由于担心房地产市场过热，2010年，南昌市政府采取了一些措施：通过条例，只允许每户家庭购买一套住宅——2011～2012年用于住宅和商业开发的土地价格下降。但是，由于新的法律只适用于住宅房产，商业/服务业用地的价格持续上涨。2011～2012年，尽管住宅土地价格持续下降，其他土地类型的价格却呈现出上升趋势，其中混合用途的土地，如商业/服务业和商业/住宅用地，表现最强劲。平均来看，整体的土地价格上涨了24%。

这些都是非常有趣的结果，因为以公共交通为导向的开发策略促进了混合用地的发展。典型的以公共交通为导向的开发方案能够使得办公楼和住宅及零售店在车站附近聚集。这种设计不仅能够提高客运量,还能通过捕获商业和住宅开发带来的土地价值上升,从而交叉补贴公共交通的开发成本。混合用地价格的上涨为采纳以开发为基础的土地价值捕获提供了有利条件。

2. 土地价值捕获

南昌的地铁建设(2020年的线路总长为60～70km)需要大量的资本投资。除了国家政府的资金拨付,地方的税收、费用和国际机构的贷款外,如世界银行或国内的银行等,南昌市政府也在运用以开发为基础的土地价值捕获来收回地铁投资带来的土地价值增值,从而支付建设和运营成本。南昌轨道交通公司计划通过三个步骤充分利用土地价值增值来补贴部分铁路投资。

第一,在市规划局宣布城市总体规划和土地利用规划后,国土资源局会从土地所有人手中为南昌轨道交通公司征集土地,有偿行使土地征用权(强制购买)[1]。南昌轨道交通公司将支付所有的征用成本。

第二,南昌市政府将提高所征用土地的容积率,并允许南昌轨道交通公司可以直接投资于土地再开发或将开发权转让给私人投资者,为地铁建设筹措资金。地铁站周边半径500m范围内的所有用地类型地块都将可以提高容积率。但并不是所有的车站区域都使用500m的标准,根据不同的市场条件有一定的灵活性。更重要的是,市规划局赋予了这些地方混合开发的权力,促进以公共交通为导向的土地开发,实现土地相关收入的最大化。

第三,南昌轨道交通公司获取土地资源后,将产生土地收益,支付地铁的开发成本。通过国土资源局,公司以市场价再将站点周边的土地拍卖给开发商,这一价格能够反映地铁带来的开发密度上升、土地用途变化和可达性的改善。成功的竞拍人将拍卖价格(称为"转让费")支付给市财政局,然后财政局再扣除用于教育、农业和其他公共服务相关的六大用途资金。这些费用约占转让费的20%。之后,南昌轨道交通公司将收到财政局拨付的余额,并利用这笔资金支付地铁线和车站的建设成本。

南昌轨道交通公司也可以开发地铁车站的上下空间,在地铁车站的实际空间范围内进行办公、娱乐设施、零售店或住宅的开发。出租或出售住宅和商业物业的部分收益将用于支付地铁的投资或营运成本。

为了更详细地展示这些过程,我们将呈现1号线和2号线的整个土地价值捕获筹资安排。因为这些项目正在进行中,我们只能够展示土地价值捕获机制如何规划,但是却不能说明南昌实际能够捕获多少土地价值。

3. 土地价值捕获资金用于1号线和2号线

这些线路的土地价值捕获筹资有两种方法:出售开发权以及地上地下空间物业的直接开发权和管理权。

出售开发权:1号线(图6.4)已经在建设中,计划于2015年开始运营。2号线的建设开始于2013年的7月,计划于2016年开始运营。

南昌轨道交通集团公司通过土地出售的协商，已经获得了 46 个地块 15200 亩（10km²）面积土地的开发权，其中约 2600 亩（1.7km²）在地铁站附近。南昌轨道交通集团公司同时通过土地的公开竞拍，获得 147 亩（0.1km²）的产权，用于房地产开发。

开发土地资源的总成本约为 90 亿元人民币（15 亿美元），包括 42 亿的土地征用成本和 48 亿的拆除成本。整个投资期限内（2012～2020 年），南昌轨道交通集团公司的房地产开发将自用和出租，或转租土地使用权给第三方，这样能够带来约 220 亿人民币（36 亿美元）的预计收益。2012～2016 年，这些土地利益预计将达到 140 亿（22 亿美元）。

平衡土地资源整合的成本和收益后，2016 年，南昌轨道交通集团能够带来 50 亿元（8.2 亿美元）的盈余，相当于 1 号线（181 亿人民币，30 亿美元）和 2 号线（150 亿人民币，25 亿美元）建设成本的 15.1%。

为了保障预计的土地利润，南昌轨道交通集团遵循了以公共交通为导向的开发原则。它将地铁站的开发同周边街区的改善结合起来，也按照一站式商店的理念设计了车站，并且利用所有地铁站的混合开发收益来支付建设成本。南昌轨道交通集团的策略是，首先开发离市中心较近的区域，随后扩展到郊区（图 6.7）。

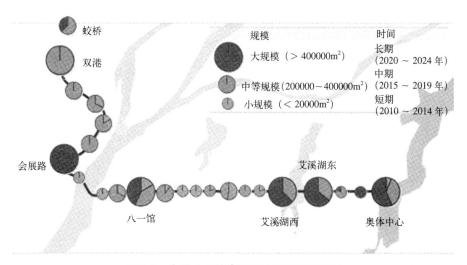

图 6.7　南昌 1 号线车站开发的顺序和规模

资料来源：南昌轨道交通集团，2013。

直接的物业开发：2012～2015 年，南昌轨道交通集团计划沿着 1 号和 2 号线建设 28 个两种类型的车站。第一种是车站上的混合开发，将有 23 个此类项目。集团将直接投资其中的 5 个项目，并和私人开发商合作开发剩下的 18 个车站。第二种类型是在选定的地铁站进行地下开发，将有 5 个此类项目。集团是其中 3 个项目的完全投资人，另外 2 个是其他私人开发商共同筹资和开发。

这些项目占地总面积1700亩（1.1km²），预计的资本投资额为83亿人民币（14亿美元）。集团有望在2013～2015年通过商业贷款和债券或出售土地使用权等方式，再筹集68亿人民币（11亿美元）的资本。

投资的预计收入包括：35亿人民币（5.74亿美元）来自开发权出售；89亿人民币（15亿美元）来自出售500000m²的商业物业；平均每年4亿人民币（6560万美元）的租金收入，3年共计12亿人民币（1.98亿美元）。如果这些预期都实现了，2015年年底，车站的物业投资将给公司带来68亿人民币（11亿美元）的净利润，相当于1号线和2号线建设成本的20.5%。

6.5 开发案例

本部分将介绍以开发为基础的土地价值捕获原则下两个车站区域的地铁物业项目，它们的建筑用途和开发参数都不同。

1. 南昌轨道交通集团的地铁大厦站

集团正在南昌金融中心的1号线地铁大厦站建设45层、总高193m、容积率为7.04的办公楼。此楼将建有三层的地下停车场。南昌轨道交通集团总部和控制中心将占据大楼的下面5层，剩下的办公空间用于出租（图6.8）。

图6.8 地铁大厦站

图片来源：南昌轨道交通集团，2013。已获得照片的使用许可，再使用需要进一步许可。

土地和建设成本投资额共计13亿人民币（2.13亿美元），共有两种筹资方式。南昌轨道交通集团的房地产子公司将负责开发并出售一部分开发权，其中1.6亿人民币（2580万美元）即80%的收益交给集团，用于资助地铁建设。房地产子公司将建设100000m²的办公空间，其中40%的面积以优惠条件²出售给集团。子公司按照方案将只收获560万元（90.1万美元）的净利润，出租剩下的60000m²，每年获得约3900万元（650万美元）的净租金收入。子公司可以选择出售待出租的物业，在项目完工后获得11亿元（1.8亿美元）的回报。这一系列筹资安排似乎能够创造足够的收入来覆盖项目的物业投资成本。

2. 地铁时代广场

地铁 1 号线八一桥西站的地铁时代广场开发面积为 125.8 亩（83867m²），建成区面积为 388827m²，容积率为 3.5（图 6.9）。

此地建设开始于 2012 年，预计的完工日期为 2016 年 12 月。投资成本为 28 亿元（4.59 亿美元）。项目的资金来源是南昌轨道交通集团的房地产子公司和开发商建立的合资企业。企业自付土地征用成本，用于开发高端的住宅公寓、零售店、娱乐设施和办公楼，随后出售其中的一些物业。南昌轨道交通集团将获得与其持股相适应的利润。在 8.8 亿元（1.44 亿美元）的土地开发权出售收入中，80% 交给南昌轨道交通集团，用来支付地铁建设。此外，将 40000m² 的商业空间出租给私营企业，其中的一些租金收入按股份分配，也属于集团。

图 6.9　时代广场站的建筑设计和规划

图片来源：南昌轨道交通集团，2013。照片已获得使用权，再使用需要进一步许可。

6.6　结论

以下是南昌以开发为基础的土地价值捕获方案的主要促成因素及相关风险。如果实施顺利，这一方案将为中国的其他城市提供很好的土地价值捕获典范。

- 在与中国香港类似的国有土地租赁制度中，中国大陆的整体经济和城市环境有利于以开发为基础的土地价值捕获方案。南昌已经经历了快速的经济发展、人口增长和快速城市化。收入和人口的增长不仅会带来足够的地铁乘客量，还能帮助建立欣欣向荣的房地产市场，这对以开发为基础土地价值捕获方案至关重要。
- 良好的城市规划十分重要，南昌的规划在其中发挥了重要作用。如果土地利用的法规和规划不可预测，土地市场将不稳定。公共和私人投资人需要相对准确地了解城市扩张会在何时何地发生，从而决定如何投资。制定完善的并具有一定弹性的总体规划有助于促进开发。

- 南昌的城市规划局每隔10年会审核其总体规划，根据城市条件变化做出添加和调整。通过这种反复的过程，南昌市政府已经为未来南昌的开发建立了愿景，能够引导公共和私营投资。
- 综合的城市规划和公共交通投资也是一种优势。南昌市政府已经通过公开发布，确定将地铁作为城市交通的骨架。这一体系的设计是基于总体规划的实施。并且在短期和长期开发计划中也已经明确了地铁线和车站的数量、位置及周边的土地利用情况。
- 南昌市政府和私人投资者理解混合土地利用对于促进以公共交通为导向的投资和落实以开发为基础的土地价值捕获理念的重要性。南昌轨道交通集团的车站设计就是这种理念的有力证据。这种理念也反应在混合用地价格的持续上涨中，证明市场已经充分接受了这些理念。
- 南昌市政府征收20%的土地使用权转让费用于六个开发基金。促进市政府将以开发为基础的土地价值捕获带来的收益用于地铁之外的其他公共投资。
- 在市长和副市长的领导下，主要政府机构充分支持南昌轨道交通，鼓励以开发为基础的土地价值捕获并实现经济目标。这种制度支持对于降低土地征用和监管变化带来的交易成本是至关重要的。
- 所有政府机构之间的合作可以帮助产生公私领域之间的协同效应，共同实施地铁投资无论是技术上还是财政上都是非常复杂的。
- 尽管南昌似乎具备了实施以开发为基础的土地价值捕获方案的前提条件，它还是面临着潜在的风险，包括过度依赖土地融资，从而使得南昌市政府容易受到房市过热的影响；由于交通车站区域的中产阶级化而造成房价过高；缺乏公私领域共同从事物业开发项目的合作经验，尤其还伴有复杂的以公共交通为导向或土地价值捕获程序和风云变幻的房地产市场。

其他中国城市面临的以开发为基础的土地价值捕获挑战

将地铁投资和土地管理融合，将以开发为基础的土地价值捕获应用到基础设施筹资和城市规划方面的城市政策中，对于城市化的成功非常重要。因为地铁是具有吸引力的交通方式，如果运作良好，南昌结合土地价值捕获和以公共交通为导向开发的实践将提高该市的宜居性和活力，成为其他中国城市的典范。但是中国还是存在一些挑战。

- 严格的开发参数和场地控制计划不利于实现车站和交通沿线土地价值的最大化，包括过高的建筑退线标准；过大的道路宽度；对于混合用地关注过少；容积率差别化不够，不能反映地铁的可达性；建筑高度限制；火灾防控规定限制了容积率。
- 国有土地租赁制度并不支持公共交通的发展。土地开发权利在项目初期不能正式地转给交通部门，从而不能促进公共交通投资与土地管理以公私合营的方式协调起来，也不能确保车站附近物业收益的可持续性。在中国，尽管土地交给了开发商，但开发商却不能进一步划分土地，也不能将权利进一步转让给下一级的开发商。此外，住宅和商业用地的土地许可使用期限不同，这使得在一个开发活动中很难实现协调。

- 因为位置优势更多被用于空闲土地的开发，而不是建成区——包括棕色地带/废弃土地的再开发。当多数的铁路线都穿过当前的市中心时，财产权的分散和建成区再开发的复杂使得开发商更喜欢空闲土地的开发，限制了以公共交通为导向开发和土地价值捕获在高密度区域的实施。缺少城市再开发方案也严重限制了这两大方案在城市和区域层面的地铁投资中的应用。

- 中国的交通投资通常都缺少长期的稳定资金。出售开发权获得的收入是地方基础设施的主要资金来源，但是它们只是城市一次性的资金来源，而且也不能捕获地铁带来的土地长期价值增值并满足对运营、维护和更新的经常性资金需要。因此，需要建立一个机制，促进交通部门和开发商公平分享经常性收入，主要通过开发权约定或其他的财政工具，来捕获长期的土地价值增值，如房产税、影响费和改良税。

- 中国城市的以公共交通为导向的开发规模都很小，而服务私家车交通的超级大街区的设计形成了城市岛屿，导致城市内部街道的割裂。即使在获得公共土地开发权的情况下，公共交通部门也很难找到经验充足的开发商来为街区设计并开发充分整合的空间。

6.7　注释

1. 如果其他需要的土地就处于南昌市政府的控制中，南昌轨道交通集团可以通过公共拍卖来获取这些地块。国土资源局负责出租南昌的公有土地，通常会以公共拍卖方式将开发权出租给投资者。南昌轨道交通集团也可以参与这些拍卖。南昌轨道交通集团不到1%的土地资源（16426亩）通过公开拍卖获得。

2. 每平方米3600元，实际的建设成本是每平方米13000元。

6.8　参考文献

Nanchang Railway Transit Group. 2013. "Utilizing Land Resource to Finance Nanchang Mess Transit Railway." Presentation made at the World Bank Land Value Capture Workshop, Nanchang, China, May 13–14.

UN (United Nations). 2012. *World Urbanization Prospects: The 2011 Revision*, CD-ROM Edition. New York: Department of Economic and Social Affairs, Population Division.

Urban Planning and Design Research Institute of Nanchang. 2013. "The Interaction between Nanchang's Urban Comprehensive Plan and Railway

Transport Planning." Presentation made at the World Bank Land Value Capture Workshop, Nanchang, China, May 13–14.

World Bank. 2013. *Project Information Document (Appraisal Stage) for Nanchang Urban Rail Project*. Report PIDA854. Washington, DC: World Bank.

第7章 地铁双城记：新德里和海德拉巴

印度有两座城市在新的地铁项目中采用了相反的制度来实施土地价值捕获：新德里采取传统的政府主导模式而海德拉巴采取创新的公私合营型。作为国家首都辖区，新德里面临着多层级政府和政府执行部门之间复杂的决策制定和利益共享。尽管有国家政府的有力支持和地铁运营的成功经验，以开发为基础的土地价值捕获方案却难以作为基础设施融资和城市发展的战略性工具被新德里区域政府和公共交通部门充分利用。地铁站附近土地的低效率利用，主要是由于政策、监管框架的不一致，与利益相关者之间缺乏协调。相反，海德拉巴是南亚的跨国企业聚集地，它将以开发为基础的土地价值捕获方案作为筹资和城市发展工具，并极大地推动了世界最大的公私合营地铁项目。在清晰且透明的制度框架和监管框架内，新的私营铁路线试图改变城市的商业区域和街道规划，促进地铁走廊沿线房地产开发，以及车站附近商业设施，或者在办公楼与车站之间搭建人行天桥。这两个案例都证明了在现行制度和监管框架、多种非正规的聚居模式、市场专业技能和资源存在以及市场潜力等条件下，快速发展的发展中国家城市实施以开发为基础的土地价值捕获方案所面临的局限和机会。

7.1 新德里的城市开发背景

人口和城市化趋势

新德里大都会区由新德里国家首都辖区和围绕在首都的第一环市镇组成，包括加济阿巴德、洛尼、诺伊达、法里达巴德、古尔冈和巴哈杜尔加尔（图7.1）。2010年，在这块1483km^{2}的土地上有2200万的居民，2025年人口数有望增至3300万（图7.2）。新德里国家首都辖区的人均收入比全国平均水平高出2.4倍（2006~2007年70238卢比/1545美元 & 29524卢比/650美元），这里生活在贫困线以下的人口比例也只是全国水平的一半

(2004～2005年分别是14.7%和27.8%)(Gladstone和Kolapalli,2007)。

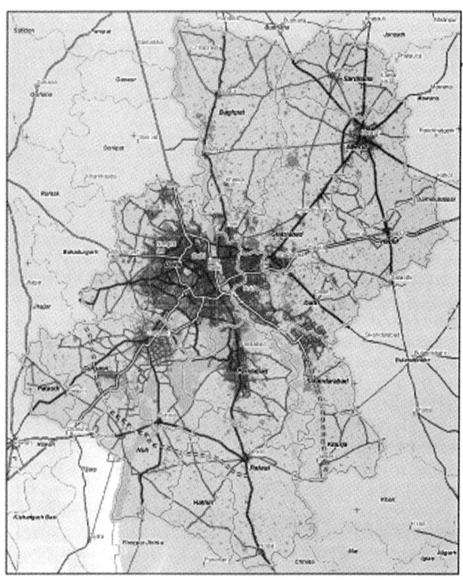

图7.1 新德里大都市区（见彩图）

图片来源：欧洲太空总署/世界银行。

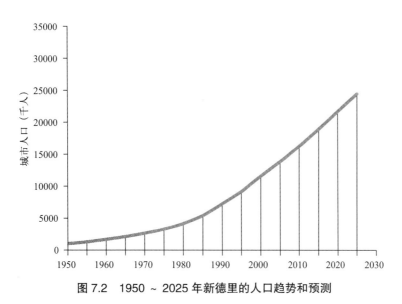

图 7.2　1950～2025 年新德里的人口趋势和预测

资料来源：联合国，2012。

新德里的经济优势主要来自于贸易、商业、银行、金融、制造业和旅游业。但是，2006 年这些产业所创造的就业岗位只占了 15%，而政府部门才是最大的岗位创造者。交通网络扩展、大规模贫民窟再开发和特殊经济区等开发政策已经逐渐减少了市中心传统商业活动的凝聚力。新德里的区域面积已经扩展到了新德里首都辖区的界限（1483km²）外，囊括进了周边的城镇、村庄和农村腹地。这主要是由于近期快速的机动化（注册机动车数量从 2008～2009 年的 600 万上升到 2011～2012 年的 740 万）引起的，从而进一步加剧了不同辖区之间协调的复杂度。

7.2　新德里的监管和制度框架

1. 总体规划

新德里的战略规划开始于 1957 年的《新德里开发法令》，紧接着是 1962 年的《新德里总体规划》(MPD-62)。1962 年总体规划首先制定了政府的土地征用、开发和处理方案，将新德里的城市面积从 172.9km² 扩展到 1981 年的 447.8km²。同时，该版总规也促进了首都半径 35km 范围内的第一环市镇公共基础设施与服务供应的发展。1961～1981 年，确定了 155.4km² 的土地用于公用土地征用。这一过程最初是政府主导的，主要进行住房的开发（临时收容所的供应）和基础设施投资，至 20 世纪 90 年代晚期之前，都很少有私营方参与其中。之后，2001 年的《新德里总体规划》(MPD-2001) 详述了多层级规划体系下的土地利用特征，制定层级包括：总体规划方案、分区规划方案及适用每个地区内的特殊开发标准平面规划图。但是，政府只持有 2001 年总体规划所计划土地的 39%（新德里发展局，2013）。

2021 年《新德里总体规划》(草案)(MPD-2021) 最新的版本中,考虑了 1962 年和 2001 年总体规划的成就和不足。2021 年总规的几份支撑研究表明,目标规划土地面积、征用土地面积及开发土地面积之间存在显著的差距,这是由征集土地过程中的财政、物力、人力资源限制以及多种困难造成的。

2021 年总规草案也因此强调了以下四种方法的重要性:改善大规模土地征用和开发的方案;鼓励私营部门参与土地征用过程以及开发过程中的基础设施与服务的供给;将土地利用规划和基础设施投资融合起来;根据更灵活的土地利用和开发标准促进再开发和建设加密(新德里发展局,2013)。2021 年总规草案也展望了新德里市一体化的多模式交通网络,其中包括不同的轨道公共交通体系,例如地铁、环形轨道和轨道专用通勤走廊、快速公交和区域公交快线走廊。

大容量快速公交系统是新德里最重要的交通模式,2021 年该区域将基本形成 250km 的地下、高架和地面线路网络。根据预计,在整个网络建成后,新德里约 60% 的城市区域离大容量快速公交系统站点的步行时间不会超过 15 分钟。这种投资有望为经济发展和就业带来大量机遇,因为它需要考虑当地条件和非正规聚居模式(如贫民区),来进行有选择性的建成区再开发和开发加密。因此,在 2021 年总规框架内,建议提出针对大容量快速公交站点服务区的综合再开发方案,考虑到不同的土地利用种类和容积率(图 7.3)。

2. 区划和土地管理

新德里的分区规划[①]旨在将总规的政策详细化,并指导实施平面图的设计和执行。在总体规划和实施平面图之间,新德里的城市区域划分为规划区 A ~ P,这些区域的人口和供房能力将因再开发项目的执行而提升到目标密度,尤其是轨道走廊沿线的某些路段。与印度的许多其他大城市一样,新德里中心商务区的容积率比发达国家的大城市要低得多(新德里为 1.12 ~ 3.5,对比香港 12.0、纽约 15.0、东京 20.0)(世界银行,2013b)。此外,新德里地铁公司(DMRC)车站附近物业的容积率最高被限为 1.0,从而不利于公司从物业开发中实现利润最大化。

新德里发展局(DDA)设立于 1957 年,承担制定总体规划的职责,并在 2021 年新德里总规中提出要极大地提高新德里的容积率。500m 宽的 TOD/ 多功能区域将沿地铁走廊两侧设立,随着住房开发,也会用以鼓励商业活动与创造就业活动二者的混合。高容积率将充分考虑某些障碍因素和高度限制。如果超过 70% 的场地区域都位于 500m 的缓冲区范围内,则影响区域会制定再开发方案。快速公交站附近的物业开发的最大面积为 3hm^2,除去少数例外,其余将在所有的混合用地内进行。这种灵活的土地利用协调方法将促进住宅和商业用地的混合,形成高密度的建成区,但这

---

① 译者注:相当于控制性详细规划。

是否能促进线路沿线的再开发还有待考证。

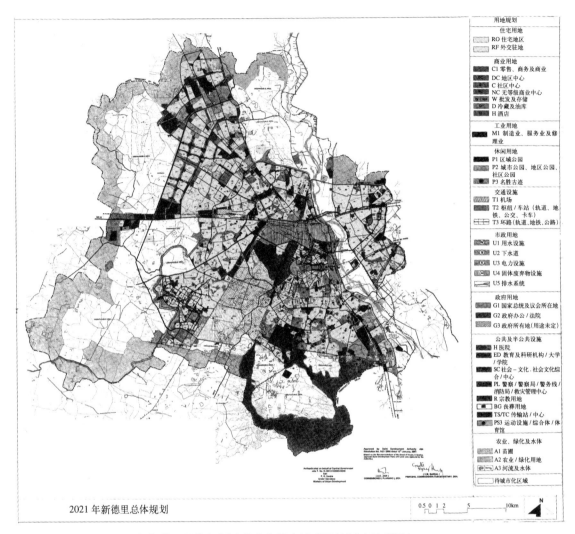

图 7.3　2021 年新德里总体规划（草案）的土地利用计划（见彩图）

资料来源：新德里发展局，2013。

实践中，除去低容积率限制外，其他的监管问题也已经阻碍了影响区域的物业开发。如在快速公交车站附近的物业开发项目的落实需要了多个法定机构批准，也受到了地方市级相关机构的法定许可的阻碍，这一过程可能花费几年时间。此外，只有在快速公交项目开始后才能在影响区域批准任何开发活动，这阻碍了规划者、开发商和运营商之间的协调，公共空间、私人物业和车站设施之间的融合（新德里发展局，2013）。

私营部门有望基于资本市场调动金融资源用于贫民区的土地收购、再定居和再开发，而政府机构（DDA）执行开发控制，如更高的容积率和指定的土地利用规划，从而实现更广泛的社会目标。在新德里，地方政府已经强制执行在经济贫弱区贫民窟改造中15%的容积率用于提供廉租房，或要求35%的建成居住单元用于提供廉租房。在私人开发商完成建设后，经济贫弱区的住房转交给政府机构，分配给受益方。贫民区改造需要的最小建筑面积为2000m^2，住宅用途的容积率最低为4.0。有偿用途（混合和商务用途）的容积率最高可为允许住宅容积率的10%。居民重新安置面积占总住宅面积的最低比例为60%，用于有偿用途的区域面积所占的最大比例为40%。

新德里的土地银行业务开始于1961年，DDA可以控制用于城市发展和管理的土地。但是，除了经济上的成功，实施过程还是面临着一些根本的问题。首先，过时的土地估价体系使得土地的征用通常很困难；第二，土地处置将很大一部分的土地资源重新分配给一小部分的富裕群体，而不是大量的低收入人群；第三，DDA已经不能为低收入人群和新移民提供保障性住房了，这使得城市界限外的非正规住宅增多；第四，随着DDA人为地限制其所有的场地进入土地市场，土地价值上升了（Nallathiga，2009；Gladstone和Kolapalli，2007）。

3. 2021新德里总体规划：以公共交通为导向的开发指南

"以公共交通为导向的开发"一词已经在印度各城市日益受到欢迎。但是，即使这些标准在印度的城市已经运用和执行，它们还是面临着城市土地市场的多重新挑战。相应地，当前的2021年总体规划试图为以公共交通为导向的开发提供指南，旨在通过城市设计和政策，并通过提高连通性和城市建筑密度实现公共交通便利最大化，从而降低人们对私人小汽车的依赖。它表明，快速公交体系影响区域可能会刺激私营领域也提供交叉补贴，提供公共便利设施和保障性住房以及高质量的公共交通（UTTIPEC，2012）。

2021年的总体规划草案提出，快速公交车站的影响区域进一步分为三个区域种类，有一定的位置门槛（表7.1和图7.4）。这些以公共交通为导向的规划区的全部面积占新德里总面积的44.1%，为665.1km^2。在新德里运用以公共交通为导向的开发原则可能需要更多样化的方法（包括再开发、填充式和绿地开发），还需要在标准区域内设立激励机制和限制。

快速公交车站附近的三个以公共交通为导向的开发区域　　表7.1

区域类型	位置门槛
区域1：强烈的以公共交通为导向原则	所有地铁站的300m影响区域 区域地铁和铁路或两条不同地铁线之间换乘站的800m影响区域
区域2：标准的以公共交通为导向原则	所有地铁站的800m影响区域（10min步行）
区域3：非机动化交通	所有区域换乘车站和地铁站的2000m影响区域（10min汽车） 所有快速公交的300m影响区域 在强烈或标准的TOD影响区内的区域，不允许再开发，但需要改善公共领域

资料来源：新德里发展局，2013。

注：TOD=以公共交通为导向的开发。

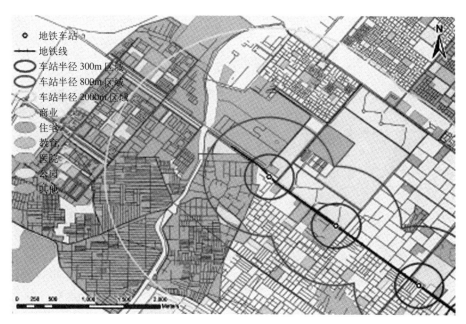

图 7.4　快速公交车站的 300m、800m 和 2000m 服务区案例

图片来源：OpenStreetMap。

分区内的任何开发活动都旨在实现开发参数和土地利用标准的灵活性：最小的场地面积为每 6hm² 5000 居民，以公共交通为导向的开发下，最小的密度为每公顷 250 套住宅。对容积率没有统一的上限，其中至少 30% 的容积率用于住宅，至少 30% 的容积率用于商业/机构用途，不少于 15% 的容积率用于出租或出售并且这一部分的房产不得少于 25m²/个（表 7.2）。但是，以公共交通为导向的开发区和标准仍旧与 2021 年总体规划展现的土地利用地图不一致（图 7.5）。2021 年的总体规划表明，新德里发展局将继续限制 DMRC 物业的最高容积率为 1.0。

以公共交通为导向的开发所提议的可允许容积率和密度　　表 7.2

总容积率	净容积率	最小的可允许密度（允许上下 10% 的变化）	
		住宅主导的（容积率 ≥50%），每公顷的住宅	不是住宅主导的（容积率 ≤30%），每公顷的住宅
<1.0	<2.0	不允许不充分利用容积率	
1.1～1.5	2.1～3.0	300	250
1.6～2.0	3.1～4.0	400	350
2.1～2.5	4.1～5.0	500	450
2.6～3.0	5.1～6.0	600	550
3.1～3.5	6.1～7.0	700	650
3.6～4.0	7.1～8.0	800	750

资料来源：新德里发展局，2013。
注：FAR= 容积率。

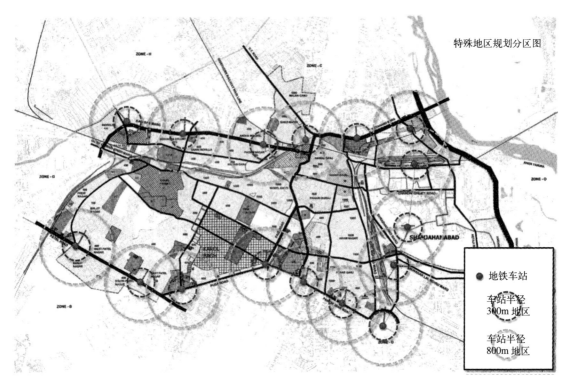

图 7.5 2021 年新德里总体规划和以公共交通为导向的开发区域之间的不一致

图片来源：新德里发展局，2013。

这些指南也鼓励多模式公共交通在主要换乘点的融合，针对 300m 的快速公交站影响区域内，换乘站、公共设施和开发空间、城市设计和停车位置/政策等都设有对照清单。同样地，它们旨在改善公共交通体系所连接的人行道和自行车道，提高街道的连通性、房屋密度和就业—居住的可达性标准（新德里发展局，2013）。它们为目标换乘站附近的可开发区域提供了一系列机会，为多家交通机构提供了更大的利益。但是，新德里多层政府中过多的相关发展机构却阻碍了无缝的决策制定和联合开发。

4. 复杂的政府结构

新德里和其他印度城市不同。它是国家政府的所在地，而国家政府深度参与了城市的管理事宜。几个辖区的多家政府机构通常在地域和功能上都有所重叠（图 7.6）。与印度其他城市不同，新德里没有市级规划委员会-首都辖区政府对城市开发没有控制权。相反，新德里发展局管理着首都辖区内的土地的征用、处置和开发。它于 2007 年开始实行以公共交通为导向的开发的概念制度化，而交通基础设施规划和工程统管中心（UTTIPEC）作为新德里发展局的一个分支成立于 2008 年，它负责以公共交通为导向的开发政策和项目。

全国的交通由多个政府机构的负责管理。例如，自 1986 年以来，城市发展部已经开始负责规划和协调城市交通。印度 65 个城市的主要交通项目都获得了城市发展部 2005 年成立管理的尼赫鲁全国市区重建团的支持。统一的城市交通局设置在人口超过 100 万的城市,如海德拉巴、班加罗尔、金奈、孟买和斋普尔。此外,州和市级政府也使用城市交通专用基金(来源包括汽油的绿色附加费、注册个人车辆时的"绿色税"中国家政府在购置新车时收取的城市交通税)试图通过提高容积率、物业税和停车费来充足资本收益。

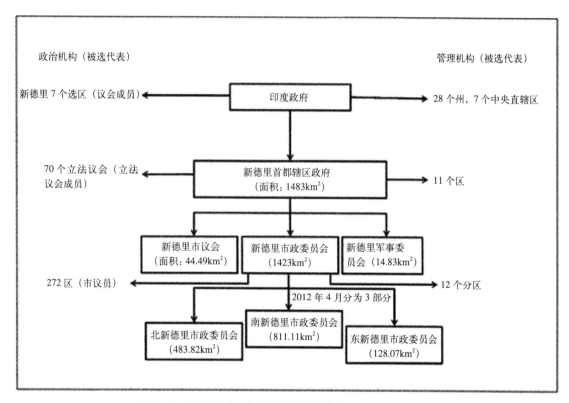

图 7.6 新德里的多层管理和不同区域界线

资料来源:世界银行,2013。

在新德里,情况更加复杂。三个主要机构——新德里发展局、国家首都辖区委员会和新德里地铁公司——都位于国家城市发展部之下,但是,几个交通相关的分支机构,如新德里交通公司、新德里综合联运体系和国际繁荣发展中心(IFDC)基金会也参与了车票和服务的协调、公交的运营、联运活动的融合以及新德里政府所指导的基础设施筹资。

印度依旧可能是少数几个已经执行了国家都市交通发展政策的发展中国家之一。它的目标是"为日益增长的城市居民提供安全、实惠、快捷、舒适、可靠以及可持续的机动性,满足他们工作、教育、休闲以及其他的城市出行需求"(城市发展部,2006)。因此,这一政策鼓励市政府和交通机构"通过创新机制发挥土地资源的潜力,筹措资金,用于城市交通基础设施建设"(城市发展部,印度政府,2006)。

5. 新德里地铁公司

新德里地铁公司（DMRC）作为一家国有企业建于1995年，在国家政府和新德里市政府之间建立了公平的合作伙伴关系，尤其是在国家首都辖区内建立并运营快速公交系统方面。它拥有铁路业务的决定权，而土地开发权依旧在政府部门的手中——城市发展部通常会参与到新德里地铁公司的车站规划与物业开发项目中。

自建成起，新德里地铁公司在公共基础设施和城市交通服务方面就占据了主导位置。这主要是由于在项目初期面临着严峻的财务困难，因此公司得以实施物业开发项目，从国家政府拨的车站设施及其附近的土地中创造了房地产收益（图7.7）。新德里发展局和其他市级机关就这些开发活动达成一致意见，在最初的几年里支持新德里地铁公司铁路项目的实施。但是，新德里地铁公司因为支付国家政府和地方政府所征收的税收，造成了新德里市和地铁公司之间的冲突。市政府最终拒绝支持某些商业土地开发计划，因为在某些项目上新德里地铁公司可以不用缴纳与快速公交不直接相关的物业税。

图7.7　新德里地铁公司的网络I期（1995～2006年），II期（2006～2011年）和III期（2011～2016年）

图片来源：世界银行，2013a。

注：DMRC=新德里地铁公司；NCTD=新德里国家首都辖区。

新德里地铁公司需要获取政府利益相关方的法定许可：涉及建筑和概念规划——新德里城市艺术委员会；土地用途变更——新德里发展局；建设规划——市相关机关；无异议证明——土地和发展办公室和新德里发展局；考古调查——印度考古调查局；防火许可——新德里消防署；环境许可——环境部。

这一缓慢而复杂的过程（一个项目需要2～3年时间）通常会因为新德里地铁公司和私人开发商而滞后，它们成为快速公交站物业开发项目的主要障碍（请参见新德里"结论"第2条）。但是，新德里物业开发创造收益的过程通常被其他印度城市视为地铁融资的模型。

7.3 新德里的土地价值捕获

1. 筹资安排

新德里快速公交网络总长293km，项目共三期（表7.3）。日本国际协力机构（JICA）的日元优惠贷款（30年，包括10年的宽限期，利率约为1.8%）要求国家政府直接参与项目三期工作。

快速公交体系筹资 表7.3

I期（1995～2006年）
项目完工的成本：10891亿卢比
  印度政府股权：14%
  新德里政府股权：14%
  印度政府次级债务：2.5%
  新德里政府次级债务：2.5%
  免息次级债务：7%
  JICA贷款：60%

II期（2006～2011年）
项目完工的成本：19390亿卢比
  印度政府股权：17%
  新德里政府股权：17%
  印度政府次级债务：3.26%
  新德里政府次级债务：3.26%
  免息次级债务：4.35%
  JICA贷款：55.13%

III期（2011～2016年）
项目完工的成本：35242亿卢比
  印度政府股权：10.6%
  新德里政府股权：10.6%
  印度政府次级债务：7.2%
  新德里政府次级债务：7.2%
  免息次级债务：4.5%
  JICA贷款：40%
  其他：40%

资料来源：新德里地铁公司，2001，2010，2013b。
注：JICA=日本国际协力机构。

属于不同部门、机构以及市政府机关的土地按照以政府间的转让费率被转让给新德里地铁公司，城市发展部统筹安排，并制定了99年的租约。新德里政府主要负责为公共项目取得私人土地，然后转让给新德里地铁公司。在一些地方，新德里发展局也免费给新德里地铁公司提供土地。土地征用的成本将作为资金分配方案中25年期的免息次级债务，在未来有待回收收益。

从2006～2012年，新德里地铁公司的乘客量增加（日均乘客量上升约285%），2011～2012年间的运营收入成本比达到了247%（新德里地铁公司，2013a）。但是，这种意外的结果是因为免税（参见上文）、优惠的电价和低成本劳动力。公共交通运营的经常性收入占2011～2012年企业总收益的57%，已成为新德里地铁公司偿还低息外债的主要来源。

2. 物业开发

1996年，在Ⅰ期项目中，新德里地铁公司获得内阁授权，通过物业开发来筹集资金支付7%的地铁项目Ⅰ期成本。1999年7月，公司的房地产部门成立，负责快速公交体系的小规模商业房产、车站附近保留的可开发地块、大规模的住宅和商业房地产项目，而后者的场地最初是用于建设停车场和维护大楼的。这一筹资方式——以开发为基础的土地价值捕获——在Ⅱ和Ⅲ期项目中得到了沿用，但是物业开发的资本贡献率下降了（表7.4）。

快速公交体系中物业开发的资本贡献 表7.4

项目期	地铁项目成本	房产开发的筹资	(%)
Ⅰ	10891	762.37	7.00
Ⅱ	19390	843.46	4.35
部分合计	30291	1605.83	5.30
Ⅲ	35242	1586.00	4.50
合计	65523 ($12,049 mn)	3191.83 ($587 mn)	4.87

资料来源：世界银行，2013a。

停车场和独立地块上多数的90年租期住宅开发项目都有高额的预付款，而车站建筑的短租期（6～12年）商业房产和车站外大型地块上的中期（20年）房产能够带来更多的经常性收入。新德里地铁公司房地产的经常性收入占了近7年总收入的30%（图7.8）。但是，过去几年里，房地产的收入贡献率已经很小了（如2011～2012年只有6%）。

开发权的出售分为两步。在获得市政府机构的土地转让后，新德里地铁公司通常会邀请入围的招投标人之间就开发权签订特许协议。新德里地铁公司来选择开发商、设定租期。但是，实施层面依旧面临无效率等问题。印度总审计官和稽查官（2008）的一份审计报告表示，就合理价格下的开发数量还是存在市场反应较弱和业绩不佳的问题。从私人开发商的角度来说，有两个障碍十分突出：股份配售通知书中土地用途的限制性条款和竞拍过程的严格技术标准；容积率和地块面积不利于创造利润。

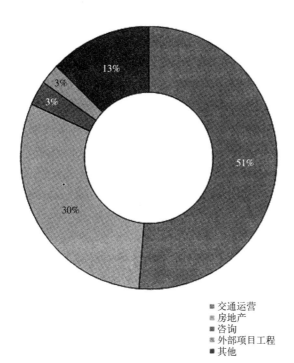

- 交通运营
- 房地产
- 咨询
- 外部项目工程
- 其他

图7.8　新德里地铁公司的净收入比例2004～2005年到2011～2012年

资料来源：新德里地铁公司的数据，2013a。

7.4　新德里开发案例

为了阐明新德里以公共交通为导向开发和土地价值捕获方案，这一部分展示了当前新德里的两个案例。两个案例都主要是进行大规模的物业开发：一个是交通基础设施规划和工程统管中心（UTTIPEC）基于以公共交通为导向的开发原则；另一个是私人开发商没有按照以公共交通为导向的开发规划框架。它们的经验表示出一些潜力和障碍。

1. 案例1：卡尔卡尔杜马地铁站以公共交通为导向的开发试点项目

2010年，新德里发展局决定由UTTIPEC实施快速公交系统车站的TOD试点项目。UTTIPEC小组起草了项目草案，主要是在卡尔卡尔杜马地铁站附近建设住宅群（图7.9）。这一区域有超过30hm^{2}的可开发土地与维卡斯马格站和新的快速公交Ⅲ线相连，从亚穆那站到安那德威哈站，多条地铁线路、通勤轨道和支线业务能够带来巨大的可达性效益。

UTTIPEC正努力运用以公共交通为导向的开发原则，旨在改善街区的交通便利性，减少机动车的行驶。它提出了综合开发多种类型住房（包括廉租房）和市政设施，一切都为了鼓励在多模式换乘的交通枢纽周边鼓励建设价格可支付性高且可步行的社区。这一区域的非正规聚居地群比比皆是。但是，实施这种理想化的以公共交通为导向的开发方案可能需要巨大的改动，需要改动容积率和建筑占地比例覆盖面、分区和设计规定，也需要经过漫长的许可过程（表7.5）。更糟糕的是，UTTIPEC 和新德里地铁公司之间缺乏就土地用途和平面规划、设计参数、联运设施、公共交通支线服务、交通和房产需求估计方面的协调，而这些条件能够决定这一项目和地铁线延长的经济可行性。

图 7.9　卡尔卡尔杜马地铁站附近的住宅群和快速公交系统

图片来源：© Jin Murakami 照片已获得使用许可。未来的再次使用还需许可。

卡尔卡尔杜马地铁站的以公共交通为导向开发项目　　　　表7.5

项目期限	2010至今
和中心商务区的距离	9km
人口	24800（预测）
面积	30.72hm²
容积率	2.0
不同用途的建筑面积	住宅：43% 商业：38% 社会：19%
停车要求	少于34%
关键的利益攸关方	DDA；UTTIPEC
经济数据	不可得①

资料来源：世界银行，2013。

注：DDA＝新德里发展局；UTTIPEC＝统一交通基础设施规划与工程中心。

① 因为项目是试点项目，经济数据还没公布，官方的数据截至 2013 年 5 月也没有获得。

2. 案例2：开伯尔山口地铁站的高端住宅群开发权出售

开伯尔山口地铁站位于市中心北部9km的地方，毗附亚穆邦河及一系列由新德里政府为跨河大桥所建设的道路。1999年，超过37hm^{2}的土地由土地和发展办公室转让给新德里地铁公司，价格为2.1亿卢比（490万美元），年金为2%。2003年，新德里地铁公司邀请投标人参与多数的场地竞拍。一个住宅公寓开发项目收到了共有6个报价，一个商场项有2个报价。开发商Parsvnath以4000万美元的价格中标住宅开发项目，长期租赁的期限为99年（物业开发权）；预付款比新德里地铁公司制定的最低价格高94%。开发商随后将高端住宅的租赁权出售给私人购买者。为了筹资，开发商从私营投资公司中筹得2400万美元的资金，用于获得物业的22%的股份。

开发商的住宅项目主要是到五间卧室的公寓单元房，每户在停车场边有4个停车位（图7.10）。但是，场地没有和最近的快速公交站相连——这成为最典型的交通毗邻型开发而不是以公共交通为导向的开发。同样地，这一项目的社会要求是建设廉租房：2021年新德里总体规划表明，大规模的住宅项目必须保留35%的住宅给经济贫困区的居民（表7.6）。这一开发包括273个住宅项目。但是，公寓和廉租房之间的物理配置让人怀疑这种公共要求是否能够促进社会包容性。

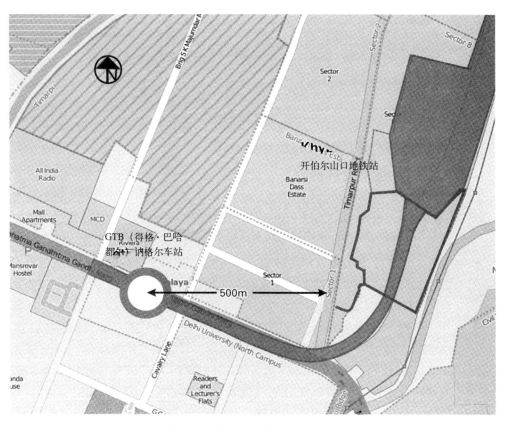

图7.10　开伯尔山口地铁站附近的住宅群开发平面图

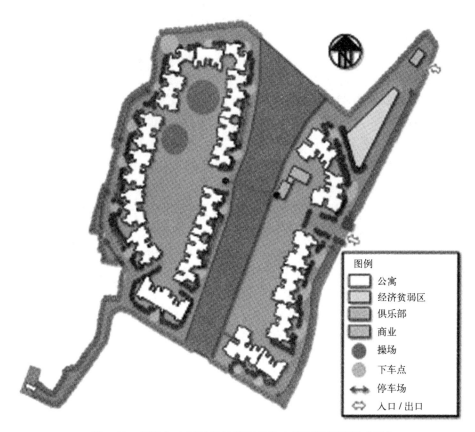

图 7.10 开伯尔山口地铁站附近的住宅群开发平面图（续）

图片来源：© OpenStreetMap。
注：EWS= 经济贫弱区。

7.5 海德拉巴的城市开发背景

人口和城市化趋势

海德拉巴是安得拉邦的省会，自 19 世纪晚期以来，在现代化的基础设施——铁路和教育的带动下，成为印度的国际企业中心。海德拉巴的经济正在重组和转型，从过去以低成本制造业为主转变为服务型和知识型活动为主导。信息技术和与其相关的服务以及生物技术行业在海德拉巴大都市开发区（HMDA）的北部形成了新的商业集群，使其成为印度第四大软件出口区（GHMC，2013）。

海德拉巴大都市开发区 7257km² 的土地上居住着 750 万的人口，其中包括大海德拉巴市政委员会（GHMC）。海德拉巴都市区的人口有望到 2025 年时超过 1160 万（图 7.11），其中主要的人口增长可能出现在周边的城市。因此，公共基础设施投资和土地用途管理需要着眼于长期，并反映人口增长的趋势和整个大都市区方兴未艾的工业集群发展（GHMC，2013）。

开伯尔山口地铁附近的住宅区　　　　　　　　表7.6

期限	2003至今（99年租期）
与中心商务区的距离	9km
人口	2000
面积	16.8英亩
住宅总数	507，不包括廉租房
廉租房数	273（总数的35%）
停车位	1500个
关键的利益攸关方	土地和发展办公室；DMRC；Parsvnath开发商；私人投资公司
经济数据	2.1亿卢比（DMRC给土地和发展办公室）；19.4亿卢比（Parsvnath开发商给DMRC）；11.5亿卢比（投资公司给开发商）

资料来源：世界银行，2013。
注：DMRC=新德里地铁公司；EWS=经济贫弱区。

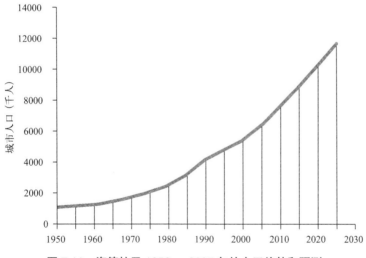

图 7.11　海德拉巴 1950～2025 年的人口趋势和预测

资料来源：联合国，2012。

7.6　海德拉巴的监管和制度框架

1. 总体规划

海德拉巴的总体规划已经得到更新，以应对新的人口增长模式和长期的商业模式转变。最新的 2031 大都市区规划鼓励外层区（即外围环路之外）将经济和社会活动聚集于建成区和主要交通走廊沿线，实现致密开发（图 7.12）。地铁从来没有纳入过这项总体规划中，因此没有针对新地铁体系对邻近区域进行影响研究。中心区地铁网络的建立实际上是针对更大的都市区而制定的开发策略中的一个。当地铁开发规划完成后，州政府会据此对于 GHMC 的总体规划进行修订，在地铁沿线的两边加入 300m 的多用途区（混合土地用途），从而促进土地的商业和办公利用，而且这些活动也能够从公共交通服务中获利。

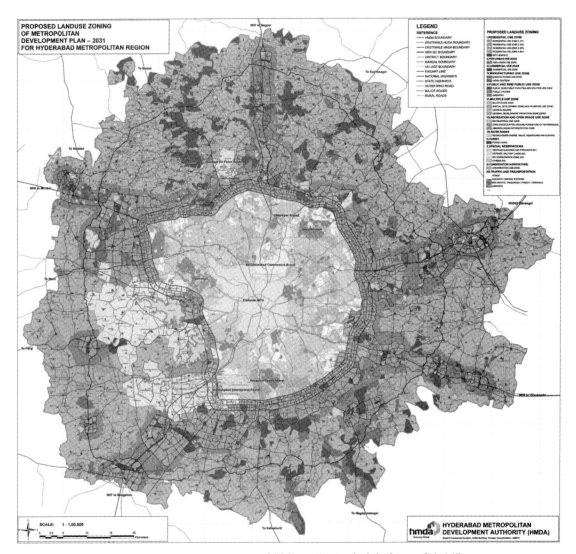

图 7.12　海德拉巴 "2031 年大都会区开发规划"

图片来源：海德拉巴大都会开发区。

2. 政府结构

海德拉巴过去有许多市级管理机构，近期进行了整合。首要的机构是海德拉巴大都市区开发区（HMDA），它建于 2008 年由五家机构合并形成（图 7.13），负责海德拉巴大都会开发区的规划、协调、监管、推进和开发保障工作，主要的工作方法是分配用于便利设施和基础设施的开发基金。

在外围环路内的是大海德拉巴市政委员会（GHMC），占地面积为

650km^2。2007年，它由海德拉巴市政委员会、12个市和8个位于2个邻近区内的潘查雅特①合并而成(除去塞康德拉巴德军事委员会拥有的印度陆军和空军的营地)。大海德拉巴市政委员会可分为五个区(北、南、中、东和西)，包括150个市区的18个圈层。每一个区都有选举产生的法人代表。法人团体成员选举市长、大海德拉巴市政委员会的名义领袖，而由州政府任命的市行政长官行使行政权。

图7.13 海德拉巴合并后的管辖界限

图片来源：海德拉巴地铁公司开发规划报告。
注：GHMC=大海德拉巴市政公司；HMDA=海德拉巴大都市开发区；MCH=海德拉巴市政公司；ORR=外环路；SCB=塞康德拉巴德军事委员会。

3. 公私合营

海德拉巴有世界上最大的地铁公私合营项目，这一创业模型是在遵循了世界上最佳经验的模型，如曼谷、中国香港、伦敦、新加坡和东京（海德拉巴地铁有限公司，2010）后建立的。州政府正努力通过设计—建设—融资—运营—转让模式，在海德拉巴采用高架结构建设长达71.16km的铁路体系。2009年，州政府邀请八个进入短名单的投标团队在可行性缺口补贴（国家政府为弥补公

---

① 译者注：印度乡村级自治管理机构。

私合营项目资金缺口财政援助)不超过10%的条件下,提出项目方案。

在三个最终候选公司中,拿丁集团(L&T)最终中标,该集团的可行性缺口补贴最低(145.8亿卢比/2.3亿美元)。该公司与州政府签订了35年的特许协议,其中的5年用于建设。海德拉巴地铁公司的建设被视为一种特殊的政策工具。在合作框架内,海德拉巴地铁公司发挥了中介作用,确保拿丁集团获取地铁建设的路权,同大海德拉巴地铁公司、交通、警察部门和公用事业机构合作,获得多个许可。非常关键的是,主要审批部门的领导都是海德拉巴地铁公司的董事会成员,因为州政府希望简化获取不同许可的复杂程序,所以海德拉巴地铁公司的核心成员都是从州政府中选举。海德拉巴地铁公司共有269亩地用于物业开发。在某些需要拓宽道路的区域,地块是以市场价购入的。

在国际咨询公司的帮助下,拿丁海德拉巴地铁私人有限公司(拿丁地铁)作为该地铁项目的受让人,有权从事交通走廊沿线的房地产开发、运营和维护,也有权转让部分或全部财产。受让人的两个重要义务便是鼓励建筑师和城市规划师的参与,从而实现与周边景观的充分融合,以及设计地铁体系时考虑与其他交通方式和新线路的换乘设施。

7.7 海德拉巴土地价值捕获

1. 融资安排

地铁体系的Ⅰ期仍然在建(图7.14和图7.15)。三条地铁线路的总长将达到71.16km,66个车站彼此之间的距离约为1km。之前的海德拉巴市政委员会所有地块的大多数都会有地铁网络的覆盖。因为地下岩石遍布,不能建设地铁结构,整个体系都是高架建设,并位于道路路权的中心。

图7.14 在建地铁:穿过海德拉巴建成区

图片来源:海德拉巴地铁公司。

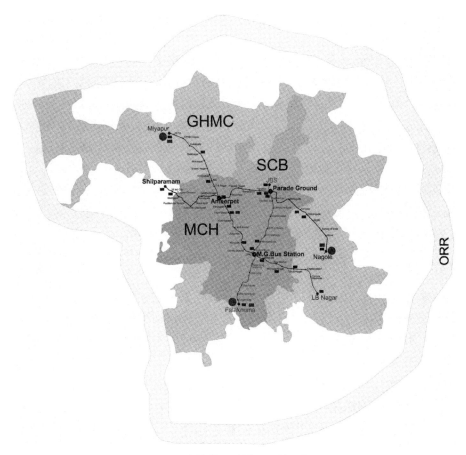

图 7.15 海德拉巴地铁公司的一期工程

图片来源：海德拉巴地铁公司的开发规划。
注：GHMC= 大海德拉巴市政公司；MCH= 海德拉巴市政公司；ORR= 外环路；SCB= 塞康德拉巴德军事委员会。

考虑到招标条件，政府提供 40% 的项目成本———一半来自国家政府，一半来自州政府。剩下的 60% 需要拿丁地铁公司提供。由印度国家银行领头的 10 家银行提供资金。这一地铁项目的负债比率为 2∶1。拿丁地铁公司预测企业收入的 50% 将来自车票，45% 来自房地产开发，5% 来自广告和停车费用。

因此，拿丁地铁的房地产收入比例要比新德里地铁公司的高（请参见表 7.4）。项目总成本为 30.7 亿美元，包括 4.1 亿美元的地铁沿线的房地产开发（拿丁地铁，2013）。

2. 物业开发

基于海德拉巴的公私合营方案，拿丁地铁公司正在推动停车场和车站的房地产开发项目。三个停车场的开发面积接近 86hm^2，最大建筑面积约为 1161000m^2，主要用于二层及以上楼层的开发。而建筑一层的 70%～80% 用于停放地铁车辆和其他停车场设施的维护与稳定。而且，每一个车站建筑面积的 20% 可以用于房地产开发（轨道下的站点开发面积不计入建设面积）。拿丁地铁公司有权使用 25 个站点的停车和流通空间用于房地产开发，面积总计达 23hm^2，最大建筑面积不超过 557000m^2。许多可开发的场地都是之前建在地铁站附近的非住宅用途的政府设施，这些设施包括政府办公大楼、医院和学校。如果这些地块不能使用，政府将提供其他同等规模的场地。

拿丁地铁有望提供公共便利设施，尤其是在地铁走廊沿线 300m 的地带还将进行高密度的以公共交通为导向的开发。在以公共交通为导向的开发方案中，最关键的是提供良好的支线公交服务，并在新的地铁站附近建设四通八达的行人和自行车道网络。但是，这种基础设施和服务的成本不包含在最初的特许协议中。至于多模式换乘一体化的目标，还需要从其他的交通来源中获得额外的项目资金，如尼赫鲁城市重建团。

7.8 结论

新德里和海德拉巴从其他城市中汲取了颇多的经验，它们是印度实施价值捕获概念来为新地铁项目融资并改变了城市结构的两个城市。这两个城市已经建立了不同的制度框架和监管框架。基于这些经验，它们正在调整这些框架来克服现有的障碍。对此，新德里的以公共交通为导向开发指南中有所提及。尽管还为时尚早，也总结了一些机遇和挑战。

1. 新德里的经验

新德里地铁公司于 1999 年开始第一个物业开发项目，尽管在新德里 2001 总体规划中并没有考虑快速公交系统以及相关的区划管理。这是因为自二战以来，新德里规划都是以小汽车出行为导向的。国家政府的政治和经济支持只有在一系列总体规划出台后才能开花结果，这要求将地铁车站和相关区划纳入到长期发展战略中去。

第一个物业开发的容积率很低，因为新德里发展局一开始担心地铁站里的过多商业活动会造成严重的交通拥堵。新德里地铁公司引用香港的成功案例来努力获取新德里发展局的支持，允许更高的容积率。但是新德里发展局没有让步，因为它意识到新德里地铁公司的物业会比外围的物业（由新德里发展局控制）吸引更多的人。因此，新德里地铁公司要求改变土地用途、批准建设控制和其他许可的任何提议都通常会受到一段时间的阻碍。新德里发展局已经在 2021 年的规划草案中提出要大幅提高地铁影响区域内的容积率，但似乎新德里发展局还将会继续限制车站区域新德里地铁公司所属物业的容积率不超过 1.0。除了交通拥堵，新德里发展局的阻碍似乎从根本上来自于如何在利益相关方之间分配地铁影响区域内多个物业开发项目所带来的开发利益，新德里发展局、新德里地铁公司及其他利益相关方远未达成一致。

为了提高印度第一个地铁项目的公众利益，地铁沿线的地块由国家政府部门、机构和市政府以低于市场的价格转让给新德里地铁公司。但是，新德里地铁公司开始利用部分土地开发房地产,而不需要交房产税。开发的利润应当和土地贡献者及其他利益创造者共享,包括新德里发展局。所以发展局利用监管工具,阻挠了新德里地铁公司的物业开发项目,以抵制新德里地铁公司的垄断位置。

为了解决利益冲突,地铁站附近的物业开发项目应当由新德里发展局和新德里地铁公司联合实施。但是,它们在工作文化和方法方面存在严重分歧。新德里地铁公司作为交通机构,更关注地铁体系的运营效率和《印度铁路法案》所授予的某些权利,而这些不能和新德里发展局和其他市级机构共享。与中国香港的港铁公司及东京的铁路公司不同,新德里地铁公司的物业部门还没有获得商业授权,因为其地铁项目的主要资金都来自于国家政府,包括日元贷款。近几年,新德里地铁公司的载客服务已经创造了大量的企业利润,而在房地产和城市规划方面却缺少专业经验,影响了公司寻求联合开发的机遇,阻碍了与新德里发展局及其他利益相关方共同创造更大利润。

UTTIPEC 所制定的以公共交通为导向的开发参数似乎和美国城市规划和设计学院所提出的很像。但在现实里,除非新德里发展局和新德里地铁公司携起手来制定总体规划,否则这些参数便不能服务于房地产和公共交通市场上的居民和乘客。世界上最好的土地价值捕获实践表明,参数的制定不应当基于固定的标准,而应当考虑地方的情况、全网络的交通特征和市场需求。私营实体参与实施大型以公共交通为导向的开发项目非常重要。但是,开发商将广博的知识和资源用于一系列房产项目中的机会却很有限。

2. 海德拉巴的经验

在海德拉巴的创新商业环境中,世界上最大的地铁公私合营方案涉及了多家市级机构和跨国公司。由于特许协议清晰地阐明了公共和私营部门的义务,列出了用于房地产开发的地块和公用设施的规格,这一进程非常顺利。为了履行义务,政府迅速取得了市主要道路沿线的地块,私有合作伙伴也在建设桥梁支柱、铁路和停车场。

海德拉巴大都市区最近的总体规划没有包括具体的开发策略和服务海德拉巴中心地区的地铁沿线土地使用限制为了实施公私合营的地铁项目,300m 的缓冲区已经作为以公共交通为导向的开发区域在市政府层面得以建立。这种宽松和地方性的政策引发的问题是,在公私合营框架内,短期和中期项目的成果如何满足大都会区长期的城市发展目标。

拿丁集团的开发方案提出在小的地块上主要进行商业开发,以提高经济回报。与草率的土地征用和许可过程一样,以公共交通为导向的开发原则还没有纳入公私合营的开发实践中。地铁公司开发更大规模的混合用途项目还需要更多时间、知识和经验,来建设高架行人网络,并逐渐将地铁设施融入周边区域中,创造更大的社会利益。目前的方案可能不够乐观,与中国香港的港铁公司在 20 世纪 80 年代实施了 R+P 的第一阶段后采取的策略类似。

202-204

7.9 参考文献

Comptroller and Auditor General of India (CAG). 2008. "Performance Audit of Phase I of Delhi Mass Rapid Transit System by Delhi Metro Rail Corporation Limited, 2006–2007." New Delhi.

Delhi Development Authority. 2013. *Draft Master Plan for Delhi–2021*. Delhi. www.dda.org.in/planning/draft_master_plans.htm.

DMRC (Delhi Metro Rail Corporation Limited). 2001. *Annual Report 2000–2001*. New Delhi.

———. 2010. *Annual Report 2009–2010*. New Delhi.

———. 2013a. "Delhi Metro Corporation Limited Year Wise Revenue." New Delhi.

———. 2013b. *Annual Report 2012–2013*. New Delhi.

Gladstone, David L., and Kameswara Sreenivas Kolapalli. 2007. *The Urban Development Effects of Large-Scale Public Sector Landowners in India: A Comparative Study of Delhi and Bangalore*. Cambridge, MA: Lincoln Institute of Land Policy.

GHMC (Greater Hyderabad Municipal Corporation). 2013. "Hyderabad Urban Agglomeration: Demography, Economy and Land Use Pattern." Hyderabad, India. www.ghmc.gov.in/downloads/chapters%202.pdf.

Ministry of Urban Development, Government of India. 2006. *National Urban Transport Policy*. New Delhi.

Nallathiga, Ramakrishna. 2009. "Potential of Land and Land Based Instruments for Infrastructure Development in Urban Areas." In *India Infrastructure Report 2009: Land—A Critical Resource for Infrastructure*, edited by 3iNetwork Infrastructure Development Finance Company, 218–26. New Delhi: Oxford University Press.

UN (United Nations). 2012. *World Urbanization Prospects: The 2011 Revision*, CD-ROM Edition. New York: Department of Economic and Social Affairs, Population Division.

UTTIPEC (Unified Traffic and Transportation Infrastructure Planning and Engineering Centre). 2012. "Transit Oriented Development: Policy. Norms. Guidelines." New Delhi (Draft).

World Bank. 2013a. "World Bank Guidebook on Incentive-Based Value Capture Mechanism for Transit in Developing Countries: Draft Case Report Delhi Metro Case Study." Washington, DC.

———. 2013b. *Urbanization beyond Municipal Boundaries: Nurturing Metropolitan Economies and Connecting Peri-Urban Areas in India*. Directions in Development. Washington, DC: World Bank.

第8章　空间权销售：巴西圣保罗

圣保罗是巴西土地价值捕获的先驱城市，由于缺少大量的财政来源，该市寻求土地价值捕获来为城市基础设施投资提供资金。但是，由于过度的城市化和可开发土地的稀缺——与中国或印度城市不同，它不能出售或出租国有土地——地方政府不得不靠出售空间权作为城市再开发的重要组成部分。圣保罗吸引私有房地产投资进入指定的城市再开发区域，这一行为被称为"城市行动"（UOs），通过拍卖可交易的空间权——额外建设潜力证明（CEPACs）来为城市基础设施筹资。CEPACs几乎还没有为圣保罗的公共交通或以公共交通为导向的相关开发提供资金，但是这种实践可以利用到巴西的其他地方，如库里蒂巴所做的那样。同时，由于降低开发密度给城市开发模式带来了意料之外的负面影响，CEPACs也有自己的问题。

8.1　城市开发背景：人口和城市化趋势

圣保罗是巴西东南和中西部发展的中枢。圣保罗大都市区的许多城市在过去的殖民时代都是由主要河流沿岸的小村庄演变而成，那时的河流发挥着区域交通要道的作用。圣保罗第一个密集式增长时期开始于19世纪，这是因为区域的咖啡生产和贸易逐渐扩大，以及从圣多斯港到圣保罗及其腹地多条铁路的建设；第二个快速发展期是1940～1980年的工业化时期，圣保罗市的国内生产总值增长了10倍，人口增长了5倍，达到了约1210万。但是从20世纪90年代开始，圣保罗的经济出现了严重的去工业化现象。

收入和人口的快速增长和不稳定的政治及金融条件，再加上过去几年来空间发展愿景和策略的实施不当，都导致了城市的扩张（图8.1），包括边缘地区的大规模非正规住宅。当前，圣保罗城市化率达到了86.5%（世界银行）。到2025年，虽然可开发的土地还是供应短缺，但是大都市区的人口有望达到2310万（图8.2）。

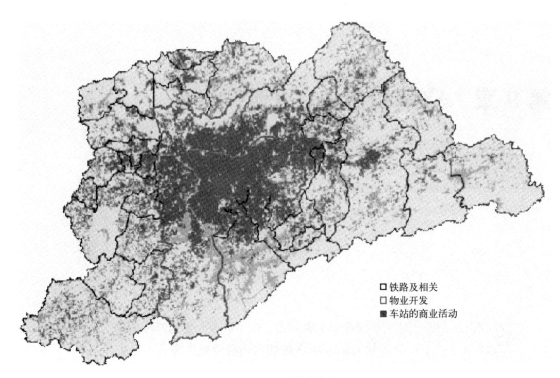

图 8.1　圣保罗的大都市区

图片来源：圣保罗城市交通规划局（EMPLASA）、圣保罗市政府城市发展秘书处。

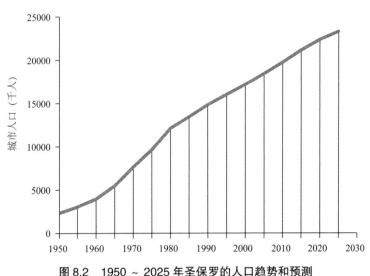

图 8.2　1950～2025 年圣保罗的人口趋势和预测

资料来源：联合国，2012。

　　随着城市区域的界限不断地向外扩展，圣保罗中心区域出现了集中的就业岗位、教育活动、公共服务、商业和娱乐活动。这些都给市中心和周边城市之间带来了频繁通勤，而多数的人口都居住在周边城市。但是近来，圣保罗与东京、纽约和伦敦等国际城市一样，中心城市区域再次出现了居住人口的返回潮。过去十年里，这种城市再生趋势原本可以被更好地用于创造机遇，以实施价值捕获和轨道投资。

8.2 监管和制度框架

1. 法律和总体规划

几个联邦、州和市政府的法律和总体规划文件引导了圣保罗的城市发展和公共交通投资。在联邦政府层面，《城市法令》（联邦法律 10.257/2001）定义了法律原则，来指导政府控制城市土地开发过程和管理过程行为，同时得到了市条例的补充（Fernandes，2010）。《城市法令》也规定了居住人口超过 2 万的城市的义务和城市行动（UO）的功能，即与其他政策工具一同，帮助政府和私人开发商建立伙伴关系。《城市法令》还通过将土地的所有权和使用权区分开来，强调了房产的社会功能。这意味着土地所有权并不能直接保障土地使用的完全自由，土地所有人需要按照地方政府规定的条件获取开发许可。按照城市法令，巴西市级政府通过土地开发批准和空间权出售保障了房产带来的公众利益。这为市政府的空间权出售提供了法律基础。

交通部制定了《国家物流和交通规划》来引导公私合作进行交通基础设施投资，通过中期和长期的合作项目，整合多种交通方式。城市部制定了《城市移动性项目》，也为决策制定者和从业人员制定了行动规划，用以促进各城市的交通项目，如快速公交、通勤铁路和地铁沿线的城市改造。城市部还颁布了《城市移动性项目和相关项目的指南》。

在州政府层面，《城市交通综合规划 2025》（STM，2006）提出综合的交通发展策略，旨在平衡城市机动性的供求。2006 年的版本强调了土地利用政策和交通基础设施投资之间的协调，旨在促进商业活动的迁移，减少来往中心商务区的通勤数量。《城市交通综合规划 2025》中的某些铁路项目已经开始执行，如新的松林河滨大道车站、9 号线的现代化、4 号和 5 号地铁线的延长和新的快速公交车道的建设。到了 2025 年，整个交通网络有望实现通勤铁路和地铁的线路总长达到 110km 的期望，包括通向瓜鲁柳斯国际机场的机场快轨服务（图 8.3）。

在市层面，最新的《2002 战略总体规划》（PDE），将城市法令所提及的城市化工具纳入了空间发展策略中。PDE 也强调了公共交通和土地开发的整合，这可以通过高密度和混合用途开发等市场激励机制、地铁沿线新商业集群的创建、建成区的再开发和已有交通基础设施的利用来实现。PDE 中的许多条款都和《城市交通综合规划 2025》一致。自 2013 年起，PDE 正在进行公共沟通以进行修改。此后，圣保罗的战略开发区将基于未来的城市公共交通投资和当前的土地市场条件被重新定义。

2012 年，市政厅制定了文件《圣保罗 2040》，畅想了城市的长期愿景。其中一个突出的规划是建立"30 分钟城市"，即拉近了城市居民和每日活动地点之间的时间和空间距离，主要是通过改善城市公共交通的质量和延伸地铁网络，并制定了 2040 年的地铁总里程达到 264km 的目标。

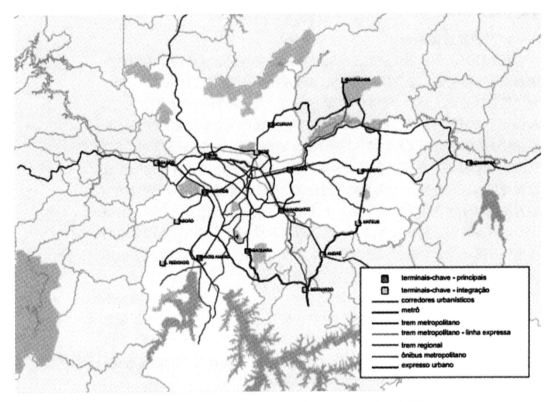

图 8.3 《城市交通综合规划 2025》的交通网络（见彩图）

图片来源：STM，2006。

2. 城市行动（UO）

"城市行动是《城市法令》定义的、作为促进城市大规模重建的一种工具，通过提供土地相关的激励，促进包括地方公共部门、开发商、土地所有人和其他作为独立投资者的利益相关方等，建立公私合作伙伴关系（PPP）（Montandon 和 de Souza，2007）"。城市行动通过"联合城市行动"的工具来实施。城市行动中的城市基础设施投资资金来源于公共投资、土地用途和土地使用改变创造的增值（Sandroni，2010），而这部分增值将通过出售空间权来被回收（请见下文）。

圣保罗的第一个城市行动是 1991 年的亚卡巴乌广场，并在之后的扩建中更名为中心广场。还有两个城市行动是商业区附近的法利亚利马和之前工业用地之上的阿瓜布兰卡（图 8.4）。

在《城市法令》通过的几个月后，按照新制定的 2001 年标准，阿瓜布兰卡执行了一个城市行动。2002 年的规划确认了正在执行的 4 个城市行动，并提出了 11 个新的城市行动。市级规划也重申需要更新已有的城市行动，才能满足《城市法令》的要求，因为最初的四个城市行动没有额外建设潜力证明。过去每一个房地产项目额外建设潜力证明（CEPACs）的价格都是由专业的审计人员制定评估报告得出。2004年的法里亚利马引入了新的体系。一项针对阿瓜布兰卡更新的研究于2008年开始，并于2012年向市议会提交修订稿，目前官方还没有正式批复。

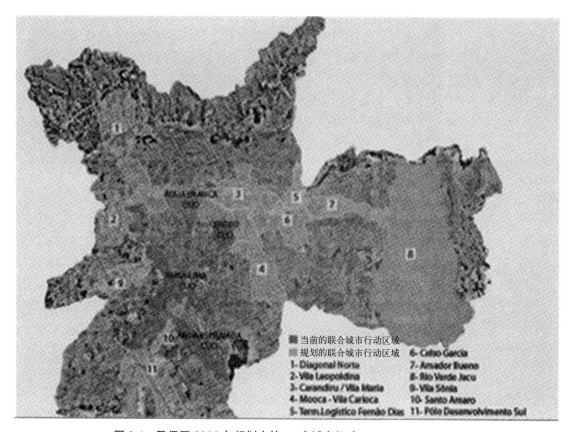

图8.4　圣保罗2002年规划中的15个城市行动

图片来源：圣保罗市政府城市发展秘书处，2002。
注：CUO=联合城市行动。

3. 政府结构和角色

联邦政府、州政府和市政府都负责执行PDE和圣保罗的交通总体规划。联邦政府负责制定圣保罗和周边城市的城市规划及TOD项目的标准。同时还负责管理联邦道路、铁路和水路系统。联邦城市部发挥着引导城市开发进程的有益作用，充分考虑多个交通体系整合带来的益处。城市部对多个州和市提出了建议来整合共同的发展愿景。

州政府负责大都市区的地铁和综合交通网络，而市机构控制所在辖区的部分城市交通体系和土地利用规划。

州政府和市政府为区域和地方交通体系建立了多个部门和机构。州大都市交通秘书处(STM)有三家执行公司:圣保罗大都市市政公司(METRO)、圣保罗大都市铁路公司(CPTM)和大都市城市交通公司(EMTU)。在STM,公共交通和交通管理的任务由圣保罗交通公司(SPTrans)和交通工程公司(CET)负责。作为主要的交通部门,圣保罗交通公司负责协调圣保罗8家私营公司的多个公交服务。重要的交通项目由两个机构负责:STM和城市发展秘书处。后者主要围绕新的公共交通线路和站点的城市规划与设计,管理土地规章,监管城市开发公司(圣保罗城市公司)。

  州政府、市政府及相关机构面临着近期总体规划中交通投资所需的众多资金要求(表8.1)。根据圣保罗州政府的最新报告,2013财年的公共开支总额为1730亿里尔(887亿美元),其中240亿里尔(123亿美元)用于交通投资。圣保罗地铁的新投资额为48亿里尔(25亿美元),其中35亿里尔(18亿美元)来自州财政局,13亿里尔(7亿美元)来自圣保罗大都会市政公司。圣保罗市政府2013财年总预算为420亿里尔(215亿美元)的法定开支,用于卫生、教育、债务偿还和运营,其中的26亿里尔(13亿美元)发放给交通项目和相关的城市项目。

近期总体规划中的公共交通项目总结 表8.1

项目	机构	目标
BRT	PMSP	实施新公交走廊150km
市域公交走廊伊塔佩维——圣保罗	STM/EMTU	30.4km的公交走廊及与4号线地铁的融合
市域公交走廊瓜鲁柳斯——圣保罗	STM/EMTU	24.8km的公交走廊
地铁新线	STM/CPTM	ABC快线(和10号线平行)和13号线/机场快线
地铁延长	STM/CPTM	8号和9号线延长
4号黄线	STM/METRO	延长12.8km,新建6个车站
6号橘线	STM/METRO	延长15.3km,新建15个站
18号青铜线VLT圣保罗SBC	STM/METRO	单轨14.2km,12个车站
20号粉线	STM/METRO	新线路12.3km,14个车站
5号淡紫线	STM/METRO	拉戈特里泽和2号绿线之间的延长——19.9km
15号银线	STM/METRO	单轨25.8km,18个车站
17号金线	STM/METRO	孔戈尼亚斯机场到CPTM的单轨7.7km——9号线

资料来源: Cartão BOM (http://www.cartaobom.net), METRO (http://www.metro.sp.gov.br), SPTrans (http://www.sptrans.com.br), 2013。

注: BRT= 快速公交, CPTM= 圣保罗大都会铁路公司, EMTU= 大都会城市交通公司, METRO= 圣保罗大都会市政公司, SBC= 圣贝纳尔多市, STM= 州交通部, VLT= 轻轨。

8.3 土地价值捕获

1. 公共交通投资的筹资安排

圣保罗和附近城市的多数公共交通项目的筹资都严重依赖地方政府，尤其是圣保罗州政府用于地铁、通勤铁路和市内公交的一般性预算。联邦政府能够为一些项目提供经济支持（如2013年4月圣保罗150km的新公交项目）。根据对公共投资的经济可行性的一项研究，圣保罗的市政府不具备足够的财政资源来建设和维护多个总体规划中所列的资本密集型的公共交通系统。

为了筹集资金应对接下来几十年，城市交通一体化方案2025（DITU 2025）基于常规的税收和创新的财政工具，进行了公共交通投资融资方案情景分析，其中包括了价值捕获工具，根据总体规划所分析的筹资模型，"城市干预区"和"城市行动或联合城市行动"的空间权出售可以显著地捕获开发收益，此外公私合营和交通拥堵收费也可以创造收益（表8.2）。

综合城市交通规划2025的筹资方案（单位：百万里尔）　　表8.2

筹资方案	2007～2012年	2013～2025年
州政府——财政贡献	7700	13200
州政府——筹资	600	2800
联邦政府——联邦纳税申报单	1,000	2,000
联邦政府——对经济领域的干预贡献	600	1200
市政府——物业税	300	1000
市政府——筹资	300	0
市政府——城市收费	0	3000
私有部门（PMSP和其他）——城市特许	500	4500
私有部门——PPP、州政府和市政府	5400	4000
私有部门——运营商的营运利润	200	400
总计	16600	32100

资料来源：STM，2006。
注：PMSP=圣保罗市；PPP=公私合营。

2. 价值捕获工具

圣保罗市自20世纪90年代早期便开始探索实施价值捕获，包括城市行动下准许实施的CEPACs。许多城市的土地价值捕获监管框架和方案都来自圣保罗的经验。巴西主要的土地价值捕获方案的典型特征在表8.3中进行了探讨和总结。

巴西的土地价值捕获工具 表8.3

工具	机制	支付方	实施方	申请
物业税	物业税	所有人	市政府	一般预算
改良费	公共改善收费	所有人从公共投资中获益	各级政府	公共投资
OODC	空间权出售	所有人	市政府	城市发展基金（公共城市投资优先，如城市内的贫民窟改良）
UO中的主要部分（CEPAC）	空间权出售	开发商和所有人	市政府	事先决定的公共城市投资，包括UO中的贫民窟改良
城市干预区	空间权出售	开发商和所有人	市政府	未实施
城市特许	开发权出售和土地征用权	开发商和所有人	市政府	基础设施投资

资料来源：Maleronka 和 Pires，2013。
注：CEPAC=额外建设潜力证明；OODC=额外建设收费；UO=城市行动。

额外建设收费（OODC）是出售建筑面积，使得土地所有人能够按照法律规定的最大容积率来利用自己的土地。在 OODC 框架下，土地所有人的财产权受到基本容积率的限制，而基本容积率和"能够接受的最大容积率"存在差异（Smolka，2013）。在圣保罗，市规划部门为该市设定的基本容积率是 1.0 ~ 2.0，这一范围内具体的容积率取决于位置和土地用途（表 8.4）。如果土地所有人希望超过基本容积率，以可接受的最大容积率（1.0 ~ 4.0，也取决于位置和土地利用）进行建设，他们需要购买额外的容积率。某些区域的免费开发基本容积率比前次开发的基本容积率低。OODC 出售所带来的收益放入城市发展基金，然后资助城市公共投资，包括城市内的贫民窟改造。PDE2002 制定了圣保罗市除去在联邦法律约束下的城市行动中可交易的空间权外，该市所有的空间权。

2002年前后圣保罗基本容积率的变化 表8.4

2002~2004年圣保罗容积率系数的变化					
2002年战略开发规划中确立的土地用途分区	2002年之前的土地用途分区	2002年之前的FAR	基本FAR		最大FAR
			2003年	自2004年起	
专属住宅区（ERZ）	严格的水平独栋住宅区（Z1）	1.0	1.0	1.0	1.0
混合用途区（ZM）	主要的水平住宅区（Z9）	1.0	1.0	1.0	1.0
	主要的低人口密度住宅区（Z2）	1.0	1.0	1.0	2.5

续表

2002~2004年圣保罗容积率系数的变化

2002年战略开发规划中确立的土地用途分区	2002年之前的土地用途分区	2002年之前的FAR	基本FAR 2003年	基本FAR 自2004年起	最大FAR
混合用途区（ZM）	主要的低人口密度住宅区（Z11/Z13/Z17/Z18）	1.0	1.0	1.0	2.0
	主要的中人口密度住宅区（Z3, Z10, Z12）	2.5	2.0	2.0	4.0
	混合用途区和中高人口密度区（Z4）	3.0	2.5	2.0	4.0
	混合用途区和高人口密度区（Z5）	3.5	3.0	2.0	4.0
	特殊用途区（Z8 007-02, -04, -05, -08, -11, -12）	3.0	2.5	2.0	4.0
	特殊用途区（Z8 007-10, -13）	2.0	2.0	2.0	4.0
	特殊用途区（Z8 060-01, -03）	1.5	1.0	1.0	2.5
	混合用途和商业与服务区（Z19）	2.5	1.5	1.0	4.0
重组工业区（ZIR）	主要工业区（Z6）	1.5	1.0	1.0	2.5
	严格工业区（Z7）	1.0	1.0	1.0	2.5

资料来源：Smolka，2013。

注：FAR＝容积率。

额外建设潜力证明（CEPACs）是一种市场化的筹资工具，通过指定城市行动中的空间权交易来为公共城市投资提供资金。通过CEPACs，各市可以出售额外的建设权利，如更高的容积率和可能的土地用途变化，来筹集基础设施投资资金，这应当能够吸引私有部门的投资，这也是城市开发政策所乐见的。这个工具的一个优势是各市在项目开始前就可以获得收益，而且在资助基础设施建设的同时，没有带来赤字或公共债务，也没有动用预算资源（Sandroni，2010）；另一个优势是市场力量决定了未开发的空间权的价格，尽管各市可以拒绝接受低于最低的价格（额外建设潜力证明机制在下一部分会详述）。

尽管由于应用法规还未到位，这一机制尚未使用，PDE中的城市干预区是指城市有意促进城市开发的地区。在指定区域内，土地所有人可以按照总体规划采用超出基本容积率的参数，来开发自己的土地。空间权出售所创建的收益直接归入城市发展基金，然后通过各市来为公共工程融资。

城市特许（UCs）（还未实施）是另一个公私合营的开发机制，在此机制下，市政府将各场地的总体规划下达给私人开发商负责执行。总体规划需要市政府和公众进行协商，通过竞拍选出一家私人机构成为城市特许区内的房地产开发受让人，受让人有权征用总体规划所需的土地，通过联合的房地产开发获得收益。在此框架内，市政府要求受让人提供公用设施、绿色空间、社会性住房等，这些资金都来自城市特许区内的房地产开发。

3. CEPAC 机制

额外建设潜力证明（可交易的空间权）是由圣保罗市政府首创，在巴西证券交易所拍卖，这意味着它们不仅受到《城市法令》的管理，同时按照两年前颁布的《巴西证交所指令 401》，它还受到巴西证交所的约束。《巴西证交所指令 401》要求市政府设定 CEPAC 的最低价格，维持该市房地产业的竞争力。圣保罗的 CEPAC 的价格估值适用虚拟的土地方法。这一方法认为房地产项目所创造的私人收益必须由开发成本、土地征用成本、房地产收益和增加值收益组成。CEPAC 价格可以作为两种情况之间的土地差值来估计：拥有额外空间权完整收益的地块和没有任何额外空间权的地块（图 8.5）。

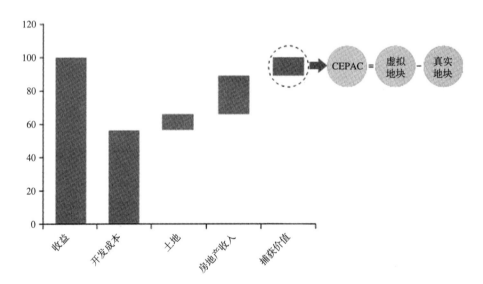

图 8.5 基于虚拟的土地方法估计的 CEPAC 价格

资料来源：Maleronka 和 Pires，2013。
注：CEPAC= 额外建筑潜力证明。

市政府按要求应当不断更改最低价格和每个公开拍卖的 CEPACs 的数量。最终的销售价格在拍卖中决定。理论上，CEPACs 可以在证券市场交易，尽管次级市场还没有发展起来。发行 CEPAC 的数量要与指定的城市行动中当前及未来的城市基础设施的支撑能力相适应。这一数量是基于项目的可行性分析的，考虑了当前的基础设施和城市行动中预测的额外建设工程。CEPAC 只能够在城市行动中那些容积率超过土地开发法律所规定的标准容积率的建筑场地中使用，但是容积率最大不能超过城市行动法律所规定的最大值（图 8.6）。

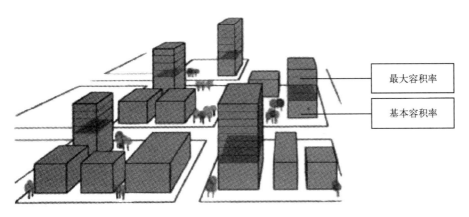

图 8.6　CEPAC 在城市行动中的使用

图片来源：Maleronka 和 Pires，2013。
注：CEPAC= 额外建设潜力证明。

CEPAC 拍卖的收益存入特殊的第三方保管账户中，因为按照每一个城市行动的招股书规定，这些资金是专用于改善城市行动的。这意味着每一次拍卖都旨在为事先决定的公共工程项目筹资。在圣保罗，每一个 CEPAC 公开发售所优先考虑的公共工程都是由城市行动管理委员会决定，这一委员会的成员来自市政府官员和民间代表。

尽管空间权出售在那些面临财政限制、并土地有限的主要城市中有迹可循，这一工具还是很少作为公共交通项目的筹资工具被使用。

4. CEPAC 资助城市行动：阿瓜布兰卡，圣保罗

阿瓜布兰卡的城市行动占地面积 1425hm^2，于 2001 年通过。尽管看起来像是法里亚利马商业区的延伸，但阿瓜布兰卡项目包括了高层办公楼、两条高速公路和一条地铁线间的贫民窟。最初，CEPAC 住宅的数量是 375 万，其中 239 万已经于 2013 年 2 月在证券交易所出售。2004～2012 年的空间权出售用于 136 个物业开发。阿瓜布兰卡 2013 年 1 月所创造的收益为 32.82 亿里尔（13.83 亿美元），支出为 9.78 亿里尔（5.02 亿美元），占公共净收入的 23.03 亿里尔（11.81 亿美元）。

净收入将资助许多项目，包括便利设施密集的公共开放空间、专供受到城市行动影响的家庭的 8000 个社会性住房、高架桥和皮涅罗斯河桥梁的建设。尽管城市行动的招股书列举了用于地铁和单轨线项目的 8200 万里尔的投资（根据圣保罗州政府和市政厅的谅解备忘录），但是房地产市场上的 CEPAC 交易目前还没有带来以公共交通为导向的开发。

在城市行动中，空间权的分配并非免费或平均。为了实现空间发展目标（如密度和混合用途），针对每一个城市行动都有区域地图和相应的表格（表 8.5 和图 8.8）。根据具体的分区体系和建筑面积转换率，CEPAC 应当通过交易的过程进行战略性分配。但是，CEPAC 的运用并不能总是在城市行动的方方面面都带来预期的空间开发（图 8.7）。对城市行动确定的市场反应还有待观察，毕竟 CEPAC 是新鲜事物。

图 8.7　法里亚利马城市行动中车站附近的建成环境充斥着停车位

图片来源：© Jin Murakami。照片已获得使用许可。再次使用需要进一步许可。

区域	CEPAC系数
巴库阿拉区	$3m^2$
布鲁金区	$1m^2$
次尔尼尼区	$1m^2$
临界皮涅鲁斯区	$1m^2$
楚克里扎伊丹区	$2m^2$

CEPAC系数举例　　表8.5

注：此表格显示的是不同区域的一个 CEPAC 可以购买的建筑面积。

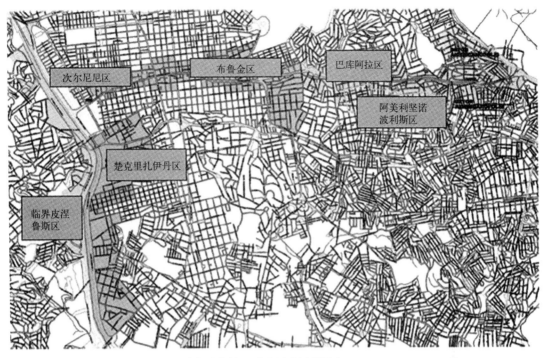

图 8.8 阿瓜布兰卡的区域地图（见彩图）

资料来源：圣保罗城市规划局。http://www.prefeitura.sp.gov.br/cidade/secretarias/upload/desenvolvimento_urbano/sp_urbanismo/arquivos/ouae/AE-Perimetro.pdf。

5. OODC 和 CEPAC 对城市发展模式的负面影响

为了创造对于 OODC 或 CEPAC 空间权的市场需求，圣保罗先将整个市区的基本容积率降低为 1.0～2.0。在新的容积率方案中，当前财产的所有人如果希望重建旧楼，就需要为超出基本容积率限制的多余容积率支付 OODC 或 CEPAC，此外还有拆除成本和建设成本。就重建达成共识很困难，新制定的基本容积率限制可能会挫伤当前业主重建旧物业的积极性，因为旧楼当初建设时的容积率反而更高。开发商为了寻求更高的投资回报，他们意欲通过 OODC 或 CEPAC 建设高层楼房，重点关注高端物业，如市中心的办公、商场和豪华住宅楼。尽管市政府努力利用 OODC 和 CEPAC 及一般性预算在市中心建设社会性住房，同时还通过分配比限制更高的容积率来激励建设居民楼，但是就业集中地的市中心保障性住房供应十分有限。因此，占据了该市的多数人口的中低收入人群，居住在远离市中心的郊区，每日要挤地铁或公交长途跋涉。

在圣保罗，通过 OODC 或 CEPAC 可以购买的最大容积率是 4.0，甚至在中心商务区也是如此。其他的大城市可能有更高的容积率：如东京从 1～20；中国香港从 1～12；首尔从 8～10（Suzuki, Cervero 和 Iuchi, 2013）。圣保罗看起来与发展中国家的许多大都会区有相似特征——即高人口密度和低容积率，这同样也造成了城市扩张（图 8.9）。

图 8.9　圣保罗的低收入或中低收入住宅区

图片来源：© Hiroaki Suzuki。已获得照片的使用权，再使用需要进一步许可。

6. 制度障碍

在圣保罗，轨道交通（地铁和市郊铁路）及地面公交服务分别在州政府和市政府的负责范围内。除了少数的小规模投资，CEPAC 收益还没有用于地铁建设。此外，城市行动中的 CEPACs 通常都没有分配给轨道或公交车站区域邻近的地方。CEPACs 因此也没有捕获到公共交通投资带来的土地价值增值。

而且，政治因素（如不同政党领导下的州政府和市政府的控制）使得交通机构和城市规划部门（它负责分配 CEPAC）之间的协调异常困难。即使是在同样的公共交通领域，州政府所有的轨道公司和市政府所有的地面公交公司之间竞争激烈，而不是彼此合作。由于交通机构和城市规划局之间缺乏协调，再加上交通机构以轨道为核心的工程方案，交通机构通常会错失利用车站的空间权来创造收益的机会。例如，考虑到预算紧缩和法律限制，地铁公司的工程师倾向于根据最低的结构规格来设计地铁站，因为这所需的投资最少，而不是支持多功能的车站建设，尽管多功能车站能带来可观的出租收益，提高公共交通的乘客量。

7. 应用以开发为基础的土地价值捕获为以公共交通为导向的开发带来的机遇

除了以上挑战，圣保罗有潜力将以开发为基础的土地价值捕获应用于公共交通投资，开发符合 TOD 要求的密度。CEPAC 收益部分用于支付库里提巴的林哈佛得（绿线）城市行动的投资成本。在该项目中，沿快速公交绿线的一条国家高速公路将被改造成城市道路，并要实现高密度的开发（Smolka，2013）。

圣保罗的城市规划者正在考虑减少郊区和市中心之间拥挤的通勤，方法是建立次中心来平衡商业密度和住宅密度（如将 Região da Jacu-Pêssego 作为新的商业中心，而将 Região da Cupecê 用于商业和住宅），在以公共交通为导向的开发原则下可开发的土地依旧存在。由于居民收入快速上涨，交通站附近的土地价格有望继续攀升。因此，对中间市场高质量住宅的需求依旧旺盛。

如果市政府和交通机构与投资商和开发商合作，正如中国香港和东京的做法，他们则能提高收益，覆盖一部分的公共交通和其他相关投资的成本。市政府可以直接出售土地或 CEPACs 来对这些地区实现再开发。即使这些土地已经被占用，开发商可能还会对重建高密度房产感兴趣，他们可以同时购买土地和 CEPAC，因为这些土地相对于市中心成本低廉。

为了最大化收益，同时促进以公共交通为导向的开发，市政府需要分配许多 CEPAC 给车站区域。如果可能的话提供更高的容积率，指定这些区域为城市干预区。还可以通过改变单一土地用途为混合利用土地，鼓励居民在 TOD 区域工作和生活，最后，通过利用以开发为基础的土地价值捕获工具获得的收益，为急需的社会性住房建设提供资金，使其成为开发项目的一部分。

8.4 结论

空间权出售可能是创新型的以开发为基础的土地价值捕获，但是巴西目前没有一座城市利用这一方法来为公共交通投资项目融资，来促进以公共交通为导向的开发，从而错过了将所在城市的公共交通发展推向世界前沿的机会。

此处将圣保罗的经验总结如下：

• 可交易的空间权其最大优势是，在发展中国家的地方政府所有的可开发土地有限的情况下，为资本密集型城市基础设施项目提供巨额的先期现金流，同时不会增加公共债务。

• 在圣保罗，限制城市的基本容积率为 1.0 ~ 2.0，可以人为地提高对可交易空间权的需求，因此提高了收益。但是，这种降低密度区划的做法已经带来了负面的城市发展影响。

• 圣保罗市空间发展呈现逐渐加密的趋势，但是这其中的发生原理却有些不明朗。这部分是由于市政府还没有建立有效的土地整合体系来支持填充式开发和城市行动的空间权方案。此外，政府官员缺少有关新型土地价值捕获机制和空间权市场的经验。金融和规划领域人士很难估计可交易空间权的适当价值，或者规定有效的分区规则。尽管总体规划可能已经从新地铁项目的价值捕获方案中获益，但圣保罗尚未使用城市行为的CEPAC拍卖来建设公共交通友好型的城市形态。

- 地铁投资和价值捕获之间缺少融合主要是由于州和市机构之间就政府间资金分配存在制度性障碍。对于利用空间权出售获利来合作的各个政府机构来说，世界上最好的价值捕获实践表明他们需要制定规则和机制都清晰透明的项目融资方案，用来与不同的机构、地方政府、交通部门、土地所有人、居民、开发商和投资者分享利润、共担风险，也需要就规划、融资和项目实施建立协调机制。这些举措都需要高层政治领袖的有力支持。

发展中国家案例研究城市数据　　表8A.1

城市	南昌	新德里	海德拉巴	圣保罗
所在国	中国	印度	印度	巴西
土地所有制	国有制	私有制	私有制	私有制
2010年大都会区人口（单位：千）	2331	21935	7578	19649
大都会区面积（单位：平方公里）	617	1943	881	7947
人口密度（1000/平方公里）	3.8	11.3	8.6	2.5
2000~2010年大都会区的人口增长率（年）	41.5%（3.5%）	39.4%（3.4%）	39.2%（3.4%）	14.9%（1.4%）
2007~2011年的人均GDP增长率	12.4%	8.7%	5.2%	-2.8%
2008~2025年的GDP增长率预测	13%（2011~2015年）	189%（6.4%）	193%（6.5%）	102%（4.2%）
房地产价格增长率	19.5%（2008~2012年,土地）	14.3%（2007~2012年,房屋）	-2.1%（2007~2012年,房屋）	18.7%（2008~2012年,房屋）
注册的私有小汽车数量（每1000人）	57（2010年）	143（2011年）	13	410
注册私人小汽车的增长率	24.9%（2007至今）	8.3%（2006~2011年）	10%	5%（2005~2010年）
公共交通利用率	13.5%	42%	44%	36.8%
已有地铁线公里数	—	190		74.2

续表

城市	南昌	新德里	海德拉巴	圣保罗
所在国	中国	印度	印度	巴西
土地所有制	国有制	私有制	私有制	私有制
已有车站数量	—	144	—	64
将建的地铁线公里数	168	120	72	205（截至2030年）
将建的车站数量	128	81	66	94（截至2016年）
预计地铁建设成本（美元）	2421（2号线）	11701（Ⅰ～Ⅲ期）	3440（Ⅰ期）	14000（延长）
土地价值捕获的资金贡献（百万美元和%）	168（7%）（2号线）	570（5%）（Ⅰ～Ⅲ期）	收益的45%	N/A

资料来源：世界银行，联合国，交通机构和其他网站。
注：GDP=国内生产总值；N/A=无。

8.5 参考文献

Fernandes, Edesio. 2010. "The City Statute and the Legal-Urban Order." In *The City Statute: A Commentary*, ed-ited by Celso Santos Carvalho and Anaclaudia Rossbach, 55–70. São Paulo, Brazil: Cities Alliance and Ministry of Cities.

Maleronka, Camila and Domingos Pires. 2013. "Consultancy Work for Preparing a Guidebook on 'Development Incentive'-based Land Value Capture Mechanism for Transit in Developing Countries: São Paulo Case Report." Prepared by P3urb, São Paulo, Brazil, for the World Bank. World Bank, Washington, DC.

Montandon, Daniel T., and Phelipe F. de Souza. 2007. "Land readjustment e operações consorciadas." Ronmano Guerra Editora, São Paulo, Brazil.

Sandroni, Paulo. 2010. "A New Financial Instrument of Value Capture in São Paulo: Certificates of Additional Construction Potential." In *Municipal Revenues and Land Policies*, edited by Gregory K. Ingram and Yu-Hung Hong, 218–36. Cambridge, MA: Lincoln Institute of Land Policy. www.lincolninst.edu/pubs/2064_A-New-Financial-Instrument-of-Value-Capture-in-S%C3%A3o-Paulo.

Smolka, Martim O. 2013. *Implementing Value Capture in Latin America, Policy Focus Report*. Cambridge, MA: Lincoln Institute of Land Policy.

STM (State Secretariat for Metropolitan Transport, São Paulo). 2006. *PITU 2025—Plano Integrado De Transportes Urbanos*. São Paulo, Brazil. www.stm.sp.gov.br/images/stories/Pitus/ 城市交通一体化方案 2025/Pdf/Pitu_2025_08.pdf.

Suzuki, Hiroaki, Robert Cervero, and Kanako Iuchi. 2013. *Transforming Cities with Transit: Transit and Land-Use Integration for Sustainable Urban Development*. Washington, DC: World Bank.

UN (United Nations). 2012. *World Urbanization Prospects: The 2011 Revision*, CD-ROM Edition. New York: Department of Economic and Social Affairs, Population Division.

Urban Development Secretariat, São Paulo Municipal Government. 2002. "Plano Diretor Estratégico" (Strategic Master Plan). São Paulo, Brazil.

World Bank. n.d. "Urban Development." Washington, DC. http://data.worldbank.org/topic/urban-development.

索 引

本书索引后的页码均为英文原版书页码，参见正文每页切口侧下方所附的边码。

b，f，n 和 t 分别代表专栏、图、注释和表格。

A

私有物业所有人为获得容积率优惠设立的通道，123f

可达性效应，45

额外建设费（OODC），圣保罗，58–59，212–213，214t，218–219

管理层级，新德里，149f

优势，位置，63n2

可支付性差距，138

保障性住房，26，91–92，220

"地铁建设后"市场价格，81

集聚效益，45–46

集聚经济，63n2

土地价值捕获机制协议，107，108t，116–119

特许协议，191，198，203

空间权出售. 请参考额外建设潜力证明

 作为以开发为基础的土地价值捕获方案，221–222

 评估价值，24–25

 纽约中央车站，133

 土地利用控制，58–59

 在纽约，59

 圣保罗，13–14，205，209–210，215–217

 出售未使用的，130–131

中国香港机场核心项目，79–80

中国香港机场快线，77，78*f*，79–80，86，88，89*f*. *请参考*港铁公司

替代交通，土地价值影响因素 50–51

美国. *也是* US

1916 年美国分区法令，130–131

阿金特，国王十字开发商，150

特殊的估定捐税，140–141

拍卖土地价值捕获机制

    南昌，169，175*n*1

    圣保罗，205，215–217

    东京，107，108*t*

B

印度班德拉库尔拉，57–58

"开发权"，138

海湾地区快速交通（BART），旧金山，CA，50–51

品川车站铁路前后再开发，1981 和 2008，121*i*

地铁建设前市场价，81

受益人支付原则，52

集聚效益，45–46

改良费，55–56

哥伦比亚波哥大，56

日本的债券发行，106

容积率奖励，107，119，123，125，138

巴西圣保罗

"桥梁融资" 28

BRT（快速公交），34

"建筑连接费，"107

建筑契约，76

靶心概念，143，144*f*

快速公交（BRT），34

商业模型，"内部" 110

C

加利福尼亚，税收型机制，55–56

卡姆登开发控制委员会，151

资本成本，港铁公司，79

资本拨款，80，134

物业开发的融资比例，MRTS，190*t*
捕获土地价值增值，33–35
发展中国家汽车依赖型城市发展，2，33–35
案例研究
    发展中国家数据，153*t*，222*t*
    以开发为基础的土地价值捕获，12–15，38–39
    中国香港，38
        九龙车站，86，88，89*f*
        天后站，84–85
        东涌站，86，87*i*，87*f*
        黄竹坑站，88–91，92*f*
    东京
        二子玉川站，111–112，113*t*，114*f*，115*f*
        柏叶学院站，112–116，117*t*，118*i*
        概述，38
        品川站，119–123
        横滨 MM21 线，116–119，120*f*
CDA（综合开发区），74
额外建筑潜力证明（CEPACs）.*请参见空间权出售*
    系数表，218*t*
    概览，13–14*b*，205
    圣保罗，39，58–59，213–217
Cervero, Robert，1，41
挑战，以开发为基础的土地价值捕获，25–26，174–175
海底隧道铁路 – 高速 1（HS1），147–152. *请参见伦敦海底隧道高速路*
中国. *请参见中国香港和南昌*
城市规划委员会特殊许可，纽约，133
城市法令，圣保罗，207
通勤，低收入和中低收入人群，219
补贴，财政损失，54，63*n*4
综合开发区（CDA），74
特许协议，191，198，203
会议，2012 里约 20 国，27
联合城市行动，圣保罗，209
建设成本，地铁，34，107
稳定物价的作用，哥伦比亚，56
腐败，以开发为基础的土地价值捕获，26
成本收益联系，税费型土地价值捕获，61–62

成本
    海底隧道高速铁路，146
    海德拉巴的地铁项目，200–201
    地铁建设，34，107
    南昌的地铁项目，166–167
    铁路，19
契约，公契，76
巴西库里提巴，14，34
巴西证券交易所，215–216

D

发达国家案例研究城市的数据，153t
DDA（新德里发展局），17–18，182
城市交通专门基金，187
相互契据文件，76
新德里发展局（DDA），17–18，182
印度新德里. *请参考快速交通体系*
    经济成功，178
    容积率，181
    政府结构，186–187
    制度框架，178，180–189
    土地银行业，182–183
    新德里总规划，178，180，181f，183–184，185f
    总规划，17
    大都市区，179f
    概述，177
    人口增长，178，180f
    铁路筹资模型，19
    房地产市场，190
    再开发项目，180–181
    监管因素，178，180–189
    开发权出售，193–195
    地铁项目的成功，201–203
新德里综合联运交通体系，187
新德里地铁公司（DMRC）
    容积率，181，184，185t，202
    首个地铁体系，18b
    净收入占比，191f

监管 MRTS，187–188
新德里交通公司，187
人口基本面，以开发为基础的土地价值捕获，15–16
东京田园都市线，111–112
允许密度，TOD，184，185t
密度分区，GLUP，143，144f
交通部（DfT），伦敦，148
设计概念，TOD，83，84f
开发商
 和业主的协议，116–119
 阿金特，150
 土地再划援助来自，125
 帕斯纳斯，193
 私人开发商风险，82，93
发展中国家，土地价值影响因素，50，51
 开发
 经济背景，39
 绿地，174
 出租权，15b
 物业权，79，80，81，93，190–191
 权利
 R+P 参数，83，93
 横滨 MM21 线，116–119
"开发权银行，"138
以开发为基础的土地价值捕获．*请参考*中国香港；土地价值捕获；南昌；圣保罗；税费型土地价值捕获
 应用交通导向的开发，220–221
 相较于税费型土地价值捕获的优势，3–4，35，37
 空间权出售，221–222
 案例研究，12–15
 挑战，25–26，174–175
 腐败，25–26
 人口基本面，15–16
 描述，4t
 经济基本面，15–16
 作为融资工具，2–4
 资金来源，19–20
 中产阶级化，26，146–147

政府领导型，18*b*

工具，57–61

政府间合作，20–21

    总规划，16–17

    过度依赖，25

    公共土地所有权，13–14

    公共政策，37

    铁路私有化和，124

    风险，25–26，174

    路线图，26–27

    R+P 项目，81–84

    场地设计参数，17–18

    良好的规划原则，15

    研究来源，38

    作为交通和交通导向型开发投资的战略融资工具，35–37

    透明，25–26

    城市规划，4–5，37

    价值创造，12–13，23

    WMATA 的使用，141

    分区体系，17–18

DFIs（国际开发金融机构），27–28，39

DfT（交通部），伦敦，148

DHL，伦敦，150

直接物业开发，170–171

区域改良基金机制，TDR，134–136，138

区域，特殊税，143，154*n*3

区域，转让和接收，131，154*n*1

DMRC. *请参考新德里铁路公司*

E

东日本旅客铁路公司（JR East），103，110，111*f*

曼哈顿东区再分区项目，纽约，134，136*b*，137*f*

东侧入口（ESA）LIRR 连接，纽约，133–134，135*f*

生态街区概念，36*f*

经济基本面，以开发为基础的土地价值捕获，15–16

经济发展，土地价值影响因素，49

经济薄弱区（EWS），182，195

经济体

集聚，45–46，63n2
　　海德拉巴的重组，195
　　新德里的成功，178
日本的土地征用权法，102，124
南昌的土地征用权，168
实证证据，交通导向的土地资本化，46，47–49t
就业密度，纽约中央车站，135f
英国的土地法，75
进取型模式，公私合营，198–99
进取精神，以开发为基础的土地价值捕获，21–22
环境影响声明，137–138
东侧入口（ESA）LIRR 连接，纽约，133–134
欧洲铁路投资概览，145–147
经济薄弱区，182，195
苛捐杂税，61
外部积极因素，23，43

F

容积率．
车票收入，19，21b，52，187
法里亚利马城市行动，圣保罗，217i
联邦交通署，139
联邦交通局要求，WMATA，142
费用型土地价值捕获．
费用
　　"建筑连接费用"107
　　捐税或影响费，61
　　土地价值捕获比较于，3–4
　　南昌的土地转让，166–167
融资
　　"桥梁，"28
　　开发背景，39
　　以开发为基础的土地价值捕获，35–37
　　国际机构，27–28
　　用于交通的土地价值捕获，2–5
　　MRTS，189t
　　多重来源，19–20
　　南昌市，166–177

南昌地铁项目，169–171

拉丁美洲的需要，27

铁路模型，19，80–81

R+P 项目，5–8

圣保罗地铁，210–212

TIF，56

财政损失，弥补，54，63n4

有轨电车交通项目

不同类型，38

美国融资来源，129–130，138–145

容积率（FAR）

纽约中央车站的分配机制，133，137f

奖励，107，119，123，125，138

巴西的要求，13

新德里，181

分配，24

新德里地铁公司的物业，184，185t，202

中国香港大都市区和新城，74，75t

二子玉川站的再分配，115f

圣保罗出售，212–213，214t，218–219，221

国王十字的最大建筑面积，151

中国香港火炭站，90i

品川站附近铁路区再开发项目，122t

筹资安排

新德里，189–190

海德拉巴，199–201

南昌，168–169

圣保罗，211–212

东京，105–106

资金缺口，80–81，82f

资金来源

以开发为基础的土地价值捕获，19–20

美国的固定导轨交通项目，129–130

港铁公司，79–81

中国香港的新铁路项目，80–81

开发权出售，169–170，174–175

圣保罗，212–215

"国有制" 76

纽约大学房地产和城市政策弗曼中心（2013），131
东京田园都市线二子玉川站，111–12，113*t*，114*f*，115*f*

G
差距，可支付性，138
花园城市概念，111–112
"花园城市"概念，72
一般土地利用规划（GLUP），US，143
中产阶级化，以发展为基础的土地价值捕获，26
George，Henry，43
德国，土地再划方案，59–60
大海德拉巴市政公司，195，197，198*f*
一般土地利用规划，美国，143
政府
 多个政府合作，20–21
 新德里的政府结构，186–187
 海德拉巴的政府结构，196–197，198*f*
 提供营运补贴，54，63*n*4
 交通导向的开发项目中的角色，143，145
 圣保罗的挑战，220，221–222
 圣保罗的政府结构，210–211
 以开发为基础的土地价值捕获，4–5，37
纽约中央车站，132–135
授予开发权，80，81，88，93
大海德拉巴市政公司（GHMC），195，197，198*f*
大伦敦铁路网，147*f*
绿线城市行动，巴西库里提巴，14
私人业主为了容积率奖励提供的绿色空间，123*f*
绿地开发，174

H
伦敦海底隧道高速铁路
 建设，148
 成本，146
 HS1，147–152
低密度区所围绕的高密度道路，144*f*
高铁（HSR），146，148，152
HMDA（海德拉巴大都市开发区），195，196–197

HMR（海德拉巴地铁公司），21*b*，198–201

中国香港．*请参考案例研究*；港铁公司;R+P 项目

    机场核心项目，79–80

    土地法，75–76

    市场定价，25–26

    新铁路项目的筹资安排，80–81

    规划标准和指南，74

    铁路交通线附近的人口密度，73*f*

    人口增长，72–73

    铁路筹资模型，19

    "国有土地租赁制度"75–76

    土地开发策略，72–73

    城市发展，71–74

家庭，低收入和中低收入家庭的通勤，219

保障性住房，26，91–92，220

住房铁路一体化法案，日本，9*b*，107，113

HS1（海底隧道铁路 - 高速1），147–152

HSR（高速铁路），146，148，152

印度海德拉巴

    经济重组，16，195

    筹资安排，199–201

    政府结构，196–197，198*f*

    制度框架，196–199

    政府间合作，20–21

    总规划，196–199

    地铁建设，199*i*

    2031 大都市规划，196，197*f*，203

    概览，177

    人口增长，195，196*f*

    铁路融资模型，19

    监管因素，196–199

    地铁项目的成功，203

    交通项目案例研究，38–39

海德拉巴地铁公司（HMR），21*b*，198–201

海德拉巴大都市开发区（HMDA），195，196–197

I

IFDC 基金会，187

伊利诺伊州，TIF 区，56
影响费，61
实施以开发为基础的土地价值捕获，27f
激励技巧，13
日本的综合城市再开发方案，10–11b，101，102f
全面的价值创造，以开发为基础的土地价值捕获，12–13
增加值创造，23
印度. *请参考新德里和海德拉巴*
　　公共土地租赁，57–58
印度铁路法案，202
印度城镇规划方案，60
影响区，地铁站，183–184
内部商业模型，110
制度因素，土地价值影响因素，50
制度框架
　　新德里，178，180–189
　　中国香港，74–79
　　海德拉巴，196–199
　　南昌，165–166
　　概览，50
　　圣保罗，207–211
　　东京，100–105
综合土地再划，筑波快线，9f
综合城市交通规划 2025（PITU2025），圣保罗，208–209
东京的土地价值捕获机制，106–7，108t，112–216
政府间合作，20–21
东京土地价值捕获机制的内化，106，108t，111–112
国际开发金融机构（DFIs），27–28，39
交通投资. *请参考交通导向的土地资本化*
中国香港环岛线，79
井内，加奈子，1，41

J

日本. *请参考东京*
　　债券发行，106
　　土地征用权法，102
　　住房铁路一体化法案，9b，107，113
　　综合城市再开发方案，10–11b，101，102f

土地再划方案, 59, 60
土地基础设施交通和旅游部, 104–105
铁路部门, 102–104
铁路商业法, 103–104
2000年铁路网总规划, 105
城市再开发法案, 60
日本开发银行, 106
日本国际协力机构（JICA）, 189
日本铁路公司, 109–110
日本城市规划法, 100
日本国家铁路公司（JNR）
　私有化, 22, 103–104
　清算公司, 119–123
联合开发项目
贫民窟聚集区, 新德里, 180
日本国际协力机构, 189
日本国家铁路
联合开发项目. *请参考交通导向的开发*
　对WMATA的贡献, 142f
　成功, 143–145
　交通导向的开发政策, 142–143
　WMATA, 58, 129, 138–145
东日本铁路公司, 103, 110, 111f
朱比利线, 伦敦地下, 55–56
辖区, WMATA, 139
辖区界限, 海德拉巴, 197, 198f

K

新德里卡尔卡拉杜马地铁站, 192–193
柏叶学园站, 筑波快线, 112–116, 117t, 118i
KCRC（九龙-广州铁路公司）, 77
新德里开伯尔山口地铁站, 193–195
国王十字公私合营有限公司, 150, 151
伦敦国王十字车站, 147–152
韩国的土地再划方案, 59, 60
九龙站, 机场快线, 中国香港, 86, 88, 89f
九龙-广州铁路公司（KCRC）, 77
观塘线, 中国香港, 79

L

土地管理法，中国香港，75–76

新德里土地银行业，182–183

土地资本化，交通导向. *请参考交通导向的土地资本化*

土地开发商，和业主的协议，116–119

土地法，中国香港特别行政区，75–76

土地租赁，公共，75–76

土地所有权，先行权 vs.，207

土地价格，南昌，167–168

土地再划方案

    开发商和土地所有人的援助，125

    柏叶学园站，117*t*

    概览，24，59–60

    筑波快线，114–115，116*f*

    横滨 MM21 线，120*f*

土地资源中心，168，175*n*1

土地税，54–55

土地转让费，南昌，166–167

土地用途控制，空间权出售，58–59

土地价值捕获. *请参考*拍卖土地价值捕获机制；新德里；以开发为基础的土地价值捕获；海德拉巴；南昌；圣保罗；税费型土地价值捕获；东京的

    背景，1–2

    和税费型比较，3–4

    定义，2–3，35，40*n*4

    住房的可支付性，91–92

    提高，33–35

    影响，49–51

    工具，54–61

    港铁公司，79–84

    基本原理，43–44

    城乡规划法案 106，150–152

    及其属性，3*f*

    交通导向的开发，174–175，191–195

    用于交通融资和城市规划，2–5

土地价值

    属性，44*f*

    定义，62*n*1

    地上纽约中央车站，133

保留，60–61
土地所有人，土地再划帮助，125
地标转让，136*b*
地标保护委员会，纽约，133
地标保护法，纽约，131
拿丁集团，海德拉巴，21*b*，198
拉美，融资需要，27
LCR（伦敦和大陆铁路），146，148
租赁制度
    南昌，167–168
    国家，24
租赁
    国有土地，57–58，75–76，190
    "运行线路，"79
交通立法委员会，78–79
改良税，55–56
绿线城市行动，库里蒂巴，巴西，14*b*
长岛铁路，纽约，133–134
位置优先，中国，174
位置优势，63*n*2
伦敦
    国王十字车站，147–152
    地下轨道私有化，146
    地下朱比利线，55–56
伦敦和大陆铁路（LCR），146，148
长岛铁路（LIRR），纽约，133–134
地块转让开发权，纽约，131，132*f*
低收入和中低收入家庭，c 通勤，219
拿丁海德拉巴地铁公司，199，201
拿丁集团，海德拉巴，21*b*，198
拿丁海德拉巴地铁公司，199，201
土地价值捕获

M

纽约曼哈顿，130–138
市场因素，土地价值影响因素，51，81
自由市场体系，24
市场价格评估，25–26

马里兰，2008TOD 法案，143，145

快速交通体系（MRTS），新德里

    背景，180–181

    物业开发资金比例，190t

    新德里地铁公司监管，187–188

    融资，189t

    卡尔卡拉杜马地铁站附近住宅群，192i

    影响区，183–184

港铁公司，中国香港

地下铁路体系

    BART，50–51

    BRT，34

    南昌，164–165

    自然和非自然，80

    新项目的筹资安排，80–81

    升级，34，40n2

总规划

    新德里，178，180，181f，183–184，185f

    以开发为基础的土地价值捕获，16–17

    海德拉巴大都会规划 -2031，196，197f，203

    PDE，208–209

    圣保罗，211–212

中国香港地铁规划区的最大容积率，75t

社区设施法案，US，55

地铁建设成本，34

地铁大厦站，南昌，171–172

地铁项目. *请参考新德里地铁公司*

    海德拉巴，21b，198–201，203

    南昌，164–165，171–172

    圣保罗，211t

地铁时代广场，南昌，172

大都市区内铁路公司，东京，113

2031 大都市区规划，海德拉巴，196，197f

大都会区交通局（MTA），纽约，134

城市部，圣保罗，210

土地基础设施交通和旅游部，日本 104–105

混合土地用途. See TOD

MM21 线，116–119，120f

MMDA（孟买大都会发展局），印度，57–58
MPD-62（新德里总规划，1962），178
MPD-2001（新德里总规划，2001），178
MPD-2021（新德里总规划，2021），180，181f，183–184，185f
快速交通体系
MTA（大都会交通局），纽约，134
港铁公司，中国香港．*请参考机场快线；R+P 项目*
    背景，77–79
    筹资安排，79–81
    政府与开发商之间的联络方，82–83
    净收入，81–82，83f
    网络与扩展，78f
    概览，5–8
    多功能区，196，197f
孟买大都会发展局（MMDA），I 印度，57–58
市级财政，南昌，166–177
城市发展市秘书处，圣保罗，210

N

中国南昌
    开发权，15b
    以开发为基础的土地价值捕获，26–27，173–174
    经济重组，16
    制度框架，165–166
    位置，162f
    土地价值捕获，168–171
    地铁项目，171–172
    市财政，166–177
    人口增长，161，163
    铁路融资模型，19
    监管因素，165–166
    战略规划，163–164
    交通项目案例研究，38–39
南昌市政府（NMG），164–165
南昌铁路交通集团（NRTG），165–166，169，171–172
国家首都区域总规划（NCRMP），东京，98–99
东京国家首都区域规划，16–17
新德里国家首都区域（NCTD），178

国家物流与交通规划，圣保罗，207
地下铁路的自然延长，80
NCRMP（国家首都区域总规划），东京，98–99
NCTD（新德里国家首都区域），178
净收入，港铁公司，81–82，83f
纽约大道 - 佛罗里达大道 - 加劳德特大学站，141
纽约市
　　空间权出售，59
　　地标保护委员会，133
　　地标保护法案，131
　　地块转让开发权，131，132f
　　TDR，130–138
分区决议，131
纽约市，宾州中央运输有限公司（1978），131
NMG（南昌市政府），164–165
非费用型土地价值捕获
地下铁路的非自然延长，80
非税收型土地价值捕获
NRTG（南昌铁路交通集团），165–166，169，171–172
交通的损害，土地价值的影响因素，50–51

O

目标，书，37–39
督察长办公室，139
阿瓜艾斯普莱达，圣保罗，216–217，218f
O&M（运营和维护）成本，33
OODC（额外建筑收费），圣保罗，58–59，212–213，214t，218–219
联合城市行动，圣保罗，209
运营成本，19–20
运营补贴，54，63n4
运营和维护成本，33
城市行动，58–59
额外建筑收费，圣保罗，58–59，212–213，214t，218–219
过度依赖，以开发为基础的土地价值捕获，25

P

帕斯纳斯，开发商，193
PDE（2002年战略总规划），圣保罗，208–209，213

私人开发商为了容积率而提供的行人设施，123f
恩里克·潘纳罗萨，2，34
宾州中央运输公司　纽约市（1978），131
宾州站，纽约，133–134
土地价值捕获机制申请，107，108t
PFI（私有融资倡议）.*请参考公私合营*
20世纪80年代以来的铁路+物业项目的实体布局和变革，84f
PITU2025（综合城市交通规划2025），圣保罗，208–209
规划标准和指南，中国香港，74
人口增长
　　新德里，178，180f
　　中国香港，72–73
　　海德拉巴，195，196f
　　土地价值影响因素，49
　　南昌，161，163
　　圣保罗，205–206，207f
　　东京，97–98，99f
积极的外部因素，43
PPP.*请参考公私合营*
南昌土地价格，167–168
定价灵活性，138
私人开发商风险，82，93
私有融资倡议（PFI）.*请参考公私合营*
私人业主，容积率奖励授予，123f
私有铁路公司，东京
　　内化，111–112
　　利益来源用于，108–110，111f
公私地铁项目，印度海德拉巴，21b
铁路的私有化，103，104b，109–110，119，124
物业开发
　　直接，170–171
　　海德拉巴的房地产项目，201
物业开发权，79，80，81，93，190–191.*请参考可转让的开发权*
物业税，20，54–55，140，141f
物业价值定义，62n1
曼哈顿东区再分区和可转让的开发权方案，136b
218提案（1996），55
公开拍卖土地价值捕获机制.*请参考拍卖土地价值捕获机制*

公有土地所有权，以开发为基础的土地价值捕获，13–14
公有土地租售，57–58
公共租赁体系，93
公共政策，以开发为基础的土地价值捕获，37
公共交通赤字，54，63n4
公共交通．请参考地下铁路体系
公私合营（PPP）
　　海德拉巴，177，198–199，201
　　伦敦地下轨道，146
　　地铁项目，印度海德拉巴，21b
　　海德拉巴的地铁项目，21b
　　义务，22
　　R+P 项目，81
　　圣保罗，209–210
　　WMATA 地铁项目，141

R

"两铁合并" 77
中国香港的 R+P 项目．请参考港铁公司
　　利益共享，23
　　捕获模型，71
　　案例研究，84–91
　　开发参数，83，93
　　住房可支付性，92
　　实施，93
　　概览，5–8，81–84
铁路机构，日本，102–104
铁路商业法，日本，103–104
铁路建设机构，东京，107
铁路投资，欧洲的历史，145–147
铁路网络总规划 2000，日本，105
铁路私有化，103，104b，109–110，119，124
铁路．请参考地下铁路体系
　　融资模型，19，80–81
　　先行权，107，114，120f，124
房地产
　　新德里市场，190
　　土地价值影响因素，49

  拿丁地铁，201
  南昌市场，167–168
  东京市场，98–99
接受区域，131，154*n*1
再开发项目
  新德里，180–181
  二子玉川站，111–112，113*t*，114*f*，115*f*
  国王十字，147–148，149*f*
  品川站，119–123
  贫民窟，182
监管因素
  新德里，178，180–189
  中国香港，74–79
  海德拉巴，196–199
  土地价值影响因素，50
  南昌，165–166
  概览，50
  圣保罗，207–211
  东京，100–105
韩国，土地再划方案，59，60
土地价值捕获机制的要求，东京，106–107，108*t*
住宅群布局，开伯尔山口地铁，194*f*
保留土地价值，60–61
收益来源. *请参考空间权出售*
  车票，19，21*b*，52
  寻求新的，34–35
  海德拉巴，21*b*，200–201
  土地租赁，57–58
  土地再划方案，59–60
  南昌，166–177
  开发权出售，174–175
  圣保罗，214–217，220，221–222
  补充，56
  东京，108–110，111*f*
  城市再开发方案，60–61
  WMATA，140–142
曼哈顿东区的再分区项目，134，136*b*，137*f*
Ricardo, David, 43

使用权，土地所有权 vs.，207
铁路线的先行权，107，114，120f，124
里约 20 国峰会（2012），27
风险
　　以开发为基础的土地价值捕获，25–26，174
　　　私人开发商，82，93
以开发为基础的土地价值捕获路线图，26–27
道路特殊基金，东京，19，106，125n1
R+P 项目. 请参考中国香港 R+P 项目
"运行线路租赁" 79

S
出售开发权，169–170，174–175，190–191，193–195
出售公有土地，57–58
出售空间权.
旧金山，CA，BART，50–51
巴西圣保罗
　　空间权出售，13–14，39，58–59，221
　　城市法令，207
　　政府结构，210–211
　　制度框架，207–211
　　大都会区，206f
　　人口增长，205–206，207f
　　监管因素，207–211
　　城市化趋势，205–206
圣保罗交通（SPTrans），210
大都市交通秘书处（STM），圣保罗，210
城乡规划法 106，150–152
巴西证券交易所（CVM），215–216
转让区，131，154n1
之前日本国家铁路公司债务的清偿，119–123
山手线品川站，119–123
新干线站，日本中央铁路公司，123
柏叶学园站附近智能城市概念下的上场和住宅楼方案，118i
　　SIL-E（南岛环线 - 东），中国香港，88–91，92f
　　场地设计参数，灵活，17–18
　　贫民窟再开发，182
　　智能城市概念，东京，115，118i

社会经济差距，土地价值影响因素，51
良好的规划原则，以开发为基础的土地价值捕获，15
南岛环线 - 东（SIL-E），中国香港，88–91，92f
空间协调，国王十字，151–152
空间开发模式，圣保罗，221
特别捐税，55–56，140–141
特殊基金，19
特别目地区，纽约，131
特殊税收区域，143，154n3
特殊城市铁路准备金，东京，105–106
双规物业税，54–55
SPTrans（圣保罗交通），210
中国香港的圣约翰教堂，中国，75
利益相关方
 全面城市再开发的贡献和利益，11b
 国王十字土地价值捕获机制和106协议的利益攸关方，150f
印花税，中国香港，76
土地国有制，中国香港，24，75–76
STM（大都会交通秘书处），圣保罗，210
2002年战略总规划-PDE，圣保罗，208–209
战略规划，南昌，163–164
结构，书，40
补贴，营运，54，63n4
高级开发特殊许可，136b
1978年地面交通法案，139
铃木，1，41
开发收费，61

T

TAD（交通临近式开发），18，194
中国台湾，59
税费型土地价值捕获. 请参考以发展为基础的土地价值捕获
 优势，5，37
 捕获意外利益 23，43
 和以开发为基础的土地价值捕获比较，3–4，35
 成本收益联系，61–62
 描述，4t
 工具，54–56

索 引

免税争议，110，187
租税增额融资（TIF），56
税收收益，WMATA，140，141f
税收
 物业，20，54–55
 特别捐税，140–141
 特殊区域，143，154n3
税费型土地价值捕获
 加利福尼亚，55–56
 补充税收，56
TDRs. *请参考可转让的开发权*
国土开发战略，中国香港，72–73
TIF（租税增额融资），56
东侧入口节省的时间和中央车站附近的就业集中，135f
环岛线天后站，中国香港，84–85
TOD. *请参考交通导向的开发*
东京. *请参考案例研究；日本土地价值捕获*
 JNR 清算公司，119–123
 总规划，16–17
 大都会市内铁路公司，113
 人口增长，97–98，99f
 私营铁路公司，108–110，111f
 铁路融资模型，19
 房地产市场，98–99
 道路特殊基金，19，106，125n1
 品川站，119–123
 新干线站，123
 特殊城市铁路储备金，105–106
 筑波快线，8–12，107，112–116，117t
 城市铁路开发促进特殊法案 1986，105–106
 城市再生特殊法案 2001，99–100
东京急行电铁公司，109，110f，111–112
城乡规划法案，150
可交易开发权. *请参考额外建筑潜力证明*
可转让的开发权（TDRs）
 区域改良基金机制，134–136，138
 曼哈顿东区再分区项目，136b
 曼哈顿的变革，130–138

南昌，15*b*

纽约，129

出售，169–170，174–175

未使用的，131，132*f*

公共交通改变城市：可持续城市发展的公共交通和土地利用整合（Suzuki，Cervero 和 Iuchi），1，37–38

公共交通车票. *请参考车票收益*

公共交通融资，以开发为基础的土地价值捕获，2–5

公共交通项目案例，研究，38–39

公共交通技术，土地价值影响因素，50

公共交通临近的开发（TAD），18，194

公共交通导向的土地资本化

    实证证据，46，47–49*t*

    研究，51

    理论，45–46

以公共交通为导向的开发（TOD）. *请参考联合开发项目*

    优势，43

    背景，33

    特征，36*b*

    可允许的密度，184，185*t*

    设计概念，83，84*f*

    以开发为基础的土地价值捕获，35–37，220–221

    考虑因素，49–51

    政府角色，143，145

    联合开发项目，142–143

    卡尔卡拉杜马地铁站试点项目，192–193

    土地价值捕获，174–175，191–195

    马里兰 2008 年法案，143，145

    MDP-2021，185*f*

    MDP-2021 指南，183–184

    混合用地，168，173，196，197*f*

    UTTIPEC 参数，203

    WMATA，129

千禧快速公交，34

透明，以开发为基础的土地价值捕获，25–26

交通设施，联合开发项目，58

交通监理会，139

荃湾线，中国香港，79

筑波快线，东京，8–12，107，112–116

东涌站，东涌线，中国香港，86，87i

U

UCs（城市特许），214–215

UK（英国）.*请参考伦敦*

UMTA（城市公共交通法案），139

统一交通基础设施规划和工程中心（UTTIPEC），186，192–193

英国（UK）.*请参考伦敦*

美国（US）.*请参考纽约市*；WMATA

   资金来源，129–130

    GLUP，143

伦敦艺术大学，148

UOs（城市行动），圣保罗，205–206，209–210，216–217

升级，交通系统，34，40n2

城市综合开发规划（2005），南昌，164

城市特许（UCs），214–216

城市发展

   新德里，178

    中国香港，71–74

    海德拉巴，195

    圣保罗，218–219

    东京，97–100

城市发展基金，圣保罗，213，214

城市干预区，214

城市公共交通法案（UMTA），139

城市流动性项目，圣保罗，207–208

城市行动（UOs），圣保罗，58–59，205，209–210，216–217

城市规划体系

   以开发为基础的土地价值捕获，2–5，37

    中国香港，74，75t

    南昌，163–164

地铁沿线城市密度，中国香港，73f

城市铁路开发促进特殊法案1986，东京，105–106

城市再开发法案，日本，10b，60

城市再开发方案，日本，10–11b，24，60，101，102f

城市再开发特殊法案2001，东京，99–100

   都市更新机构，114–115

城市扩张的问题,34
城市化趋势
 程度和模式,49
 海德拉巴,195
 圣保罗,205–206
US(美国). *请参考纽约市*;WMATA
资金来源,129–130
 GLUP,143
UTTIPEC(统一交通基础设施规划和工程中心),186,192–193,203

V

稳定物价的贡献,哥伦比亚,56
价值捕获机制,76
适应性补偿融资(VGF),21*b*,198
虚拟土地方法,215–216

W

华盛顿区域交通局(WMATA)(华盛顿). *请参考联合开发项目*
 联邦交通局要求,142
 联合开发项目贡献,142*f*
 概览,129
 收益来源,140–142
 服务区,140*f*
"意外收益"捕获,23,43
WMATA. *请参考华盛顿区域交通局*
黄竹坑站,南岛环线东(SIL-E),中国香港,88–91,92*f*
世界银行,1,27,39
城市区域的世界人口,2,33–34
海德拉巴世界最大的公私合营地铁项目,21*b*

Y

东京山手线,103,104*f*
横滨MM21线,116–119,120*f*

Z

分区地块合并,纽约,131
分区规划,74,93
分区决议,纽约,131

分区体系
    密度，144*f*
    以开发为基础的土地价值捕获的灵活性，17–18
    地铁站的影响，183–184
    多用途，196，197*f*
    规划，181–183
    分区项目，曼哈顿东区，134，136b，137*f*
    WMATA，143

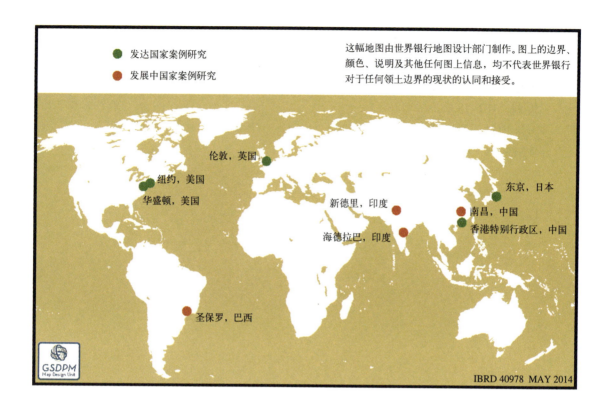

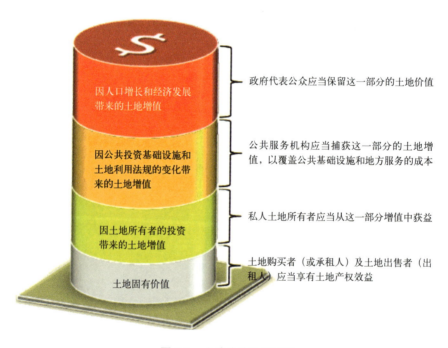

图 0.1 土地价值及其属性

土地价值支持以公共交通为导向的开发——在发展中国家应用土地价值捕获　219

图 0.2　中国香港特别行政区：地铁的运营网络和未来的物业开发线路

图片来源：基于中国香港特别行政区港铁路线图及其他地图。
注：R+P=轨道+物业。

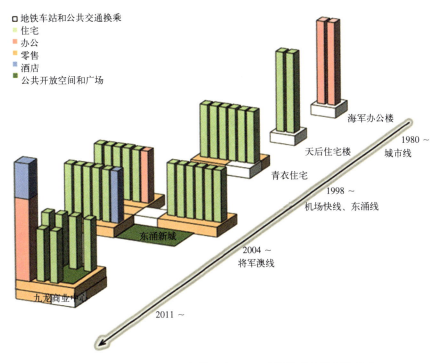

图 3.6　自 20 世纪 80 年代以来 R+P 建设模式的类别和演化

资料来源：Cervero 和 Murakami, 2009。
注：MTR= 港铁。

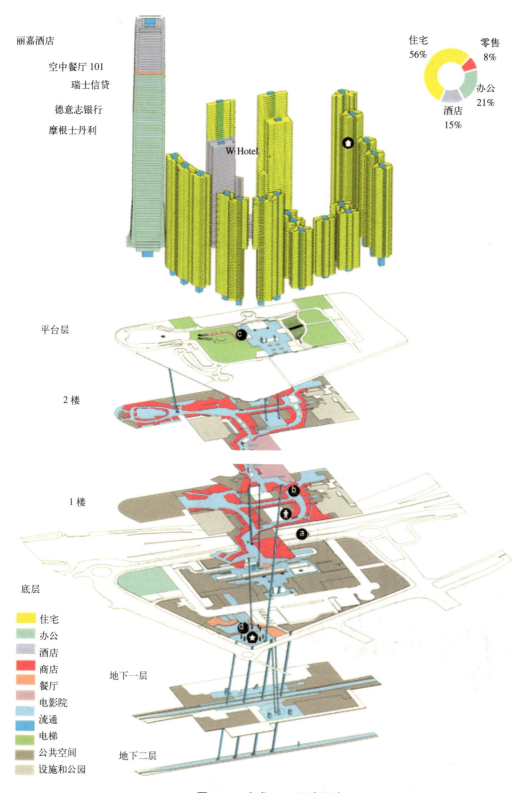

图 3.10 九龙 R+P 开发层次

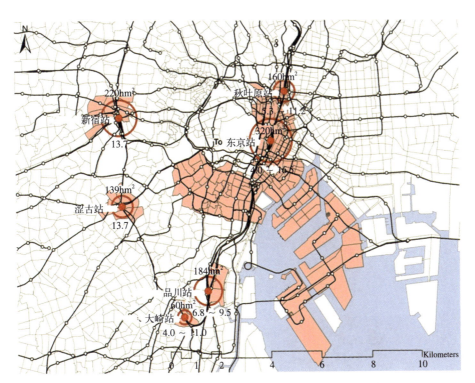

图 4.3　东京铁路枢纽城市再生的平面面积和最大容积率

图片来源：城市再生总部，2001；Murakami，2010。

图 4.9　二子玉川站的再开发图

图片来源：二子玉川站东区Ⅱ城市再开发协会，2013a，数据来自东京急行铁路公司和世田谷区。

图 5.1　2003～2011 年纽约市地块转让开发权

资料来源：纽约大学弗曼中心，2013。

图 5.3 东侧入口节省的时间和中央车站附近就业岗位的聚集

(a) 平均节省的出行时间;(b) 就业密度

资料来源:区域规划协会,2013。

注:ESA=东侧入口。

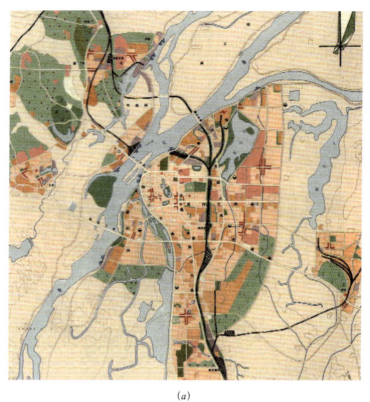

(a)

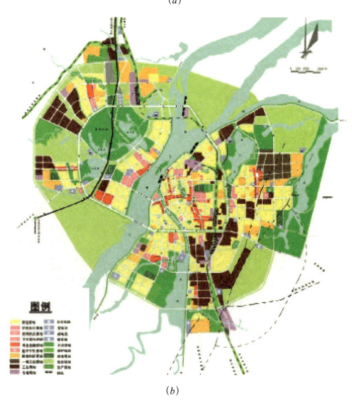

(b)

图 6.3 南昌的城市开发策略

(a) 1985 年规划；(b) 1995 年规划

土地价值支持以公共交通为导向的开发——在发展中国家应用土地价值捕获 | 225

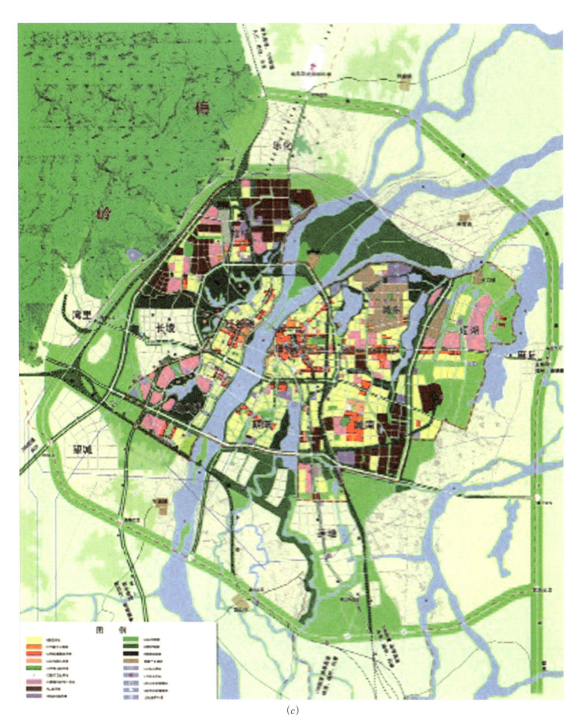

(c)

图 6.3 南昌的城市开发策略（续）

(c) 2005 年规划

图片来源：南昌城市规划和设计研究所，2013。

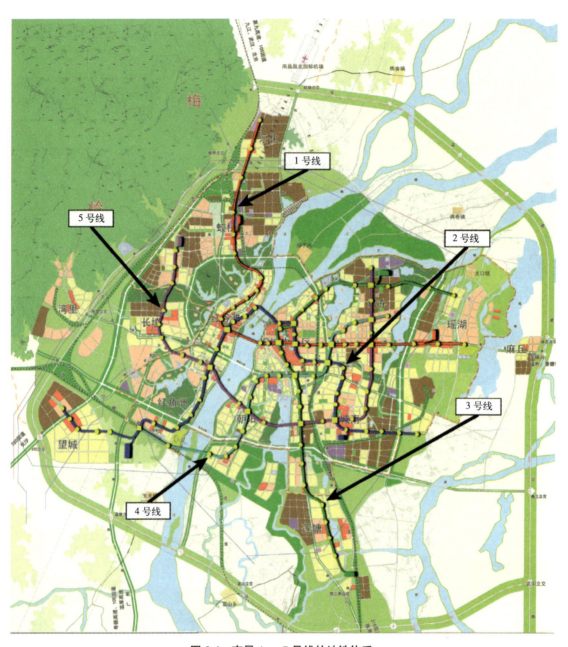

图 6.4　南昌 1~5 号线的地铁体系

图片来源：南昌城市规划和设计研究所，2013。

土地价值支持以公共交通为导向的开发——在发展中国家应用土地价值捕获 | 227

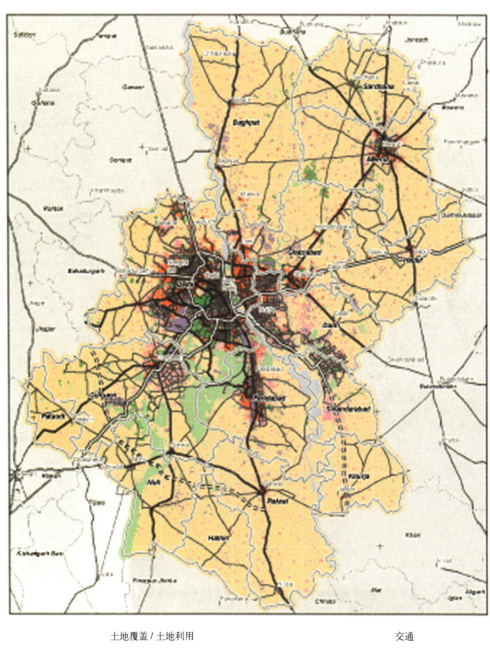

土地覆盖 / 土地利用

- 连续的城市结构
- 不连续的高密度区
- 不连续的低密度区
- 工业商业和交通
- 建设场地
- 城市绿化
- 农业用地
- 森林
- 其他自然和半自然用地
- 裸地
- 水域
- 河床

交通

- 高速公路
- 在建中
- 主干道
- 其他道路

行政

- 区域界线

图 7.1　新德里大都会区

图片来源：欧洲太空总署 / 世界银行。

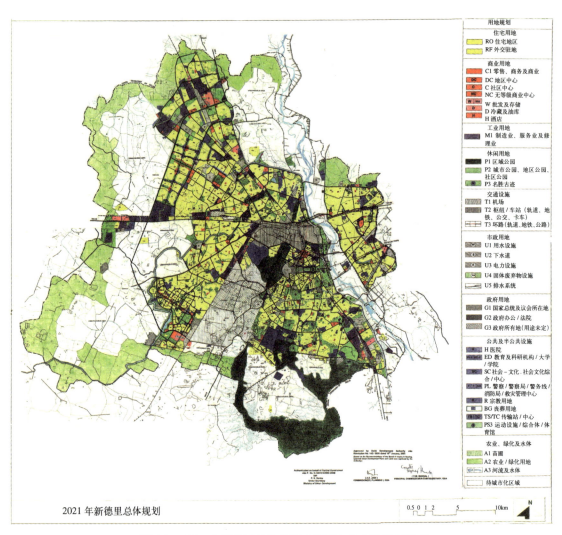

图 7.3 2021 年新德里总体规划（草案）的土地利用计划

资料来源：新德里发展局，2013。

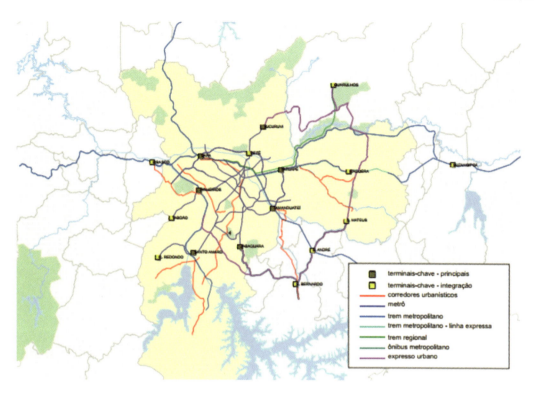

图 8.3 《城市交通综合规划 2025》的交通网络

图片来源：STM，2006。

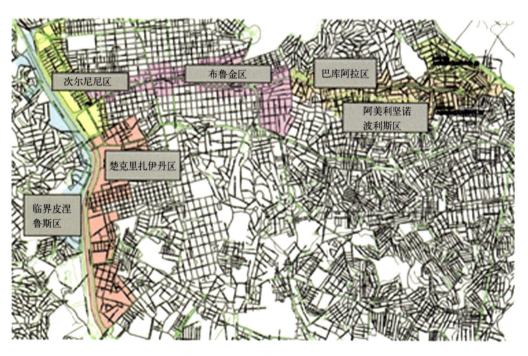

图 8.8 阿瓜布兰卡的区域地图

资料来源：圣保罗城市规划局。http://www.prefeitura.sp.gov.br/cidade/secretarias/upload/desenvolvimento_urbano/sp_urbanismo/arquivos/ouae/AE-Perimetro.pdf。